여러분의 합격을 응원하는 해커스공무원의 특별 혜택

KB136545

합격예측 온라인 모의고사 응시권 + 해설강의 수강권

D568FDD54CCF2VCF

해커스공무원(gosi.Hackers.com) 접속 후 로그인 ▶
상단의 [나의 강의실] 클릭 ▶ 좌측의 [쿠폰등록] 클릭 ▶
위 쿠폰번호 입력 후 이용

* ID당 1회에 한해 등록 가능

시대별 막판 암기 점검 (PDF)

해커스공무원(gosi.Hackers.com) 접속 후 로그인 ▶
상단의 [교재·서점 → 무료 학습 자료] 클릭 ▶
본 교재의 [자료받기] 클릭

해커스공무원 온라인 단과강의 20% 할인쿠폰

DBDA26DB279E38TV

해커스공무원(gosi.Hackers.com) 접속 후 로그인 ▶
상단의 [나의 강의실] 클릭 ▶ 좌측의 [쿠폰등록] 클릭 ▶
위 쿠폰번호 입력 후 이용

* 쿠폰 등록 후 7일간 사용 가능(ID당 1회에 한해 등록 가능)

해커스 회독증강 콘텐츠 5만원 할인쿠폰

B34F7D6AD387H4SZ

해커스공무원(gosi.Hackers.com) 섭속 후 로그인 ▶
상단의 [나의 강의실] 클릭 ▶ 좌측의 [쿠폰등록] 클릭 ▶
위 쿠폰번호 입력 후 이용

* 쿠폰 등록 후 7일간 사용 가능(ID당 1회에 한해 등록 가능)
* 특별 할인상품 적용 불가
* 월간 학습지 회독증강 행정학/행정법총론 개별상품은 할인쿠폰 할인대상에서 제외

 **모바일 자동 채점 + 성적 분석 서비스**

교재 내 수록되어 있는 문제의 채점 및 성적 분석 서비스를 제공합니다.

* 세부적인 내용은 해커스공무원(gosi.Hackers.com)에서 확인 가능합니다.

바로 이용하기 ▶

쿠폰 이용 관련 문의 1588-4055

단기 합격을 위한
해커스 커리큘럼

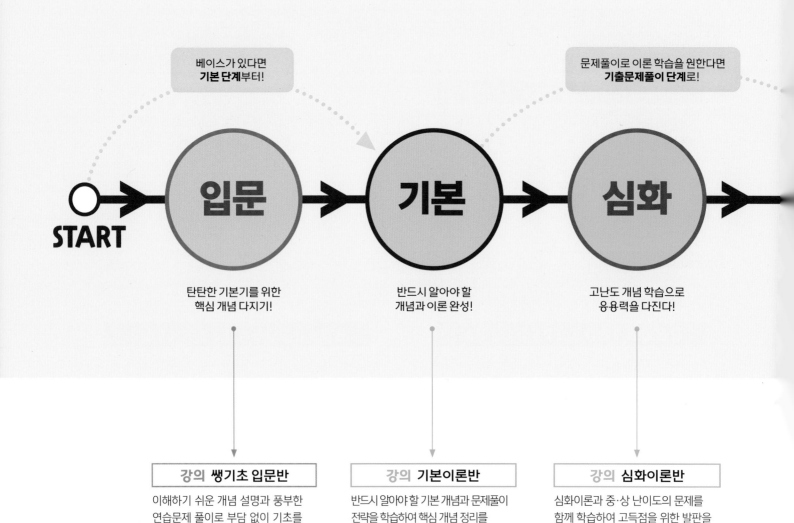

베이스가 있다면
기본 단계부터!

문제풀이로 이론 학습을 원한다면
기출문제풀이 단계로!

START

입문

탄탄한 기본기를 위한
핵심 개념 다지기!

기본

반드시 알아야 할
개념과 이론 완성!

심화

고난도 개념 학습으로
응용력을 다진다!

강의 쌩기초 입문반

이해하기 쉬운 개념 설명과 풍부한
연습문제 풀이로 부담 없이 기초를
다질 수 있는 강의

강의 기본이론반

반드시 알아야할 기본 개념과 문제풀이
전략을 학습하여 핵심 개념 정리를
완성하는 강의

강의 심화이론반

심화이론과 중·상 난이도의 문제를
함께 학습하여 고득점을 위한 발판을
마련하는 강의

* 커리큘럼은 과목별·선생님별로 상이할 수 있으며, 자세한 내용은 해커스공무원 사이트에서 확인하세요.

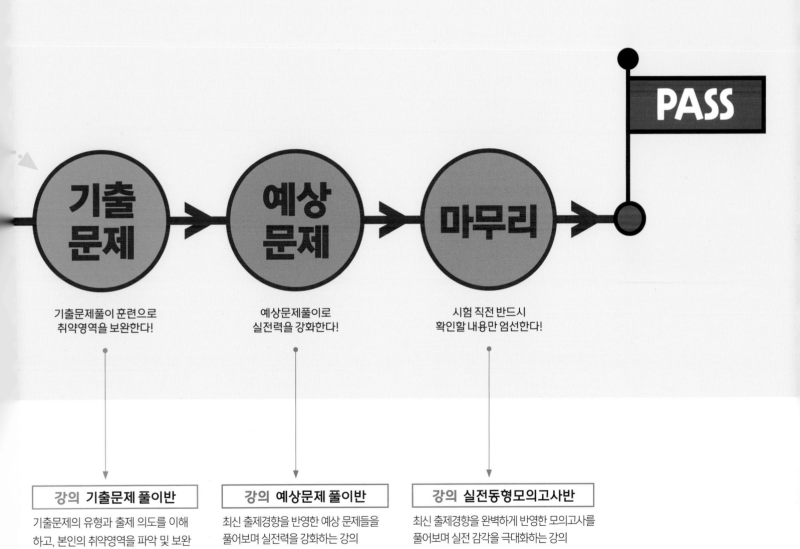

기출
문제 → 예상
문제 → 마무리 → PASS

기출문제풀이 훈련으로
취약영역을 보완한다!

예상문제풀이로
실전력을 강화한다!

시험 직전 반드시
확인할 내용만 엄선한다!

강의 기출문제 풀이반

기출문제의 유형과 출제 의도를 이해
하고, 본인의 취약영역을 파악 및 보완
하는 강의

강의 예상문제 풀이반

최신 출제경향을 반영한 예상 문제들을
풀어보며 실전력을 강화하는 강의

강의 실전동형모의고사반

최신 출제경향을 완벽하게 반영한 모의고사를
풀어보며 실전 감각을 극대화하는 강의

강의 봉투모의고사반

시험 직전에 실제 시험과 동일한 형태의
모의고사를 풀어보며 실전력을 완성하는 강의

나의 목표 달성기

나의 목표 점수

_____ 점

나의 학습 플랜

☐ 막판 2주 학습 플랜
☐ 막판 1주 학습 플랜

*일 단위의 상세 학습 플랜은 p.10에 있습니다.

각 모의고사를 마친 후 해당 모의고사의 점수를 아래 그래프에 ●로 표시하여 본인의 점수 변화를 직접 확인해 보세요.

	1회	2회	3회	4회	5회	6회	7회	8회	9회	10회	11회	12회	13회	14회	15회	16회
100점																
90점																
80점																
70점																
60점																
50점																
40점																
30점																
20점																
10점																
0점																

해커스공무원

실전동형
모의고사

한국사 **2**

"공무원 시험 책을
처음 펼쳤던 날을 기억하시나요?"

공무원 시험 준비를 하면서
때로는 커다란 벽에 부딪혀 앞이 캄캄해졌던 때도 있었을 겁니다.
또 때로는 그 벽 앞에 주저앉아 포기하고 싶었던 때도 있었을 겁니다.

하지만, 기억하시나요?
새로운 도전에 대한 떨림과 각오로 책을 처음 펼쳤던 날.

이제 그 도전의 결실을 맺을 순간을 앞두고 있습니다.
합격의 길, 마지막까지 해커스가 함께하겠습니다.

최신 출제경향을 철저히 반영하여 적중률을 높인 16회분의 모의고사와

공무원 한국사 시험에 출제되는 핵심 키워드를 복습할 수 있는 <핵심 키워드 마무리 체크>

시험 직전 시대별로도 최종 점검을 할 수 있는 <시대별 막판 암기 점검>까지

『해커스공무원 실전동형모의고사 한국사 2』로 함께하세요.

공무원 합격을 위한 여정,
해커스 공무원시험연구소가 여러분과 함께 합니다.

: 목차

실전동형 문제집

약점 보완 해설집 [책 속의 책]

📋 **OMR 답안지** [부록]

🗓 **시대별 막판 암기 점검** [PDF]

해커스공무원(gosi.Hackers.com) 접속 후 로그인
▶ 상단의 [교재·서점 → 무료학습자료] 클릭
▶ 본 교재의 [자료받기] 클릭하여 이용

∶합격으로 이끄는 이 책의 특징 및 구성

최신 출제경향을 철저히 반영한 모의고사로 합격 실력 완성!

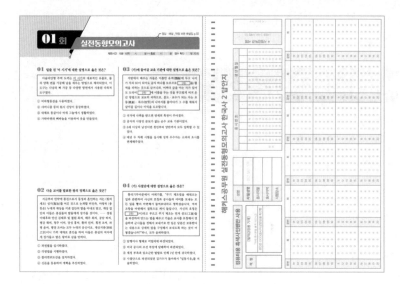

① **공무원 한국사 시험 경향을 철저히 반영한 모의고사 16회분 수록**

실제 공무원 한국사 시험과 동일한 난이도와 문제 유형으로 구성된 실전동형모의고사 16회분으로 철저하게 실전에 대비할 수 있도록 하였습니다.

② **OMR 답안지 제공**

실제 시험처럼 문제를 풀면서 정답 체크까지 할 수 있도록 OMR 답안지를 제공하였습니다. 이를 통해 실전 감각을 극대화할 수 있습니다.

취약시대 분석부터 심화 학습까지 아우르는 입체적 해설!

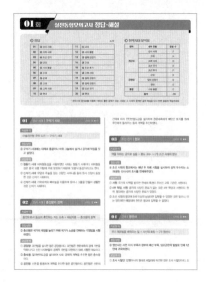

① **정답표 & 취약시대 분석표**

모든 문제의 시대가 표시된 정답표를 제공하여, 맞거나 틀린 문제의 시대를 바로 확인할 수 있습니다. 또한 취약시대 분석표를 통해 자신의 취약한 시대를 확인하고 집중 보완할 수 있도록 하였습니다.

② **상세한 정답 분석과 오답 해설**

정답의 근거는 물론 자료의 키워드 분석, 오답에 대한 상세한 해설을 제공하여 한 문제를 풀더라도 여러 문제를 푼 것과 같은 효과를 얻을 수 있습니다.

③ **이것도 알면 합격!**

출제 포인트 및 문제와 관련해 또 출제될 가능성이 높은 핵심 이론을 정리하여, 만점 달성에 필요한 심화 학습을 할 수 있도록 하였습니다.

목표 수립부터 달성까지, 합격을 향한 특별 구성!

① 막판 학습 플랜

목표 달성기에 기입한 학습 계획에 맞춰서 16회분 모의고사를 2주 동안 풀 수 있도록 구성한 막판 2주 학습 플랜과, 시험 직전 단기간에 문제풀이를 끝낼 수 있는 막판 1주 학습 플랜을 제공하였습니다.

② 모바일 자동 채점 + 성적 분석 서비스

매회 모의고사 풀이 후 QR코드로 접속하여 간편하게 채점할 수 있으며, 성적 분석 서비스를 통해 나의 취약점과 현재 위치를 점검할 수 있습니다.

시험 직전까지 완벽하게, 최종 마무리할 수 있는 학습 구성!

① 핵심 키워드 마무리 체크

매회 모의고사에 출제된 문제들 중 빈출 선택지의 핵심 키워드를 빈칸으로 제공하였습니다. 이를 통해 꼭 알아두어야 할 중요한 핵심 키워드를 복습하면서, 보다 철저히 한 회를 마무리할 수 있습니다.

② 온라인 무료 〈시대별 막판 암기 점검〉 제공

해커스공무원 사이트(gosi.Hackers.com)에서 각 회차 모의고사에 수록된 빈출 선택지를 OX/빈칸 문제로 구성한 〈시대별 막판 암기 점검〉(PDF)을 제공합니다. 이를 통해 시험 직전까지 반드시 알아 두어야 할 핵심 키워드만 최종 암기할 수 있습니다.

최신 출제경향과 학습 전략

공무원 한국사 시험 시대별 출제 비율

공무원 한국사 시험은 보통 총 20문항으로 구성됩니다. 최근 3개년 공무원 시험을 분석한 결과 전근대사가 전체의 57%로, 근현대사(38%), 시대 통합(5%)보다 출제 비율이 높았습니다. 그러나 대부분 모든 시대에서 큰 편차 없이 골고루 출제되고 있습니다.

시험 구분	시대별 출제 문항 수									
	전근대사					근현대사			시대 통합	합계
	선사	고대	고려	조선 전기	조선 후기	근대	일제 강점기	현대		
국가직	1	3	3	2	1	3	3	2	2	20
지방직	1	3	3	2	2	3	3	2	1	20
서울시	1	3	4	2	3	3	2	2	0	20
출제 비율	5%	15%	17%	10%	10%	15%	13%	10%	5%	100%

분류사별 최신 출제경향 및 학습 전략

🗂 최신 출제경향

- 정치사의 출제 비중이 가장 높으며, 최근에 주요 국왕의 업적 및 재위 시기의 사실을 묻는 문제가 많이 출제됨
- 한 시대의 정치·경제·사회·문화를 알아야 풀 수 있는 분류 통합형 문제가 출제되고 있음
- 문화사는 승려와 조선 후기 실학자, 역사서와 문화유산을 묻는 문제가 꾸준히 출제되고 있음
- 사회사는 최근 출제 비중이 낮아지고 있는 추세이며, 주로 분류 통합형의 선택지로 출제되고 있음

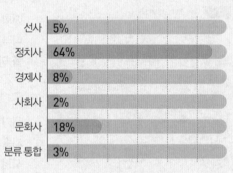

선사	5%
정치사	64%
경제사	8%
사회사	2%
문화사	18%
분류 통합	3%

[최신 3개년 분류사별 출제 비율]

학습 전략

① 정치사의 흐름을 파악하고 주요 국왕의 정책과 사건의 배경·내용·결과 등을 정리합니다.
② 문화사에서는 승려와 조선 후기의 실학자의 주요 내용을 꼼꼼히 정리하고, 역사서와 우리나라의 주요 문화유산의 특징을 구분하여 암기합니다.
③ 경제사에서는 고려의 전시과와 과전법, 조선 후기의 대동법·영정법·균역법의 경제 제도를 비교하여 정리합니다.
④ 사회사는 신라 하대, 고려 원 간섭기, 조선 후기를 중심으로 시대의 전반적인 사회상을 이해합니다.

시대별 최신 출제경향 및 학습 전략

1. 전근대사

📁 **최신 출제경향**

- 왕의 업적 또는 재위 시기의 사실을 묻는 문제나, 시기별 대외 항쟁의 전개 과정과 사건들의 전후 관계를 묻는 문제가 출제됨
- 사료를 해석하여 시대를 파악해야 하는 사료 제시형 문제가 많이 출제됨

시대/국가에 대한 사실 13%
왕의 업적/재위 시기의 사실 27%
인물사 15%
사건 10%
제도 14%
사상/문화재 21%

[최신 3개년 전근대사 문제 출제 포인트 비율]

학습 전략

① 국가별 주요 왕의 업적과 재위 시기의 사실·상황을 연결시켜 암기합니다.
② 모든 국가에 대한 제도와 사건들을 구분하여 정리합니다.
③ 각 시대의 정치·경제·사회·문화를 함께 정리합니다.

2. 근현대사

📁 **최신 출제경향**

- 근현대의 여러 사건과 관련된 문제가 가장 많이 출제됨
- 근현대 주요 단체와 특정 인물의 활동을 묻는 문제가 출제됨
- 근현대 조약·법령의 내용 및 대한민국 개헌안에 대해 묻는 문제가 자주 출제되고 있음

왕/대통령 집권 시기의 사실 5%
인물사 12%
시대/국가/정부에 대한 사실 12%
사건 44%
단체 23%
제도 4%

[최신 3개년 근현대사 문제 출제 포인트 비율]

학습 전략

① 근대사는 사건의 인과 관계나 전체 사건의 흐름을 이해하여 순서대로 배열하는 문제가 출제되기 때문에 사건의 배경, 전개 과정, 결과를 정리하여 개념을 이해합니다.
② 일제 강점기에서는 일제의 식민 통치 방식과 각 시기별 특징, 국내외의 독립운동 단체와 무장 독립 전쟁, 주요 독립운동가의 활동을 정리합니다.
③ 현대사에서는 광복 전후의 주요 상황, 민주화 운동, 평화 통일을 위한 남북의 노력, 시기별 경제 상황 등을 정리합니다.

:합격을 위한 막판 학습 플랜

막판 2주 학습 플랜 ✌ 합격 실력 완성 플랜!!

• 단계별 문제풀이로 한국사 취약점을 없애고, 합격 실력을 완성하고 싶은 수험생에게 추천합니다.

주/일		날짜	학습 단계	학습 내용
1주	1일	/	**[1단계] 실력 점검하기** 문제풀이를 통해 취약점을 파악하여 본인의 실력을 점검하는 단계	1~2회 모의고사 풀기 + 〈핵심 키워드 마무리 체크〉 풀기
	2일	/		3~4회 모의고사 풀기 + 〈핵심 키워드 마무리 체크〉 풀기
	3일	/		1~4회 모의고사 총정리 및 취약점 파악하기
	4일	/		5~6회 모의고사 풀기 + 〈핵심 키워드 마무리 체크〉 풀기
	5일	/		7~8회 모의고사 풀기 + 〈핵심 키워드 마무리 체크〉 풀기
	6일	/		5~8회 모의고사 총정리 및 취약점 파악하기
	7일	/	**[2단계] 취약점 막판 없애기** 틀린 문제의 해설을 집중적으로 학습하여 더 이상의 취약점이 없도록 만드는 단계	9~10회 모의고사 풀기 + 〈핵심 키워드 마무리 체크〉 풀기
2주	8일	/		11~12회 모의고사 풀기 + 〈핵심 키워드 마무리 체크〉 풀기
	9일	/		9~12회 모의고사 총정리 및 취약점 파악하기
	10일	/		13~14회 모의고사 풀기 + 〈핵심 키워드 마무리 체크〉 풀기
	11일	/		15~16회 모의고사 풀기 + 〈핵심 키워드 마무리 체크〉 풀기
	12일	/		13~16회 모의고사 총정리 및 취약점 파악하기
	13일	/	**[3단계] 합격 실력 완성하기** 틀린 문제들을 한번 더 복습하여 만점을 위한 합격 실력을 완성하는 단계	1~8회 모의고사 틀린 문제 한번 더 풀기 + PDF로 제공되는 〈시대별 막판 암기 점검〉 집중 암기
	14일	/		9~16회 모의고사 틀린 문제 한번 더 풀기 + PDF로 제공되는 〈시대별 막판 암기 점검〉 집중 암기

💡 실전동형모의고사 학습 방법

01. 실력 점검하기
실제 시험처럼 제한 시간(15분)을 지키며, 실력을 최종 점검한다는 마음으로 모의고사 문제를 풉니다. 채점한 후에는 모든 문제 해설을 꼼꼼히 공부하면서 취약점을 파악합니다. 또한, 매회 마지막에 수록된 〈핵심 키워드 마무리 체크〉를 풀고, 헷갈리는 키워드가 없을 때까지 집중적으로 암기합니다.

02. 취약점 막판 없애기
1단계와 같이 제한 시간(15분)을 지키며 문제를 차근차근 풀되, 틀린 문제의 해설을 위주로 꼼꼼히 읽으며 집중 학습합니다. 틀린 문제의 개념을 학습할 때에는 '개념을 몰라서' 틀린 것인지, '알던 개념이지만 실수로' 틀린 것인지를 확실하게 파악합니다. 이때 모의고사를 풀어 갈수록 반복적인 실수 및 틀린 문제 수가 줄도록 취약점을 완벽히 없애는 것이 중요합니다.

03. 합격 실력 완성하기
취약점을 파악하고 완벽히 없앴다면, 전체 회차의 모의고사에서 틀린 문제만 골라 막판 점검하고, 〈시대별 막판 암기 점검〉(PDF)을 통해 시대별 핵심 키워드를 집중 암기하여 만점을 위한 실력을 완성합니다.

* 매회 문제를 풀 때마다, 교재 맨 앞에 수록된 〈목표 달성기〉를 활용하여 본인의 점수 변화를 확인해 보세요.

막판 1주 학습 플랜 👆 실전 감각 극대화 플랜!!

• 시험 직전 막판 1주 동안 문제풀이에 집중하여, 실전 감각을 극대화하고 싶은 수험생에게 추천합니다.

주/일		날짜	학습 내용
1주	1일	/	1~4회 모의고사 풀기 ① 모의고사를 풀고 해설을 꼼꼼히 학습하기　② 〈핵심 키워드 마무리 체크〉 풀기
	2일	/	5~8회 모의고사 풀기 ① 모의고사를 풀고 해설을 꼼꼼히 학습하기　② 〈핵심 키워드 마무리 체크〉 풀기
	3일	/	1~8회 모의고사 총정리하기
	4일	/	9~12회 모의고사 풀기 ① 모의고사를 풀고 해설을 꼼꼼히 학습하기　② 〈핵심 키워드 마무리 체크〉 풀기
	5일	/	13~16회 모의고사 풀기 ① 모의고사를 풀고 해설을 꼼꼼히 학습하기　② 〈핵심 키워드 마무리 체크〉 풀기
	6일	/	9~16회 모의고사 총정리하기
	7일	/	시험 직전 막판 점검하기 ① 1~16회 모의고사 틀린 문제 한번 더 풀기　② PDF로 제공되는 〈시대별 막판 암기 점검〉 집중 암기

실전동형모의고사 학습 방법 🎧

01. 각 회차 모의고사 풀기

(1) 모의고사를 풀고 해설 학습하기
　① 실제 시험처럼 제한 시간(15분)을 지키며 모의고사 문제를 풉니다.
　② 채점 후 틀린 문제를 중심으로 해설을 꼼꼼히 학습합니다. 해설을 학습할 때에는 틀린 문제에 나온 개념을 정리하고 반복
　해서 암기함으로써 이후에 동일한 개념의 문제를 틀리지 않도록 합니다. 또한, 〈이것도 알면 합격!〉에서 제공하는 심화 개
　념까지 완벽히 암기합니다.

(2) 〈핵심 키워드 마무리 체크〉로 한 번 더 점검하기
　① 매회 마지막에 수록된 〈핵심 키워드 마무리 체크〉를 풀고, 헷갈리는 키워드가 없을 때까지 집중적으로 암기합니다.
　② 잘 안 외워지는 키워드에는 체크를 해두고, 머리 속에 완벽히 입력될 때까지 반복해서 암기합니다.

02. 모의고사 총정리하기

(1) 틀린 문제를 풀어보고, 반복해서 틀리는 문제는 해설의 정답 설명, 오답 분석을 다시 한 번 꼼꼼히 읽고 모르는 부분이 없을
　때까지 확실히 학습합니다.

(2) 〈핵심 키워드 마무리 체크〉에서 체크해 둔 키워드가 완벽하게 암기되었는지 최종 점검합니다.

03. 시험 직전 막판 점검하기

시험 전날에는 전체 회차의 모의고사에서 틀린 문제만 골라 막판 점검하고, 〈시대별 막판 암기 점검〉(PDF)을 통해 시대별 핵심
키워드를 집중 암기하여 만점을 위한 실력을 완성합니다.

* 매회 문제를 풀 때마다, 교재 맨 앞에 수록된 〈목표 달성기〉를 활용하여 본인의 점수 변화를 확인해 보세요.

합격으로 이끄는 **공무원 한국사 학습 전략!**

정치사

주요 국왕 대의 사실과 각 시대별로 시행된 정책 등을 정확하게 암기한다!

정치사는 국가별 주요 국왕의 업적 및 재위 시기의 사실과 각 시대별로 시행된 정책을 구분하여 정확하게 암기해야 하며, 주요 사건은 정치적 상황과 연관시켜 정리합니다.

경제사

제도별로 시행 시기와 내용을 정리한다!

토지 제도와 수취 제도는 각 시대에 따라 어떻게 변했는지를 물어보므로, 제도가 시행된 왕, 제도의 내용과 기준 등을 한번에 정리해야 문제를 맞힐 수 있습니다. 특히 문제를 풀 때, '몇 두'를 수취하였는지 그 숫자가 헷갈리기 때문에 내용을 정확하게 암기합니다.

사회사

흐름과 함께 각 시대의 사회 모습과 신분 계층까지 파악한다!

최근 사회사 문제의 출제 비중이 낮아지고 있으나 분류 통합 문제로 출제될 가능성이 있으니, 각 시대별 사회 모습의 주요 특징을 정치사, 경제사 등과 함께 연결 지어 학습합니다.

문화사

서적은 저자와 함께 주요 특징까지 암기한다!

서적 문제를 맞추기 위해서는 저자와 함께 주요 특징까지 암기해야 합니다. 농서, 역사서, 의학서 등으로 구분하여 문제가 출제되므로, 서적에 따라 정리를 하면 쉽게 문제의 정답을 맞힐 수 있습니다.

실전동형
모의고사

잠깐! 실전동형모의고사 전 확인사항

매 회 실전동형모의고사 전, 아래 상황을 점검하고 실전처럼 시험에 임하세요.

✔ 휴대전화는 전원을 꺼주세요.
✔ 연필과 지우개를 준비하세요.
✔ 제한시간 15분 내 최대한 많은 문제를 정확하게 풀어보세요.

01회 실전동형모의고사

제한시간 : 15분 시작   시   분 ~ 종료   시   분 점수 확인   개/ 20개

01 밑줄 친 '이 시기'에 대한 설명으로 옳은 것은?

아슐리안형 주먹 도끼는 이 시기의 대표적인 유물로, 돌의 양쪽 면을 가공해 날을 세우는 방법으로 제작되었다. 이 도구는 사냥과 뼈 가공 등 다양한 방면에서 사용된 다목적 도구였다.

① 비파형동검을 사용하였다.
② 샤머니즘 등의 원시 신앙이 등장하였다.
③ 대체로 동굴이나 바위 그늘에서 생활하였다.
④ 가락바퀴와 뼈바늘을 이용하여 옷을 만들었다.

02 다음 교서를 발표한 왕의 정책으로 옳은 것은?

지금부터 만약에 종친으로서 동성과 혼인하는 자는 (원의 세조) 성지(聖旨)를 어긴 것으로 논죄할 터인즉, 마땅히 (종친은) 누대의 재상을 지낸 집안의 딸을 아내로 맞고, 재상 집안의 아들은 종실들의 딸들에게 장가들 것이다. …… 경원 이태후와 안산 김태후 및 철원 최씨, 해주 최씨, 공암 허씨, 평강 채씨, 청주 이씨, 당성 홍씨, 황려 민씨, 횡천 조씨, 파평 윤씨, 평양 조씨는 모두 누대의 공신이요, 재상지종(宰相之宗)이니 가히 대대로 혼인을 하여 아들은 종실의 여자에게 장가들고 딸은 왕비로 삼을 만하다.

① 과전법을 실시하였다.
② 각염법을 시행하였다.
③ 찰리변위도감을 설치하였다.
④ 신돈을 등용하여 개혁을 추진하였다.

03 (가)에 들어갈 교육 기관에 대한 설명으로 옳은 것은?

지방에서 배우는 자들은 이름만 유적(儒籍)에 두고 나이가 거의 60이 되어도 글자 하나를 모르므로 　(가)　 을/를 역을 피하는 곳으로 삼거니와, 어쩌다 글을 아는 자가 있어도 도리어 　(가)　 에 이름을 두는 것을 부끄럽게 여겨 온갖 방법으로 교묘히 피하므로, 훈도 · 교수가 되는 자는 초동(樵童) · 목수(牧竪)의 나머지를 몰아다가 그 수를 채워서 살아갈 길이나 이익을 도모합니다.

① 국가에 사액을 받으면 면세의 특권이 주어졌다.
② 공자의 사당인 문묘가 없는 순수 교육 기관이었다.
③ 8세 이상의 남성이면 천민부터 양반까지 모두 입학할 수 있었다.
④ 매년 두 차례 시험을 실시해 성적 우수자는 소과의 초시를 면제해주었다.

04 (가) 사절단에 대한 설명으로 옳은 것은?

통리기무아문에서 아뢰기를, "무기 제조법을 배워오는 일과 관련하여 사신의 호칭과 공사들의 여비를 보내는 모든 일을 빨리 마련해서 들여보내라고 명하셨습니다. 여러 조항을 마련해서 절목으로 써서 들입니다. 사신의 호칭은 　(가)　 (이)라고 부르고 무기 제조는 먼저 공도(工徒)들을 파견하여 만드는 법을 배우고 기술은 교사를 초청해서 연습하며 군사들을 정해서 보내기로 한 일은 당분간 보류한다는 내용으로 상세히 말을 구성해서 보내도록 하는 것이 어떻겠습니까?"하니, 모두 윤허하였다.

① 암행어사 형태로 비밀리에 파견되었다.
② 미국 공사의 조선 부임에 답례하여 파견되었다.
③ 재정 부족과 임오군란 발발로 인해 1년 만에 귀국하였다.
④ 사절단으로 파견되었던 김기수가 돌아와서 『일동기유』를 저술하였다.

05 조선 시대의 화폐 유통에 대한 설명으로 옳지 않은 것은?

① 18세기 전반에 동전 공급 부족으로 전황이 발생하였다.

② 인조 때 동전이 처음으로 주조되어 개성을 중심으로 유통되었다.

③ 세조 때 팔방통보를 주조하여 유통시키고자 하였으나 실패하였다.

④ 조선 후기에는 어음, 환 등 신용 화폐를 이용한 대규모 상거래가 이루어졌다.

06 다음 내용이 기록된 비석에 대한 설명으로 옳은 것은?

> 이 때에 적성(赤城) 출신의 야이차에게 말씀하시기를 옳은 일을 하는 데 힘을 쓰다가 죽게 되었으므로 이 까닭으로 이후 그의 처(妻)인 삼(三)에게는 이(利)를 허(許)하였다. …… 이후로부터 나라 가운데에 야이차와 같이 옳은 일을 하여 힘을 쓰고 남으로 하여금 일하게 한다면 만약 그가 아들을 낳건 딸을 낳건 나이가 적건 (많건) 형제이건 대를 이어 포상하리라.

① 김정희가 『금석과안록』을 통해 고증하였다.

② 이 비석에서는 신라의 왕을 동이 매금으로 칭하였다.

③ 고구려의 영토였던 단양 지역을 점령하고 세운 비석이다.

④ 진흥왕이 국경 지역을 돌아보고 세운 순수비 중 하나이다.

07 (가) 신문에 대한 설명으로 옳은 것은?

> 영국인 베델이 서울에 신문사를 창설하여 ___(가)___ (이)라고 하고, 박은식을 주필로 맞이하였다. …… 각 신문사에서도 외병들을 폭도나 비류(匪類)로 칭하였지만 오직 ___(가)___ 은/는 의병으로 칭하며, 그 논설도 조금도 굴하지 않고 일본인의 악행을 게재하여 들으면 들은 대로 모두 폭로하였다.

① 우리나라 신문 최초로 상업 광고를 게재하였다.

② 10일에 한번씩 발간되었으며, 관보적 성격을 띠었다.

③ 을사늑약의 불법성을 폭로하는 고종의 친서를 게재하였다.

④ 우리나라 최초의 민간 신문으로 근대적 지식 보급과 국권·민권 사상을 고취하였다.

08 고구려 부흥 운동의 전개 과정에 대한 설명으로 옳은 것을 모두 고른 것은?

> ㉠ 한성과 오골성 등에서 전개되었다.
> ㉡ 복신과 도침이 주류성을 중심으로 당군을 공격하였다.
> ㉢ 보장왕의 서자 안승이 왕으로 추대되었다.
> ㉣ 흑치상지가 임존성에서 당군을 격퇴하였다.

① ㉠, ㉡   ② ㉠, ㉢

③ ㉡, ㉢   ④ ㉢, ㉣

09 다음 역사서에 대한 설명으로 옳은 것은?

> 신(臣) 이승휴가 지어서 바칩니다. 예로부터 제왕들이 서로 계승하여 주고받으며 흥하고 망한 일은 세상을 경영하는 군자가 밝게 알지 않아서는 안 되는 바입니다. …… 선하여 본받을 만한 것과 악하여 경계로 삼을 만한 것은 모두 일마다 춘추필법에 따랐습니다.

① 열전에는 김유신을 비롯한 신라인이 편중되었다.

② 민간 설화와 신라의 향가 14수가 수록되어 있다.

③ 성리학적 유교 사관이 반영되어 대의명분을 강조하였다.

④ 우리 역사의 서술을 단군부터 시작하여 중국의 역사만큼 유구하다고 보았다.

10 다음 합의문에 대한 설명으로 옳은 것은?

> 쌍방은 다음과 같은 조국 통일 원칙들에 합의를 보았다.
> 첫째, 통일은 외세에 의존하거나 외세의 간섭을 받음이 없이 자주적으로 해결하여야 한다.
> 둘째, 통일은 서로 상대방을 반대하는 무력행사에 의거하지 않고 평화적 방법으로 실현하여야 한다.

① 노태우 정부 때 발표되었다.

② 남북 정부의 체제 강화에 이용되었다.

③ 남북 군사 공동 위원회 설치를 명시하였다.

④ 금강산 관광 사업을 추진하기로 협의하였다.

11 밑줄 친 '이 사상'의 영향을 받아 만들어진 문화재로 옳은 것은?

> 불립문자(不立文字)라 하여 문자를 세워 말하지 않는다고 주장하고, 복잡한 교리를 떠나서 심성(心性)을 도야하는 데 치중하였다. 그러므로 이 사상에서 주장하는 바는 인간의 타고난 본성이 곧 불성(佛性)임을 알면 그것이 불교의 도리를 깨닫는 것이라는 견성오도(見性悟道)에 있었다.

① 쌍봉사 철감선사탑

② 이불 병좌상

③ 법주사 쌍사자 석등

④ 금동 미륵보살 반가 사유상

12 다음 자료와 관련된 지역에 대한 내용으로 옳지 않은 것은?

> 목극등이 샘이 갈라지는 곳에 자리 잡고 말하기를, "이곳이 분수령이라 할 수 있다."라고 하며, 경계를 정하고 돌을 깎아 비석을 세웠다. 그 비문에는 '오라총관 목극등이 …… 국경을 조사하기 위해 여기에 이르러 살펴보니, 서쪽은 압록강이며 동쪽은 토문강이므로 분수령 위에다 돌에 새겨 표를 삼는다.'라고 쓰여져 있다.

① 일제는 통감부를 설치한 후 이 지역에 통감부의 파출소를 두었다.

② 『조선국교제시말내탐서』에 이 지역의 영유권에 대한 내용이 기록되어 있다.

③ 일제는 남만주의 철도 부설권을 얻는 대가로 이 지역을 청의 영토로 인정하였다.

④ 조선 정부는 이 지역에 어윤중을 서북 경략사, 이중하를 토문 감계사로 파견하였다.

13 밑줄 친 '이 회의'에 대한 설명으로 옳은 것은?

> 베이징 방면의 인사는 분열을 통탄하며 통일을 촉진하는 단체를 출현시키고 상하이 일대의 인사는 이를 고려하여 개혁을 제창하고 있다. …… 독립운동의 신국면을 타개하려고 함에는 다만 민의뿐이므로 우리 국민은 노력 분투하지 않으면 안 된다. 이에 이 회의의 소집을 제창한다.

① 박은식을 제2대 대통령으로 선출하였다.

② 임시 정부가 충칭으로 이동하는 계기가 되었다.

③ 창조파와 개조파의 대립으로 회의가 결렬되었다.

④ 파리 강화 회의에 김규식을 파견하는 것이 논의되었다.

15 다음 현상이 나타난 시기의 사회 모습으로 옳지 않은 것은?

> 영남은 평소 사대부의 고장이라 일컬어져 서민들이 양반을 본받기 때문에 전에는 유현(儒賢)이 배출되고 풍속이 보고 느낄만 했습니다. 지금은 인심이 점점 경박해져서 점차 옛날만 못하게 되고 토호들의 향전이 고질적인 폐단을 이루었으며 글을 읽는 사람이 없습니다.

① 문중 중심의 서원과 사우가 많이 세워졌다.

② 향회가 수령의 부세 자문 기구로 전락하였다.

③ 도시로 나아가 임노동자로 변모하는 농민이 증가하였다.

④ 양민의 대다수를 차지한 농민을 백정(白丁)이라고 하였다.

14 고대의 고분에 대한 설명으로 옳은 것을 모두 고른 것은?

> ㉠ 백제 송산리 6호분의 주위 둘레돌에는 12지 신상이 조각되었다.
> ㉡ 신라의 돌무지덧널무덤은 도굴이 어려워 많은 부장품이 발견되었다.
> ㉢ 발해 정효 공주 묘는 굴식 돌방 무덤이며 모줄임 천장 구조로 축조되었다.
> ㉢ 백제 석촌동 고분은 백제의 건국 세력이 고구려와 관계 있음을 보여준다.

① ㉠, ㉡

② ㉠, ㉢

③ ㉡, ㉢

④ ㉢, ㉢

16 밑줄 친 '정책'으로 옳은 것은?

> 고려 중기에 이르러 최충이 설립한 문헌공도를 비롯한 사학 출신들의 과거 합격률이 높아지자, 귀족 자제들이 주로 사학에 입학하였다. 이에 따라 관학 교육이 위축되었으며 이를 해결하기 위하여 고려 정부는 여러 가지 정책을 실시하였다.

① 현량과를 실시하였다.

② 수도에 4부 학당을 설립하였다.

③ 만권당을 설치하고 유학자를 초청하였다.

④ 국자감에 전문 강좌인 7재를 설치하였다.

17 (가) 단체에 대한 설명으로 옳지 않은 것은?

> 대한민국 임시 정부는 대한민국 원년에 정부가 공포한 군사 조직법에 의거하여 중화민국 총통 장개석 원사의 특별 허락으로 중화민국 영토 내에서 　(가)　을/를 창설함을 선언한다. 　(가)　은/는 중화민국 국민과 합작하여 우리 두 나라의 독립을 회복하고자 공동의 적인 일본 제국주의자들을 타도하기 위하여 연합군의 일원으로 항전을 계속한다.

① 초기에는 중국 군사 위원회의 지휘를 받아 활동하였다.

② 미국 전략 정보국의 도움을 받아 국내 정진군을 편성하였다.

③ 함경남도 보천보의 경찰 주재소와 면사무소 등을 파괴하였다.

④ 인도와 미얀마 등지에 연합군의 일원으로 파견되어 활약하였다.

18 일제의 식민지 정책을 시기순으로 바르게 나열한 것은?

> ㉠ 회사의 설립을 허가제에서 신고제로 전환하였다.
> ㉡ 학도 지원병제를 실시하여 학생들을 전쟁에 동원하였다.
> ㉢ 농공은행을 통합하여 조선식산은행을 설립하였다.
> ㉣ 황국 신민 서사를 제정하여 조선인에게 암송하도록 강요하였다.

① ㉢ - ㉡ - ㉠ - ㉣

② ㉢ - ㉠ - ㉣ - ㉡

③ ㉠ - ㉢ - ㉡ - ㉣

④ ㉠ - ㉢ - ㉣ - ㉡

19 밑줄 친 '그'의 활동으로 옳은 것은?

> 정몽주의 학문을 계승한 그는 학문에 연원(淵源)이 있었고 행실 또한 단정하고 방정하였으며, 후학을 가르침에 지극한 정성을 쏟았습니다. 성종께서 그의 어짊을 알고 판서로 발탁하였으나 세상과 뜻이 맞지 않았습니다. 연산조에 이르러 사화가 일어나 사림들이 죄를 입자, 참화가 그의 문도에게서 시작되었기 때문에 그에게까지 화가 미쳤습니다.

① 성리학 입문서인 『격몽요결』을 저술하였다.

② 「조의제문」을 지어 세조의 왕위 찬탈을 비판하였다.

③ 우주를 무한하고 영원한 기로 보는 태허설을 주장하였다.

④ 『여씨향약』을 소개하여 성리학적 규범을 향촌에 정착시키고자 하였다.

20 다음 탐구 보고서와 관련하여 탐구 주제와 정부가 잘못 연결된 것은?

> 〈탐구 보고서〉
> • 탐구 목표: 우리나라 각 정부별 교육 정책에 대해 알아본다.
> • 탐구 절차: 대상 시기 및 탐구 주제 설정 → 관련 자료 수집 → 보고서 작성 · 발표

	탐구 주제	정부
①	초등학교 의무 교육제가 시행되다!	이승만
②	중학교 무시험 진학 제도가 시작되다!	박정희
③	고교 평준화 정책이 시작되다!	전두환
④	대학 수학 능력 시험이 실시되다!	김영삼

정답·해설 _약점 보완 해설집 p.02

모바일 자동 채점 + 성적 분석 서비스 바로 가기
QR코드를 이용해 모바일로 간편하게 채점하고 나의 실력이 어느 정도인지, 취약 부분이 어디인지 바로 파악해 보세요!

01회 핵심 키워드 마무리 체크

☑ 빈칸에 들어갈 알맞은 키워드를 골라 채워보세요.

충선왕	한성순보	향교	안승
김종직	단양 적성비	7·4 남북 공동 성명	한국광복군
영선사	학도 지원병제	신돈	조선식산은행
돌무지덧널무덤	삼국사기	대한매일신보	격몽요결

선사~조선 후기

01 _____는 고구려의 영토였던 단양 지역을 점령하고 세운 비석이다.

02 고구려 부흥 운동 당시 보장왕의 서자 ____이 왕으로 추대되었다.

03 신라의 _____은 도굴이 어려워 많은 부장품이 발견되었다.

04 _____은 각염법을 시행하였다.

05 공민왕은 ____을 등용하여 개혁을 추진하였다.

06 「_____」의 열전에는 김유신을 비롯한 신라인이 편중되었다.

07 조선 시대 ____에서는 매년 두 차례 시험을 실시해 성적 우수자는 소과의 초시를 면제해주었다.

08 _____은 「조의제문」을 지어 세조의 왕위 찬탈을 비판하였다.

09 이이는 성리학 입문서인 「_____」을 저술하였다.

근대~현대

10 _____는 재정 부족과 임오군란 발발로 인해 1년 만에 귀국하였다.

11 _____는 10일에 한번씩 발간되었으며, 관보적 성격을 띠었다.

12 _____에는 을사늑약의 불법성을 폭로하는 고종의 친서를 게재하였다.

13 일제는 1918년에 농공은행을 통합하여 _____을 설립하였다.

14 일제는 1943년에 _____를 실시하여 학생들을 전쟁에 동원하였다.

15 _____은 미국 전략 정보국의 도움을 받아 국내 정진군을 편성하였다.

16 _____은 남북 정부의 체제 강화에 이용되었다.

02회 실전동형모의고사

제한시간 : 15분 시작 시 분 ~ 종료 시 분 점수 확인 개/ 20개

01 (가) 왕의 재위 시기의 사실로 옳은 것은?

천자께서 저 먼 변방에서 현묘한 도를 듣고자 하는 뜻을 헤아려, 고려에 사신을 파견하면서 도사 2인을 딸려 보내 교법(敎法)에 통달한 자를 골라 가르치도록 하였다. (가) 은/는 신앙이 돈독하여 정화(政和) 연간에 복원관을 처음 세워 도가 높고 참된 도사 10여 명을 받들었다. 그러나 그 도사들은 낮에는 복원관에 있다가 밤에는 집으로 돌아갔는데 후에 간관이 이를 문제 삼자 법으로 금하였다.

① 불교를 중시하여 연등회와 팔관회를 부활시켰다.

② 청연각과 보문각을 설치하여 유학을 진흥시켰다.

③ 경사 6학의 제도를 확립하여 관학 교육을 강화하였다.

④ 양현고의 부실을 보충하기 위해 섬학전을 설치하였다.

02 근대 개혁 정책에 대한 설명으로 옳은 것을 모두 고른 것은?

㉠ 제1차 갑오개혁 때 은본위 화폐 제도를 실시하였다.

㉡ 을미개혁 때 지방 행정 체제를 23부에서 13도로 개편하였다.

㉢ 제2차 갑오개혁 때 교육 입국 조서를 발표하고 한성 사범 학교를 설립하였다.

㉣ 광무개혁 때 지조법을 개혁하여 관리의 부정을 막고 재정을 확보하고자 하였다.

① ㉠, ㉡   ② ㉠, ㉢

③ ㉡, ㉣   ④ ㉢, ㉣

03 다음 글을 쓴 인물에 대한 설명으로 옳은 것은?

황소에게 고한다. …… 그러한즉 비록 백 년의 인생 동안 생사는 기약할 수가 없는 것이나, 만사를 마음으로 판단하여 옳고 그른 것은 분별할 줄 알아야 한다. …… 너는 모름지기 진퇴를 참작하고 잘된 일인가 못된 일인가 분별하라. 배반하여 멸망하기보다 귀순하여 영화롭게 됨이 어찌 훨씬 좋지 않겠는가?

① 『삼대목』을 편찬하였다.

② 『제왕연대력』을 저술하였다.

③ 6두품 출신으로 견훤의 책사로 활약하였다.

④ 당나라에서 서주 무령군 소장으로 복무하였다.

04 밑줄 친 '왕'의 재위 시기의 사실로 옳은 것은?

왕 5년 봄, 처음으로 초문사를 창건하고 순도를 두었으며, 또한 이불란사를 창건하고 아도를 두니, 이것이 해동 불법의 시초였다.

① 전연의 공격으로 수도가 함락되었다.

② 율령을 반포하고 태학을 설립하였다.

③ 후연을 공격하여 요동 지역에 진출하였다.

④ 일본에 종이와 먹의 제작 방법을 전해 주었다.

05 조선 전기에 편찬된 서적에 대한 설명으로 옳지 않은 것은?

① 성종 때 정읍사, 처용가 등이 한글로 수록된 『악학궤범』이 편찬되었다.

② 강희안이 『양화소록』을 저술하여 다양한 화초 재배 방법을 소개하였다.

③ 세종 때 동양 의학을 집대성한 의학 백과사전인 『방약합편』이 간행되었다.

④ 세종 때 우리나라의 한자음을 바로잡아 통일된 표준음을 정하려는 목적으로 『동국정운』이 편찬되었다.

06 다음 조약에 대한 설명으로 옳은 것은?

> 제31관 조선 정부에서는 앞으로 각 통상 항구의 구내를 수축하고 …… 통상 항구에 오는 일본 상선은 톤세(船鈔)로 톤당 225문을 납부하여 그 유지비로 충당해야 한다.
>   ⋮
> 제42관 본 장정은 조인한 날로부터 100일 이내에 조선과 일본 양국 정부의 승인을 받아 100일이 지난 뒤에 시행하며, 종전의 일체 무역 규칙 및 기타 각 조약 가운데 본 장정에 장애가 되는 각 조관은 모두 폐지한다. 단, 현재나 앞으로 조선 정부에서 어떠한 권리와 특전 및 혜택과 우대를 다른 나라 관리와 백성에게 베풀 때는 일본국 관리와 백성도 마찬가지로 일체 그 혜택을 받는다.

① 군산을 개항하여 무역을 허용하였다.

② 곡물 유출을 막는 방곡령 규정이 합의되었다.

③ 조선 연해의 측량을 인정한다는 내용이 있다.

④ 일본 상인의 활동 범위를 개항장 사방 10리로 한정하였다.

07 밑줄 친 '왕'의 업적으로 옳은 것은?

> 성안의 도랑이 막혀 물길이 넘쳐서 여염집이 많이 물에 빠져 백성이 편히 살지 못하므로, 왕께서 준천사를 설치하여 돌을 캐다가 높이 쌓고 도랑을 쳐서 잘 흘러가게 하시니, 마을 집들이 잠기지 않아서 모두 편히 지냈으며, 신문고를 다시 설치하여 백성들의 억울한 사정을 살피시었다.

① 대동법을 전국적으로 확대 실시하였다.

② 『동문휘고』, 『탁지지』 등을 편찬하였다.

③ 이조 전랑의 3사 관리 추천 관행을 폐지하였다.

④ 수령이 군현 단위의 향약을 직접 주관하게 하였다.

08 밑줄 친 '글'이 계기가 되어 일어난 사건에 대한 설명으로 옳은 것은?

> 어느 날 꿈에 신인이 나타나 "나는 초나라 회왕 손심(의제)인데, 서초 패왕(항우)에게 살해되어 강에 묻혀있다."라고 홀연히 사라졌다. 나는 꿈에서 깨어 놀라며 이르기를, '회왕은 초나라 사람이요, 나는 동이 사람으로 거리가 1만여 리가 되며, 세대의 선후도 역시 1000년이 훨씬 넘는데, 꿈속에 와서 감응하니, 이것이 무슨 상서로움일까?' 하였다. …… 드디어 글을 지어 조문하였다.

① 윤원형 세력이 윤임 세력을 축출하였다.

② 동인이 남인과 북인으로 분화되는 계기가 되었다.

③ 훈구 세력이 김일손 등의 사림 세력을 제거하였다.

④ 폐비 윤씨 사사 사건과 관련된 사림들이 피해를 입었다.

09 다음과 같이 주장한 승려에 대한 설명으로 옳은 것은?

> 마땅히 명예와 이익을 버리고 산림에 은둔하여 같은 모임을 결성하자. 항상 선정(禪定)을 익히고 지혜(智慧)를 고르게 하는데 힘쓰며, 예불과 독경을 하고 함께 노동에 힘을 쏟자.

① 해동 천태종을 창시하였다.

② 당의 삼장법사 현장에게 유식학을 배웠다.

③ 수행법으로 정혜쌍수와 돈오점수를 주장하였다.

④ 현세에서 고난을 구원받고자 하는 관음 신앙을 이끌었다.

10 밑줄 친 '정부' 시기의 경제 상황으로 옳은 것은?

> 저는 오늘 5·18 광주 민주화 운동의 역사적 의미를 되새기면서, 광주의 아픔을 씻어내고 그 명예를 회복하기 위한 정부의 방안을 말씀드리고자 합니다. 분명히 말하거니와 오늘의 정부는 광주 민주화 운동의 연장선 위에 서 있는 민주 정부입니다. 또한 문민 정부의 출범과 개혁은 광주 민주화 운동의 역사적 의미를 실현시켜 나가는 과정입니다.

① 삼백 산업이 발달하였다.

② 금융 실명제가 실시되었다.

③ 한·칠레 자유 무역 협정이 체결되었다.

④ 제1차 경제 개발 5개년 계획을 추진하였다.

11 다음 사회 운동에 대한 설명으로 옳은 것은?

> 조선 민족 2천만의 한 사람으로서 갑오년 6월부터 백정의 칭호가 없어지고 평민이 된 우리들이다. 애정으로써 상호부조하며 생활의 안정을 도모하고 공동의 존영을 기하려 한다. 이에 40여 만의 단결로써 본사의 목적인 그 주지를 선명하게 표명하는 바이다.

① 갑오개혁 직후 경남 진주에서 시작되었다.

② 일본 부락민들의 수평 운동에 영향을 주었다.

③ 일본이 동원한 일진회의 탄압으로 실패하였다.

④ 사회주의와 연계하여 파업과 소작 쟁의에 참여하였다.

12 (가) 신문을 창간한 인물에 대한 설명으로 옳은 것은?

> 오늘 처음으로 출판함을 맞아 …… 우리 주의를 미리 말씀 드린다. …… 정부에서 하시는 일을 백성에게 전할 터이오, 백성의 정세를 정부에 전할 터이니 …… 우리가 (가) 을/를 출판하는 것은 이익을 보려 하는 것이 아니므로 가격을 저렴하게 했고 모두 한글로 써서 남녀 상하 귀천이 모두 보게 했으며, 또 구절을 띄어 써서 알아보기 쉽도록 하였다.
> − (가) 창간호 논설

① 아관 파천을 주도하였다.

② 독립 협회를 설립하였다.

③ 대한인 국민회를 조직하였다.

④ 초대 우정국 총판에 임명되었다.

13 다음 신라의 경제 정책과 활동을 시기순으로 바르게 나열한 것은?

> ㉠ 수도에 남시(南市)를 설치하였다.
> ㉡ 당항성을 통해 중국과 직접 교역할 수 있게 되었다.
> ㉢ 시장을 감독하는 관청인 동시전을 설치하였다.
> ㉣ 관리들의 월봉을 없애고, 다시 녹읍을 나누어 주었다.

① ㉡ - ㉠ - ㉢ - ㉣
② ㉡ - ㉢ - ㉣ - ㉠
③ ㉢ - ㉡ - ㉠ - ㉣
④ ㉢ - ㉡ - ㉣ - ㉠

14 (가)~(라) 시기에 있었던 사실로 옳은 것은?

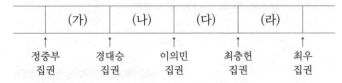

	(가)	(나)	(다)	(라)	
↑ 정중부 집권		↑ 경대승 집권	↑ 이의민 집권	↑ 최충헌 집권	↑ 최우 집권

① (가) - 최광수가 서경에서 고구려 부흥을 목표로 봉기하였다.
② (나) - 개경에서 만적이 노비들을 모아 반란을 모의하였다.
③ (다) - 김사미와 효심이 운문과 초전에서 난을 일으켰다.
④ (라) - 망이·망소이가 공주 명학소에서 봉기하였다.

15 (가) 정치 세력에 대한 설명으로 옳은 것은?

> 기묘년에 조정에서는 현량과를 설치하였는데, 공은 여기에 참여하게 되어 시험을 보아 병과(丙科)로 발탁되고, 예조 정랑에 임용되었다가 얼마 후 이조 정랑으로 옮겼다. 이때 마침 한두 명의 간신들이 유언비어를 날조하여 __(가)__ 을/를 모함하니, 중종께서는 이에 크게 노하여 마침내 __(가)__ 들에게 죄를 가하였다.

① 세조가 즉위하는데 공을 세워 권력을 장악하였다.
② 도덕과 의리를 바탕으로 한 왕도 정치를 강조하였다.
③ 주로 대지주층이었으며 관학파의 학풍을 계승하였다.
④ 부국강병을 위해 성리학 이외의 학문에도 관대하였다.

16 (가)~(다) 단체에 대한 설명으로 옳은 것은?

> ○ 대구에서 박상진, 김좌진 등이 조직한 __(가)__ 은(는) 전국적으로 조직을 확대하는 한편 서간도의 신흥 학교 등과 연계를 맺었다.
> ○ 임병찬 등은 __(나)__ 을(를) 조직하고 서울에 중앙 순무 총장을 두었다. __(나)__ 은(는) 일본 정부와 조선 총독 및 주요 관리들에게 일제의 국권 피탈의 부당성을 지적하였다.
> ○ 평양의 숭실 학교 재학생과 졸업생이 주축이 되어 조직된 __(다)__ 은(는) 하와이에서 조직된 대조선 국민군단의 국내 지부로 군자금을 모금하고 무기 구입을 추진하였다.

① (가)는 고종의 비밀 지령을 받아 조직되었다.
② (나)는 공화 정체의 근대 국가 수립을 지향하였다.
③ (다)는 송죽회로, 해외 독립운동에 자금을 지원하였다.
④ (가), (나), (다) 모두 비밀 결사의 형태로 결성되었다.

17 초기 국가의 사회 풍속에 대한 설명으로 옳은 것을 모두 고른 것은?

> ㉠ 고구려에서는 형이 죽으면 동생이 형수를 취하는 취수혼이 행해졌다.
> ㉡ 삼한의 제천 행사는 5월의 수릿날과 10월의 계절제로 구성되어 있었다.
> ㉢ 부여에서는 무덤에 시신을 안치할 때 목곽 입구에 쌀 항아리를 매달아 놓았다.
> ㉣ 옥저에서는 매년 10월에 무천이라는 제천 행사를 열었으며, 각 부족의 영역을 엄격히 지켰다.

① ㉠, ㉡   ② ㉠, ㉢
③ ㉡, ㉣   ④ ㉢, ㉣

18 밑줄 친 ㉠～㉢에 대한 설명으로 옳지 않은 것은?

> 마침 ㉠서경 출신의 음양술을 하는 자가 나타났는데, 좌우에서 극력 천거하는 바람에 그를 큰 현자로 대우하게 되었다. 짐이 진정 현명하지 못한 탓에 그 말에 현혹되었으며 새 궁궐인 ㉡대화궁을 창건함으로써 선조의 업적을 중흥시키고자 했던 것이다. …… 우매한 저들은 그것을 알지 못한 채 나날이 마음속에 원망을 품어 제멋대로 군사를 동원해 ㉢반란을 일으키고 관리들을 구속하였다.

① ㉠ – 칭제건원과 금나라의 정벌을 주장하였다.
② ㉡ – 풍수지리 사상에 근거하여 서경의 임원역에 건립되었다.
③ ㉢ – 신채호가 일천년래 제일대사건으로 평가하였다.
④ ㉢ – 국호를 장안으로 하고, 연호를 경운이라 하여 반란을 일으켰다.

19 밑줄 친 '위원회'에 대한 설명으로 옳지 않은 것은?

> "우리는 좌익이 제시한 5가지 조건에 대한 우익 대표의 답변을 기다리고 있다. 이와 동시에 우리는 우익이 바라는 조건을 알고 싶으며, 만약 우익이 그러한 조건을 제시하여 우리가 연구할 수 있는 시간을 준다면 고맙게 생각할 것이다. 우리가 우익이 제시하는 조건을 연구할 수 있는 시간을 갖기 위해서는 본 위원회의 공식 회의 일정을 연기하는 것이 좋겠다고 생각한다."

① 미 · 소 공동 위원회의 속개를 주장하였다.
② 토지의 유상 몰수와 유상 분배를 주장하였다.
③ 중도파인 여운형과 김규식의 주도로 결성되었다.
④ 모스크바 3국 외상 회의의 결정 내용에 찬성하였다.

20 (가)～(라)에 들어갈 내용으로 옳지 않은 것은?

> 〈답사 보고서〉
> ● 주제: 근대 유적과 역사의 발자취를 찾아서
> ● 목표: 서울의 주요 근대 유적을 방문하여 역사적 사실을 조사하기
> ● 일정: ○○○○년 ○○월 ○○일~○○일
> ● 답사 경로 및 조사 내용

유적	조사 내용
종묘	(가)
경복궁	(나)
경운궁	(다)
환구단	(라)

① (가) – 고종이 홍범 14조를 발표한 곳이다.
② (나) – 전화기가 처음으로 설치된 곳이다.
③ (다) – 아관파천 이후 고종이 정궁으로 삼은 곳이다.
④ (라) – 고종의 황제 즉위식이 거행된 곳이다.

정답·해설 _약점 보완 해설집 p.06

모바일 자동 채점 + 성적 분석 서비스 바로 가기
QR코드를 이용해 모바일로 간편하게 채점하고 나의 실력이 어느 정도인지, 취약 부분이 어디인지 바로 파악해 보세요!

02회 핵심 키워드 마무리 체크

☑ 빈칸에 들어갈 알맞은 키워드를 골라 채워보세요.

동시전	은본위	정조	형평 운동
한성 사범 학교	명학소	고국원왕	조 · 일 수호 조규
소수림왕	조 · 일 통상 장정 개정	김영삼	좌 · 우 합작 위원회
이승만	묘청	영조	최치원

선사~조선 후기

01 고구려 _____ 때는 전연의 공격으로 수도가 함락되었다.

02 고구려 _____ 때는 율령을 반포하고 태학을 설립하였다.

03 신라 지증왕은 시장을 감독하는 관청인 _____을 설치하였다.

04 _____은 『제왕연대력』을 저술하였다.

05 정중부 집권기에는 망이 · 망소이가 공주 _____에서 봉기하였다.

06 ____은 칭제건원과 금나라의 정벌을 주장하였다.

07 ____는 이조 전랑의 3사 관리 추천 관행을 폐지하였다.

08 ____는 수령이 군현 단위의 향약을 직접 주관하게 하였다.

근대~현대

09 _____에는 조선 연해의 측량을 인정한다는 내용이 있다.

10 _____에서는 곡물 유출을 막는 방곡령 규정이 합의되었다.

11 제1차 갑오개혁 때 _____ 화폐 제도를 실시하였다.

12 제2차 갑오개혁 때 교육 입국 조서를 발표하고 _____ _____를 설립하였다.

13 _____을 주도한 조선 형평사는 사회주의와 연계하여 파업과 소작 쟁의에 참여하였다.

14 _____는 중도파인 여운형과 김규식의 주도로 결성되었다.

15 _____ 정부 때는 삼백 산업이 발달하였다.

16 _____ 정부 때는 금융 실명제가 실시되었다.

정답 | 01 고국원왕 02 소수림왕 03 동시전 04 최치원 05 명학소 06 묘청 07 영조 08 정조 09 조 · 일 수호 조규 10 조 · 일 통상 장정 개정 11 은본위 12 교육 입국 조서, 한성 사범 학교 13 형평 운동 14 좌 · 우 합작 위원회 15 이승만 16 김영삼

03회 실전동형모의고사

제한시간 : 15분 **시작** 시 분 ~ **종료** 시 분 **점수 확인** 개/ 20개

01 (가) 왕의 재위 시기에 있었던 사실로 옳은 것은?

> [(가)]은/는 무왕의 맏아들로, 용감하고 대담하며 결단력이 있었다. 무왕 재위 33년에 태자가 되었다. 부모에게 효도하고 형제간에 우애가 있었으므로 당시에 '해동증자(海東曾子)'라고 불렸다.

① 윤충이 대야성을 함락시키고 성주인 품석을 죽였다.
② 신라 이벌찬 비지의 딸과 결혼하여 동맹을 체결하였다.
③ 백제 · 왜 연합군이 백강에서 나 · 당 연합군과 전투를 벌였다.
④ 왕과 귀족들이 모여 정사를 보는 관청인 남당을 설치하였다.

02 다음 글을 쓴 인물에 대한 설명으로 옳지 않은 것은?

> 예로부터 권신으로서 나라를 마음대로 했던 자도 있었으며, 외척으로서 나라를 마음대로 했던 자도 있었으며, 부인이나 환관으로서 나라를 마음대로 했던 자도 있었지만, 지금 시대처럼 서리(胥吏)가 나라를 마음대로 했던 것은 들어보지 못했습니다. 정권이 대부에게 있어도 안 될 것인데 더구나 서리에게 있단 말입니까. 당당한 천승(千乘)의 나라로서 조종(祖宗) 2백 년의 왕업을 힘입어 공경 대부가 전후로 많이 배출되었는데, 이제 서로 이끌고 정사를 하인들에게 돌아가게 할 수 있겠습니까.

① 산하의 문인들이 주로 북인을 이루었다.
② 경과 의를 근본으로 하는 실천적 성리학풍을 창도하였다.
③ 이 인물의 제자들이 임진왜란 때 의병장으로 활약하였다.
④ 현명한 신하가 성학을 군주에게 가르쳐야 한다고 주장하였다.

03 다음 글이 발표되기 이전의 사실로 옳지 않은 것은?

> 사람은 상하가 있고 지위는 존비가 있어서, 그에 따라 호칭이 같지 않고 의복도 다른 것이다. 그런데 풍속이 점차 경박해지고 백성들이 사치와 호화를 다투게 되어, 오직 외래 물건의 진기함을 숭상하고 도리어 토산품의 비야함을 혐오하니, 신분에 따른 예의가 거의 무시되는 지경에 빠지고 풍속이 쇠퇴하여 없어지는 데까지 이르렀다. 이에 감히 옛 법에 따라 밝은 명령을 펴는 바이니, 혹시 고의로 범하는 자가 있으면 진실로 일정한 형벌이 있을 것이다.

① 성덕 대왕 신종이 완성되었다.
② 대조영이 동모산 기슭에 진국을 건국하였다.
③ 신라와 발해 간에 등제 서열 사건이 일어났다.
④ 신라에서 급찬 숭정을 발해에 사신으로 보냈다.

04 다음 역사적 사실들을 시기순으로 바르게 나열한 것은?

> (가) 베트남 전쟁 추가 파병의 대가로 브라운 각서를 체결하였다.
> (나) 김종필, 오히라가 대일 청구권 문제에 대한 비밀 회담을 전개하였다.
> (다) 국가 재건 최고 회의를 구성하였다.
> (라) 부정 축재자들을 처벌하기 위해 소급 입법 개헌을 통과시켰다.

① (나) - (가) - (라) - (다)
② (나) - (라) - (다) - (가)
③ (라) - (가) - (나) - (다)
④ (라) - (다) - (나) - (가)

05 (가), (나) 인물에 대한 설명으로 옳은 것은?

○ [　(가)　] 은/는 가은현 사람으로, 본래의 성은 이씨였는데, 후에 견으로 성씨를 삼았다. 아버지는 아자개이니, 농사로 자활하다가 후에 가업을 일으켜 장군이 되었다.

○ [　(나)　] 은/는 신라 사람으로, 성은 김씨이고, 아버지는 제47대 헌안왕 의정이며, 어머니는 헌안왕의 후궁이었다. …… 머리를 깎고 승려가 되어 스스로 선종(善宗)이라 이름하였다.

① (가) – 무태, 수덕만세, 정개 등의 연호를 사용하였다.

② (가) – 부석사에 있는 신라 왕의 화상을 칼로 훼손하여 반신라적 감정을 드러냈다.

③ (나) – 후당, 오월과도 통교하는 등 대중국 외교에 적극적이었다.

④ (나) – 광평성을 비롯한 여러 관서를 설치하고 9관등제를 마련하였다.

06 다음의 경제 조치에 대한 설명으로 옳은 것은?

제1조 구 백동화 교환에 관한 사무는 금고(金庫)로 처리하도록 하며 탁지부 대신이 이를 감독한다.

제2조 교환을 위해 제출한 구 백동화는 모두 화폐감정역이 감정하도록 한다. 화폐감정역은 탁지부 대신이 임명한다.

제3조 구 백동화의 백동 비율·무게·무늬 모양·형체가 정식 화폐 기준을 충족할 경우, 1개당 금 2전 5리로 새로운 화폐와 교환한다 ……

① 전환국의 주도로 시행되었다.

② 은화를 발행하여 본위화로 삼고자 하였다.

③ 국내 상공업자의 화폐 자산이 증가하게 되었다.

④ 추진 결과 일본 제일은행이 중앙은행의 역할을 하게 되었다.

07 (가), (나)에 대한 설명으로 옳은 것은?

○ 심하도다, 몽골이 환란을 일으킴이여! …… 이런 까닭에 그들이 지나간 곳에는 불상과 범서(梵書)를 마구 불태워 버렸습니다. 이에 [　(가)　] 의 판본도 또한 남김없이 태워 버렸습니다.

○ 그 아들 시중 최항은 가업을 이어 임금을 도와 국난을 제어하였고, [　(나)　] 을/를 판각하는데 재물을 내고 역사를 감독하였으며, 그 사업이 완성되자 경찬회(慶讚會)를 거행하여 온 나라가 복을 받게 하였다.

① (가) – 진주의 분사대장도감에서 제작되었다.

② (가) – 거란의 침입을 불법의 힘으로 극복하기 위해 제작되었다.

③ (나) – 대구 부인사에 보관되어 있다가 왜구의 침입으로 소실되었다.

④ (나) – 고려와 송·요·일본의 불경 주석서를 모아 교장도감에서 제작되었다.

08 조선 시대 언론 기관에 대한 설명으로 옳지 않은 것은?

① 사헌부는 발해의 중정대와 같은 역할을 하였다.

② 사간원은 대언사라고도 불리며 왕명 출납을 담당하였다.

③ 홍문관은 옥당으로 일컬어졌으며, 장(長)은 정2품의 대제학이었다.

④ 사헌부는 백부(柏府)·상대(霜臺)·오대(烏臺)라고 불리기도 하였다.

09 밑줄 친 '왕' 재위 시기의 사실로 옳은 것은?

> 왕이 도병마사를 도평의사사로 고쳤는데, 무릇 국가에 큰 일이 있으면 네 명 이상의 관료가 모여서 의논하였으므로 합좌(合坐)라는 이름이 있었다. 원(元)을 섬긴 이래로 일이 창졸간에 많아져서 첨의(僉議)와 밀직(密直)이 매번 합좌를 하였다.

① 편민조례추변도감을 설치하였다.

② 동녕부와 탐라총관부가 고려에 반환되었다.

③ 쌍성총관부를 공격하여 철령 이북 땅을 수복하였다.

④ 사림원을 설치하여 신진 관료를 중심으로 개혁을 단행하였다.

10 밑줄 친 '왕'의 재위 시기의 사실로 옳은 것은?

> 일찍이 나라의 복장이 중국과 같지 않으므로 조정에 건의하니 허락하여 좋다고 하였다. 이에 왕 3년에 중국의 의관을 입기 시작했다. 다음 해에는 처음으로 '영휘'라는 연호를 썼다. 이후 매번 조공할 때마다 반열이 상번(上蕃)에 있었는데, 자장의 공로이다.

① 김흠돌의 반란이 일어났다.

② 사정부를 처음으로 설치하였다.

③ 품주를 고쳐 집사부와 창부를 설치하였다.

④ 문무 관리들에게 관료전을 지급하기 시작하였다.

11 밑줄 친 '이것'에 대한 설명으로 옳은 것은?

> 처음 이것을 정할 때 약문을 동지에게 두루 보이고 그 마음을 바로잡고, 몸가짐을 단속하고, 착하게 살고, 허물을 고치기 위해 약계(約契)에 참례하기를 원하는 자 몇 사람을 가려 서원에 모아 놓고 약법(約法)을 의논하여 정한 다음 도약정, 부약정 및 직월·사화를 선출한다.

① 유교 윤리에 따라 여성과 노비는 편성되지 않았다.

② 유교 윤리를 기반으로 향촌의 공동 조직을 재구성한 것이다.

③ 수령을 보좌하고 향리를 규찰하였으며 경재소의 통제를 받았다.

④ 선현에 대한 제사와 인재 교육, 향음주례 등의 역할을 담당하였다.

12 (가), (나) 사이 시기의 사실로 옳은 것은?

> (가) 적이 청주성을 함락시켰다. …… 도순무사 오명항이 적을 격파하고 적의 괴수들을 서울로 보냈다. 백관이 군기시(軍器寺) 앞길에 차례로 서 있는 앞에서 역적의 괴수 이인좌를 참하였다.
> (나) 사헌부에서 아뢰기를 "아! 통분스럽습니다. 이가환, 이승훈, 정약용의 죄가 무거우니 이를 어찌 다 처벌할 수 있겠습니까? 사학(邪學)이란 것은 반드시 나라에 흉악한 화를 가져오고야 말 것입니다."라고 하였다.

① 시헌력을 채택하였다.

② 최제우가 동학을 창시하였다.

③ 궁궐 내에 규장각을 설치하였다.

④ 정봉수가 용골산성에서 항전하였다.

13 고려와 (가), (나) 국가와의 교역으로 옳지 않은 것은?

- _(가)_ 의 대성악이 고려에 유입되어 궁중 음악인 아악으로 발전하였다.
- 고려는 원에 의해 두 차례 실시된 _(나)_ 원정에 강제로 동원되었으나, 원정은 모두 실패하였다.

① (가) 국가와의 무역은 고려 전기의 대외 무역에서 가장 큰 비중을 차지하였다.

② (가) 국가에게는 주로 모피와 말 등을 수입하고, 농기구와 곡식 등을 수출하였다.

③ (나) 국가와는 11세기 후반부터 교역하기 시작하였다.

④ (나) 국가는 수은, 유황을 가지고 와서 곡식, 인삼, 서적과 바꾸어갔다.

14 다음 상황으로 인하여 발생한 역사적 사실은?

○ 정여립의 역모가 사실로 굳어지자, 정철이 위관이 되어 사건을 조사·처리하면서 특정 붕당의 많은 수가 희생당하였다. 당시 제거된 사람으로는 영수 이발을 비롯하여 정언신, 정개청, 최영경 등 1,000여 명에 달하였다.

○ 정여립의 옥사 당시 특정 붕당의 처벌에 앞장섰던 정철이 세자 책봉 문제로 처벌을 받게 되자 처벌의 수위를 놓고 갈등이 일어났다.

① 노론과 소론의 분화

② 시파와 벽파의 갈등

③ 동인과 서인으로의 분화

④ 남인과 북인으로의 분화

15 다음 자료가 발표된 이후의 사실로 옳은 것은?

1. 한국 전체 인민은 현재 이미 반침략 전선에 참가해오고 있으며, 이제 하나의 전투 단위로서 추축국에 선전한다.
2. 1910년 한일 '병합'과 일체의 불평등 조약은 무효이며, 아울러 반침략 국가가 한국에서 합리적으로 얻은 기득권익이 존중될 것임을 거듭 선포한다.
3. 한국, 중국과 서태평양에서 왜구를 완전히 몰아내기 위하여 최후의 승리를 거둘 때까지 혈전한다.

① 암태도 소작 쟁의가 일어났다.

② 대한 애국 청년단이 경성 부민관에 폭탄을 투척하였다.

③ 나석주가 동양 척식 주식회사와 조선식산은행을 공격하였다.

④ 노동 조건의 개선을 요구한 원산 노동자 총파업이 일어났다.

16 (가)와 (나)를 주장한 인물의 활동으로 옳은 것은?

(가) 신들은 모두 영남의 멀리 떨어져 있는 자들로 유신(維新)의 정치를 도운 적이 없습니다. 그러나 곧 수신사 김홍집이 가지고 온 황준헌의 『사의조선책략』 1책이 유포된 것을 보고, 저도 모르게 머리카락이 곤두서고 가슴이 떨리며 이어 통곡하면서 눈물을 흘렸습니다.

(나) 오직 중립 한 가지만이 진실로 우리나라를 지키는 방책이다. …… 중국과 영국·프랑스·일본·러시아 등 아시아 지역과 관계가 있는 여러 나라와 회동하고 공동으로 맹약을 체결하기를 구해야 한다.

① (가)는 5불가소를 주장하며 개항 반대 운동을 전개하였다.

② (가)는 『화서아언』에서 프랑스와의 통상을 반대하였다.

③ (나)는 김홍집과 연립 내각을 구성하여 개혁을 단행하였다.

④ (나)는 서양 각국의 지리, 역사, 문화 등을 정리한 『서유견문』을 저술하였다.

17 다음 ㉠~㉢에 해당하는 정치 단체를 바르게 연결한 것은?

㉠ 백남운을 중심으로 결성된 정당으로, 연합성 신민주주의 등 민족 통일 전선을 주장하였다.

㉡ 안재홍이 좌경화되어가는 조선 건국 준비 위원회를 탈당하고 결성한 정당으로, 각 계급의 단결을 강조하는 신민주주의와 신민족주의를 표방하였다.

㉢ 송진우, 김성수 등이 좌익 세력이 주도한 인민 공화국에 대응하기 위하여 조직한 정당으로, 미 군정에 적극 참여·협조하여 우익 진영의 대표 정당으로 발전하였다.

	㉠	㉡	㉢
①	조선 인민당	국민당	독립 촉성 중앙 협의회
②	조선 인민당	민족 자주 연맹	한국 민주당
③	남조선 신민당	민족 자주 연맹	독립 촉성 중앙 협의회
④	남조선 신민당	국민당	한국 민주당

18 ㉠에 대한 설명으로 옳은 것은?

지금 중추부는 이 명칭이 있으면서 그 실권은 없고, ㉠ 은/는 그 실권은 있으면서 이 명칭이 없으니, 양쪽이 그 마땅함을 잃은 것이다. 중추부는 하는 일이 전연 없어, 한가롭게 노는 사람이 녹(祿)을 타먹는 곳이 되었고, ㉠ 은/는 온갖 사무를 총괄함으로써 의정부를 늘 닫혀 있는 아문으로 만들어버렸으니, 제도가 허물어지고 어수선해짐이 하나같이 이 지경에 이르렀다. 또 ㉠ 에서 총괄하는 것이 다만 변경의 일만이 아니니 ㉠ (이)라 부르는 것도 또한 마땅치 않다.

① 흥선 대원군에 의해 기능이 강화되었다.

② 중종 때 일어난 삼포왜란을 계기로 상설 기구화되었다.

③ ㉠의 회의 내용과 활동 사항을 정리한 『등록』이 만들어졌다.

④ 세도 정치 시기에 소수 외척 가문에 권력이 집중되면서 권력이 약화되었다.

19 다음 사건이 일어난 이후의 사실로 옳은 것을 모두 고른 것은?

11일 오전 10시쯤 궁내부 관리가 찾아와 보고하길, "오늘 아침 새벽쯤 대군주 폐하와 세자 전하께서 몰래 대궐을 나와 러시아 공사관에 들어가셨다. 또 러시아 병사 4명이 전(前) 경무관 이용환과 동행하여 경무청에 와서 경무관 안환을 붙잡아 러시아 공사관으로 구인하였다."라고 하였습니다.

㉠ 독립 협회가 관민 공동회를 개최하였다.

㉡ 일본이 청나라와 시모노세키 조약을 체결하였다.

㉢ 러시아가 용암포를 강제 점령하고 조차를 요구하였다.

㉣ 교정청을 설치하여 개혁을 추진하였다.

① ㉠, ㉡　　　　　　② ㉠, ㉢

③ ㉡, ㉢　　　　　　④ ㉢, ㉣

20 다음 자료와 관련된 전쟁에 대한 설명으로 옳은 것은?

귀신같은 전술은 천문을 꿰뚫었고 묘한 전략은 지리를 통달했구나. 전쟁에서 이겨 공이 이미 높아졌으니, 만족함을 알고 그만함이 어떠하겠는가?

① 광개토 대왕 때 일어난 전쟁이다.

② 장군 온달이 죽령 이북의 땅을 되찾았다.

③ 을지문덕이 살수에서 수나라 군대를 물리쳤다.

④ 당 태종이 이끈 당군의 침략을 안시성에서 물리쳤다.

정답·해설 _약점 보완 해설집 p.10

모바일 자동 채점 + 성적 분석 서비스 바로 가기
QR코드를 이용해 모바일로 간편하게 채점하고 나의 실력이 어느 정도인지, 취약 부분이 어디인지 바로 파악해 보세요!

03회 핵심 키워드 마무리 체크

☑ 빈칸에 들어갈 알맞은 키워드를 골라 채워보세요.

살수	쌍성총관부	관민 공동회	사헌부
유길준	의자왕	사림원	화폐 정리 사업
브라운 각서	나석주	조식	원산 노동자 총파업
교정청	홍문관	최익현	견훤

선사~조선 후기

01 을지문덕이 _____에서 수나라 군대를 물리쳤다.

02 _____ 재위 시기에 윤충이 대야성을 함락시키고 성주인 품석을 죽였다.

03 _____은 후당, 오월과도 통교하는 등 대중국 외교에 적극적이었다.

04 충선왕 때 _____을 설치하여 신진 관료를 중심으로 개혁을 단행하였다.

05 공민왕 때 _____를 공격하여 철령 이북 땅을 수복하였다.

06 _____은 옥당으로 일컬어졌으며, 장(長)은 정2품의 대제학이었다.

07 _____는 백부(柏府)·상대(霜臺)·오대(烏臺)라고 불리기도 하였다.

08 _____은 경과 의를 근본으로 하는 실천적 성리학풍을 창도하였다.

근대~현대

09 _____은 5불가소를 주장하며 개항 반대 운동을 전개하였다.

10 _____은 서양 각국의 지리, 역사, 문화 등을 정리한 『서유견문』을 저술하였다.

11 1894년에 조선 정부는 _____을 설치하여 개혁을 추진하였다.

12 1898년에 독립 협회가 _____를 개최하였다.

13 _____의 추진 결과 일본 제일은행이 중앙은행의 역할을 하게 되었다.

14 의열단원인 _____가 동양 척식 주식회사와 조선식산은행을 공격하였다.

15 1929년에는 노동 조건의 개선을 요구한 _____이 일어났다.

16 박정희 정부 시기에 베트남 전쟁 추가 파병의 대가로 _____를 체결하였다.

정답 | 01 살수 02 의자왕 03 견훤 04 사림원 05 쌍성총관부 06 홍문관 07 사헌부 08 조식 09 최익현 10 유길준 11 교정청 12 관민 공동회 13 화폐 정리 사업 14 나석주 15 원산 노동자 총파업 16 브라운 각서

04회 실전동형모의고사

제한시간 : 15분 시작 시 분 ~ 종료 시 분 점수 확인 개/ 20개

01 밑줄 친 '왕'에 대한 설명으로 옳은 것은?

○ <u>왕</u>이 명령을 내려 순장을 금하였다. 전에는 국왕이 죽으면 남녀 각 다섯 명씩을 순장했는데, 이때에 이르러 금하게 된 것이다.
○ <u>왕</u>이 명하여 농사를 권장케 하였고, 처음으로 소를 몰아서 밭갈이를 하였다.

① 첨성대를 건립하였다.
② 금관가야를 병합하였다.
③ 아시촌에 소경을 설치하였다.
④ 사방에 우역을 처음 설치하였다.

02 밑줄 친 사상과 관련된 설명으로 옳지 않은 것은?

<u>성인의 도</u>는 바로 현실 생활에서 윤리를 실천하는 것이다. 자식은 마땅히 효도하고, 신하는 마땅히 충성하며, 예로 집안을 바로 잡고, 신의로 벗을 사귀며, 자신을 수양할 때는 반드시 경(敬)으로 해야 하고, 사업을 일으켜 세우는 데는 반드시 성(誠)으로 해야만 한다. 그런데 불교는 부모를 버리고 출가하여 인륜을 무시하고 의리에 역행하니, 일종의 오랑캐 무리다.

① 공민왕 때 성장한 개혁 세력의 학문적 기반이었다.
② 충렬왕 때 안향이 고려에 처음으로 이 사상을 소개하였다.
③ 이 사상에 근거한 역사관이 반영된 역사서로 『동명왕편』, 『제왕운기』 등이 있다.
④ 이제현이 원의 만권당에서 학자들과 교류하면서 이 사상에 대한 심도 있는 이해가 가능해졌다.

03 밑줄 친 ㉠, ㉡에 대한 설명으로 옳은 것은?

㉠<u>이 사건</u>은 피압박 민중의 분기로 된 것이 아니고 당시 ㉡<u>특권 계급 몇몇 청년</u>의 손으로 된 것이었다. 그런데 이들 실패의 근본적인 원인은 둘이니 하나는 일반 민중의 성원이 박약한 것이었고, 또 하나는 너무도 남에게 의뢰하려 했던 것이다. 그 계획은 위안스카이의 간섭으로 3일만에 깨어지고 말았다.

① ㉠은 흥선 대원군이 재집권하는 결과를 가져왔다.
② ㉠의 결과 청과 일본 사이에 톈진 조약이 체결되었다.
③ ㉡은 민주 공화제 정부를 수립하고자 하였다.
④ ㉡은 중국의 양무운동과 같은 개혁을 추진하려 하였다.

04 다음 중 국외에서 전개된 민족 운동에 대한 설명으로 옳은 것은?

① 중국 상하이에서는 독립운동 기지인 한흥동이 건설되었다.
② 남만주 삼원보에서 항일 의병 부대인 13도 의군이 결성되었다.
③ 일본 도쿄에서 유학생들을 중심으로 조선 청년 독립단이 조직되었다.
④ 연해주 블라디보스토크에서 한인 자치 기관인 경학사와 부민단이 만들어졌다.

05 (가)에 대한 설명으로 옳은 것은?

○ 경덕왕 16년 3월에 중앙과 지방의 여러 관리에게 매달 주던 녹봉을 없애고 다시 [(가)]을/를 주었다.
○ 소성왕 원년 3월에 청주(현재의 진주) 거로현을 국학생의 [(가)](으)로 삼았다.

① 신문왕 때 지급되기 시작하였다.
② 경기 8현에 한정하여 지급되었다.
③ 왕토 사상을 근거로 일반 백성들에게도 지급하였다.
④ 조세를 수취하고 노동력을 징발할 권리를 부여하였다.

06 (가)~(다)에 들어갈 내용을 순서대로 바르게 나열한 것은?

중·일 전쟁 이후 중국 관내에서 조직된 [(가)] 산하의 군사 조직인 조선 의용대는 중국 국민당의 지원을 받아 정보 수집, 포로 심문, 후방 교란 등의 활동을 벌였다. 그러나 조선 의용대의 소극적 활동에 불만을 품은 조선 의용대원 일부는 [(나)](으)로 이동하였으며, 이들은 1942년 조선 의용군으로 개편되었다. 조선 의용군은 태항산 일대에서 중국 [(다)]와(과) 연합하여 항일 전투를 수행하였고, 광복 이후 중국 국·공 내전에 참전하였으며 이후 북한의 인민군으로 편입되어 6·25 전쟁에 참전하였다.

	(가)	(나)	(다)
①	조선 민족 전선 연맹	화북 지역	팔로군
②	조선 독립 동맹	화북 지역	호로군
③	조선 민족 전선 연맹	충칭	팔로군
④	조선 독립 동맹	충칭	호로군

07 밑줄 친 '난'과 관련된 설명으로 옳은 것은?

최근 남쪽에서 일어나는 난은 양민이 일으키는 것이 아니라 궁민(窮民)이 일으킨다. 이들은 생활할 만한 자산이 없으므로 밤낮 원망하고 난을 생각한 지 오래되었다. 비록 의리를 말하면서 그들을 타일러도 따르지 않는다. 요사이 남쪽 농민들의 소란은 대개 이들이 주동한 것이며 양민은 단지 협조자일 뿐이다.

① 고부 군수 조병갑의 수탈에 반발하여 일어났다.
② 경상도 단성에서 시작되어 전국적으로 확산되었다.
③ 부세 제도의 근본적인 개혁이 이루어지는 계기가 되었다.
④ 농민들은 토지를 골고루 나누어 경작하게 할 것을 주장하였다.

08 밑줄 친 '이 단체'에 대한 설명으로 옳은 것은?

함흥 영생 고등 여학생 박영옥이 기차 안에서 우리말로 대화하다가 적발되는 사건이 발생하였다. 일본 경찰은 취조 결과 여학생들에게 민족주의 감화를 준 사람이 서울에서 우리말 사전 편찬을 하고 있는 정태진임을 알게 되었다. 이에 정태진을 연행, 취조해 이 단체가 학술 단체로 위장하여 독립운동을 목적으로 활동하고 있다는 자백을 강제로 받아내어 회원들을 검거하였다.

① 지석영, 주시경 등이 중심이 되어 활동하였다.
② 잡지 『한글』을 간행하고 가갸날을 제정하였다.
③ 한글 강습 교재를 만들어 문맹 퇴치 운동에 참여하였다.
④ 사료 편찬소를 두고 『한·일 관계 사료집』을 간행하였다.

09 밑줄 친 '내각'에서 추진한 개혁 내용으로 옳은 것은?

"요즈음 내각에서 두 개의 제안을 제출하여 대신들에게 서명을 요구한 바 있습니다. 하나는 연호 개정에 관한 것이며, 하나는 단발령에 관한 것이었습니다. 신은 조용히 생각해 보니 임금을 높이는 자는 그 명분을 중시하지 않고 실상을 중시하며, 백성을 교화하는 자는 그 형식에 있는 것이 아니라 마음에 있다고 봅니다. 그러나 지금 우리나라는 내란이 빈번하게 일어나서 나라의 형세가 위태로워 위아래가 한마음으로 실상에 힘을 기울여도 오히려 목적한 바를 달성하지 못할까 걱정입니다. 그런데 지금 연호를 개정한 것은 빈 껍데기의 명분으로 꾸민 것입니다."

① 보부상을 지원하기 위해 상무사를 조직하였다.

② 태양력을 사용하도록 하고 종두법을 시행하였다.

③ 연좌법을 폐지하여 죄인 자신 외에는 처벌하지 않도록 하였다.

④ 국가 재정을 탁지부에서 전관하고, 예산과 결산 내역을 국민에게 공표하도록 하였다.

10 다음 소설이 쓰여진 시기의 문화에 대한 설명으로 옳지 않은 것은?

허생은 안성의 한 주막에 자리잡고서 밤, 대추, 감, 배, 귤 등의 과일을 모두 사들였다. 허생이 과일을 매점하자, 온 나라가 잔치나 제사를 치르지 못할 지경에 이르렀다. 따라서 과일 값은 크게 폭등하였다. 허생은 이에 10배의 값으로 과일을 되팔았다.

① 사설시조가 유행하였다.

② 산대놀이가 민중 오락으로 정착되었다.

③ 서양화의 기법이 반영된 영통동구도가 그려졌다.

④ 술을 의인화하여 현실을 풍자한 『국순전』이 저술되었다.

11 밑줄 친 '이곳'에 대한 설명으로 옳은 것은?

라이징 선 석유 회사의 일본인 감독이 조선인 노동자를 구타한 사건이 발생하자, 이에 분노한 이곳의 노동자들은 열악한 노동 조건 개선과 감독의 파면을 요구하며 파업을 전개하였다. 투쟁 소식이 알려지자 전국 각지에서 성금과 식량을 보내왔고, 중국, 소련, 프랑스의 노동자가 격려 전문을 보내왔다. 이곳에서 전개된 총파업은 일제 강점기 최대 규모의 노동 쟁의였으며, 일본인 자본가에 맞서 투쟁한 반제국주의 항일 운동이었다.

① 고구려가 멸망한 뒤 안동 도호부가 설치된 곳이다.

② 우리나라 최초의 근대식 사립 학교가 설립된 곳이다.

③ 동학 농민 운동 당시에 남접과 북접이 집결한 곳이다.

④ 고려 시대에 거란 침입에 대비하여 나성이 축조된 곳이다.

12 밑줄 친 '왕' 대의 사실로 옳은 것을 모두 고른 것은?

김위제가 왕에게 상서하여 남경으로 천도하기를 청하였다. …… "신이 생각하건대 지금이 바로 신경(新京)에 순행하여 머무를 시기입니다. 오늘날 국가에 중경과 서경은 있으나 남경이 빠졌습니다. 엎드려 바라건대 삼각산 남쪽, 목멱 북쪽의 평야에 도성을 건립하시어, 때마다 순행하여 머무르십시오."라고 하였다.

㉠ 평양에 기자 사당을 세웠다.
㉡ 경사교수도감을 설치하였다.
㉢ 주전도감을 설치하였다.
㉣ 광학보를 설치하였다.

① ㉠, ㉡   ② ㉠, ㉢

③ ㉡, ㉢   ④ ㉢, ㉣

13 다음 중 고려의 중앙 통치 기구에 대한 설명으로 옳지 않은 것은?

① 중서문하성 – 국가 정책을 결정하는 재신과 정치의 잘못을 비판하는 낭사로 구성되었다.

② 상서성 – 6부가 소속되어 있었으며, 국가 정책을 분담하여 시행하였다.

③ 삼사 – 백관을 규찰하고 탄핵하는 언관의 역할을 담당하였다.

④ 중추원 – 추부라고 불리며 군사 기밀과 왕명 출납을 관장하였다.

14 (가) 인물에 대한 설명으로 옳은 것은?

> [　(가)　] 이/가 아뢰기를 "소격서가 요사하고 허망함은 이미 경연에서 다 아뢰었고, 전하께서도 그것이 허망함을 환히 아시니 지금 다시 말할 것이 없습니다. 그러나 이 일은 전하께서 스스로 통렬히 혁파하셔야 하는데 …… 속히 결단하셔야 합니다."

① 『성학십도』를 지어 왕에게 바쳤다.

② 『불씨잡변』에서 불교를 비판하였다.

③ 훈구 세력의 위훈 삭제를 주장하였다.

④ 기대승과 4단 7정에 대한 논쟁을 벌였다.

15 우리나라 근대 교육 기관에 대한 설명으로 옳은 것을 모두 고른 것은?

> ㉠ 동문학은 묄렌도르프가 설립한 외국어 교육 기관으로, 영어와 일어 등을 가르쳤다.
> ㉡ 연무 공원은 근대식 사관 양성 학교로, 신식 군대와 장교 양성을 목적으로 설립되었다.
> ㉢ 정신 여학교는 우리나라 최초의 여성 교육 기관이다.
> ㉣ 경신 학교는 미국 선교사 언더우드가 세운 개신교 계통의 학교이다.

① ㉠, ㉡　　　　　　　　② ㉠, ㉢

③ ㉠, ㉡, ㉣　　　　　　④ ㉡, ㉢, ㉣

16 다음 법령에 대한 설명으로 옳지 않은 것은?

> 제1조 일본 정부와 통모하여 한·일 합병에 적극 협력한 자, 한국의 주권을 침해하는 조약 또는 문서에 조인한 자와 모의한 자는 사형 또는 무기 징역에 처하고 그 재산과 유산의 전부 혹은 2분의 1 이상을 몰수한다.
> 제3조 일본 치하 독립운동자나 그 가족을 악의로 살상·박해한 자 또는 이를 지휘한 자는 사형, 무기 또는 5년 이상의 징역에 처하고 그 재산의 전부 혹은 일부를 몰수한다.

① 제헌 국회에서 제정되었다.

② 이 법령에 따라 특별 조사 위원회가 설치되었다.

③ 정부의 요청에 따라 이 법령의 시효 기간이 연장되었다.

④ 우리 민족의 정기를 바로 세우려는 목적에서 제정되었다.

17 밑줄 친 '왕'의 정책으로 옳은 것은?

> 왕이 박종악에게 전교하기를 "어제 책문의 제목 하나를 내어서 위서(僞書)의 폐단에 관해 설문을 해보았다. 근래 선비들의 추향이 점점 저하되어 문풍도 날로 비속해지고 있다. 과거(科擧)의 문체를 놓고 보더라도 패관 소품(稗官小品)의 문체를 사람들이 모두 모방하여 경전 가운데 늘상 접하여 빠뜨릴 수 없는 의미들은 소용없는 것으로 전락하였다." ······ "성균관 시험의 시험지 중에 만일 조금이라도 패관 잡기에 관련되는 답이 있으면 비록 전편이 주옥 같을지라도 하고(下考)로 처리하고 이어 그 사람의 이름을 확인하여 과거를 보지 못하도록 하여 조금도 용서가 없어야 할 것이다."

① 양인의 수를 확보하기 위해 노비종모법을 확정하였다.

② 당파의 옳고 그름을 명백히 가리는 준론 탕평을 실시하였다.

③ 공노비 혁파에 따른 재정적 결손을 장용영의 군비로 보충하고자 하였다.

④ 상평통보를 법화로 채택하고 호조, 훈련도감 등에서 주조하게 하였다.

18 다음 사실들을 시기순으로 바르게 나열한 것은?

> ㉠ 안시성에서 군·민이 당군을 격파하였다.
> ㉡ 연개소문이 영류왕을 제거하고 보장왕을 즉위시켰다.
> ㉢ 영양왕이 말갈군을 동원하여 요서 지역을 선제 공격하였다.
> ㉣ 고구려가 부여성부터 비사성에 이르는 천리장성 축조를 완료하였다.

① ㉠ - ㉡ - ㉢ - ㉣

② ㉡ - ㉢ - ㉣ - ㉠

③ ㉢ - ㉠ - ㉡ - ㉣

④ ㉢ - ㉡ - ㉠ - ㉣

19 다음과 같은 상황이 나타난 시기의 사회·문화 동향에 대한 설명으로 옳지 않은 것은?

> 도시를 중심으로 의생활에 변화가 일어났다. 한복에 고무신을 신고 모자를 쓰는 차림이 주류를 이루었으며, 도시의 직장인에게는 양복이 점차 보편화되어 갔다. 한편 최초의 미장원을 개업한 오엽주에 의해 보급된 단발머리가 여성들 사이에서 유행하였으며, 블라우스와 스커트 차림에 하이힐을 신는 경우가 늘어 갔다.

① 『백조』, 『폐허』 등의 동인지가 간행되었다.

② 명동 성당, 정동 교회 등의 서양식 건축물이 완공되었다.

③ 도시 인구가 늘어나면서 2층 양옥의 문화 주택이 등장하였다.

④ 식민지 현실의 계급 모순을 비판하는 프로 문학이 등장하였다.

20 (가)와 (나) 사이의 시기에 있었던 사실로 옳은 것은?

> (가) 부(否)가 죽자 그 아들 준(準)이 즉위하였다. 20여 년이 지나 진승과 항우가 군사를 일으켜 천하가 혼란해지니, 연·제·조나라의 백성들이 근심과 괴로움에 점차 망명하여 조선의 왕에게 오니, ······
>
> (나) 예군 남려 등이 우거를 배반하고 28만 구(口)를 이끌고 요동에 항복하였다. 무제(武帝)가 그 지역을 창해군으로 삼고 ······

① 위만이 서쪽 변경을 수비하는 임무를 맡았다.

② 8조에 불과하던 법 조항이 60여 조로 늘어났다.

③ 고조선이 군대를 보내 요동도위 섭하를 살해하였다.

④ 고조선이 한의 침략에 맞서 패수에서 대승을 거두었다.

정답·해설 _약점 보완 해설집 p.14

모바일 자동 채점 + 성적 분석 서비스 바로 가기
QR코드를 이용해 모바일로 간편하게 채점하고 나의 실력이 어느 정도인지, 취약 부분이 어디인지 바로 파악해 보세요!

04회 핵심 키워드 마무리 체크

☑ 빈칸에 들어갈 알맞은 키워드를 골라 채워보세요.

중서문하성	제1차 갑오개혁	영양왕	조선어 학회
섭하	연개소문	경신 학교	준론 탕평
을미개혁	동문학	지증왕	반민족 행위 처벌법
노비종모법	녹읍	조선어 연구회	갑신정변

선사~조선 후기

01 고조선이 군대를 보내 요동도위 ____를 살해하였다.

02 _____은 아시촌에 소경을 설치하였다.

03 고구려 _____이 말갈군을 동원하여 요서 지역을 선제 공격하였다.

04 _____이 영류왕을 제거하고 보장왕을 즉위시켰다.

05 ____은 조세를 수취하고 노동력을 징발할 권리를 부여하였다.

06 고려의 _____은 국가 정책을 결정하는 재신과 정치의 잘못을 비판하는 낭사로 구성되었다.

07 조선 후기 영조는 양인의 수를 확보하기 위해 _____을 확정하였다.

08 조선 후기 정조는 당파의 옳고 그름을 명백히 가리는 _____을 실시하였다.

근대~현대

09 _____의 결과 청과 일본 사이에 텐진 조약이 체결되었다.

10 _____ 때는 연좌법을 폐지하여 죄인 자신 외에는 처벌하지 않도록 하였다.

11 _____ 때는 태양력을 사용하도록 하고 종두법을 시행하였다.

12 _____는 미국 선교사 언더우드가 세운 개신교 계통의 학교이다.

13 _____은 묄렌도르프가 설립한 외국어 교육 기관으로, 영어와 일어 등을 가르쳤다.

14 _____는 잡지 『한글』을 간행하고 가갸날을 제정하였다.

15 _____는 한글 강습 교재를 만들어 문맹 퇴치 운동에 참여하였다.

16 _____에 따라 특별 조사 위원회가 설치되었다.

정답 | 01 섭하 02 지증왕 03 영양왕 04 연개소문 05 녹읍 06 중서문하성 07 노비종모법 08 준론 탕평 09 갑신정변 10 제1차 갑오개혁 11 을미개혁 12 경신 학교 13 동문학 14 조선어 연구회 15 조선어 학회 16 반민족 행위 처벌법

05회 실전동형모의고사

제한시간 : 15분 시작 시 분 ~ 종료 시 분 점수 확인 개 / 20개

01 선사 시대의 유적지에 대한 설명으로 옳은 것을 모두 고른 것은?

> ㉠ 부산 동삼동 유적 – 아슐리안형 주먹 도끼가 출토되었다.
> ㉡ 연천 전곡리 유적 – 흥수 아이라 불리는 인골 화석이 출토되었다.
> ㉢ 서울 암사동 유적 – 조리 시설로 보이는 화덕 시설이 발견되었다.
> ㉣ 창원 다호리 유적 – 중국과 교류했음을 보여주는 붓과 오수전이 출토되었다.

① ㉠, ㉡   ② ㉠, ㉢
③ ㉡, ㉣   ④ ㉢, ㉣

02 다음 내용에 영향을 준 사상에 대한 설명으로 옳은 것은?

> 둘째, 모든 사원은 도선이 산수(山水)의 순역(順逆)을 계산하여 개창한 것이다. 도선이 말하기를, "내가 지정한 곳 외에 함부로 더 창건하면 지덕(地德)을 상하게 하여 왕업이 길지 못할 것이다"라고 하였다.
> 다섯째, 짐은 삼한의 산천 신령의 도움에 힘입어 대업을 성취하였다. 서경은 수덕이 순조로워 우리나라 지맥의 근본이 되며 대업을 만대에 전할 땅인 까닭에 마땅히 사중월(四仲月)에는 행차하여 100일 이상 머물며 안녕을 이루도록 하라.

① 서경 천도 운동의 바탕이 되었다.
② 참선을 통한 개인의 깨달음을 중시하였다.
③ 전제 왕권을 강화해주는 이념적 배경이 되었다.
④ 미래의 부처가 출현하여 중생을 구재한다는 내용을 담고 있다.

03 고려 시대에 (가) 지역에서 있었던 사실로 옳지 않은 것은?

> 우리나라는 비록 조그마하게 한쪽 구석에 치우쳐 있으나, 고려로부터 삼한을 통합하여 지역이 이지러진 데가 없었다. 그 창업하던 초기에는 촉막(蜀莫)의 옛 고을에 처음으로 경읍(京邑)을 정하여 개성이라 부르더니, 문종 시대에 와서는 (가) 을/를 서경이라 하고 한양을 남경이라 하고, 개성을 중경이라 하였다.

① 태조가 북진 정책의 근거지로 삼은 곳이다.
② 조위총이 무신 정권에 반대하며 난을 일으킨 곳이다.
③ 궁예가 국호를 마진으로 바꾸고 도읍으로 삼은 곳이다.
④ 팔성(八聖)을 모시기 위한 사당인 팔성당이 설치된 곳이다.

04 다음 주장과 관련된 운동에 대한 설명으로 옳은 것은?

> "우리에게 먹을 것이 없고 의지하여 살 것이 없으면 우리의 생활은 파괴가 될 것이다. …… 우리는 이와 같은 견지에서서 우리 조선의 물산을 장려하기 위하여 조선 사람은 조선 사람이 지은 것을 쓰고, 둘째 조선 사람은 단결하여 그 쓰는 물건을 스스로 제작해 공급하기를 목적하노라."

① 동양 척식 주식회사의 폐지를 주장하였다.
② 점차 근검절약, 금주 · 단연 운동으로 확대되었다.
③ 사회주의 세력의 적극적인 지지를 받아 전개되었다.
④ 조만식 등이 중심이 되어 대구에서 운동을 시작하였다.

05 밑줄 친 '그'에 대한 설명으로 옳은 것은?

그가 황산 벌판으로 진군하자 백제의 장군 계백이 군사를 거느리고 와서 먼저 험한 곳을 차지하여 세 군데에 진영을 설치하고 기다리고 있었다. …… 관창이 다시 적진으로 가서 날쌔게 싸웠는데, 계백이 사로잡아 머리를 베어 말 안장에 매달아서 보냈다. …… 신라군이 진격하자 백제의 무리가 크게 패하였다.

① 적장 우중문에게 5언시를 보냈다.

② 비담과 염종이 일으킨 난을 진압하였다.

③ 당으로 건너가 나·당 군사 동맹을 성사시켰다.

④ 당에서 숙위 활동을 하다가 부대총관이 되어 귀국하였다.

06 고대의 관등제에 대한 설명으로 옳지 않은 것은?

① 백제는 관등에 따라 자·비·청색의 공복을 착용하였다.

② 신라에서는 진골 귀족 이상만 대아찬에 오를 수 있었다.

③ 신라의 6두품 이하 계층은 관등 승진에서 중위제를 적용받았다.

④ 고구려의 형(兄) 계열 관등은 행정적인 관리 출신이 중앙집권화 과정에서 개편된 것이다.

07 다음 중 ⊙, ⓒ과 관련된 설명으로 옳은 것은?

일제가 만주 사변을 일으키고 만주국을 수립하자 만주에서 활동하던 ⊙조선 혁명군, ⓒ한국 독립군 등 만주 독립군 세력들은 큰 위협을 받게 되었다. 이에 한·중 연합 전선이 형성되었다.

① ⊙ – 지청천을 중심으로 북만주에서 활동하였다.

② ⓒ – 조선 민족 전선 연맹이 중국 국민당의 지원을 받아 창설하였다.

③ ⊙ – 영릉가 전투, 흥경성 전투 등에서 일본군에 대승하였다.

④ ⓒ – 3부 통합 운동으로 성립된 국민부 산하의 군대였다.

08 밑줄 친 '스님'에 대한 설명으로 옳은 것은?

스님은 북악의 법통을 이으신 분이다. …… 항상 남악과 북악 종문의 취지가 모순인 채 분명하지 않음을 탄식하고, 많은 분파가 생기는 것을 막아 한 길로 모이기를 바랐다. …… 나라에서 왕륜사에 선석을 베풀고 불문의 급제를 선발할 때 우리 스님의 의리의 길을 정통으로 삼고 나머지는 방계로 했으니, 모든 재주와 명망 있는 무리들이 어찌 이 길을 따르지 않으랴. 크게는 지위가 왕사, 국사에까지 이르렀고 ……

① 수선사 결사를 주도하였다.

② 『해동고승전』을 편찬하였다.

③ 성상융회 사상을 주창하였다.

④ 『신편제종교장총록』을 편찬하였다.

09 다음 글을 저술한 인물에 대한 설명으로 옳은 것은?

> 하늘이 재능을 균등하게 부여하는데 관리의 자격을 대대로 벼슬하던 집안과 과거 출신으로만 한정하고 있으니 항상 인재가 모자라 애태우는 것은 당연한 일이다. 어느 시대, 어느 나라에서 노비나 서얼이어서 어진 인재를 버려두고, 어머니가 개가 했으므로 재능을 쓰지 않는다는 것은 듣지 못했다.

① 「호질」을 통해 양반의 위선을 풍자하였다.

② 일종의 농촌 생활 백과사전인 『산림경제』를 저술하였다.

③ 『청사열전』을 지어 도가 관련 인물의 행적을 정리하였다.

④ 경제적 여유가 있는 호민이 나라의 중심이 되어야 한다고 주장하였다.

10 ㉠ ~ ㉣을 일어난 시기순으로 바르게 나열한 것은?

> ㉠ 이적이 평양을 점령하였다. …… 보장왕이 천남산에게 수령 98명을 거느리고 백기를 들고 이적에게 항복하게 하였다. 이적은 예를 갖추어 접대하였다.
> ㉡ 유인원과 신라왕 김법민은 육군을 거느려 나아가고, 유인궤와 부여융은 수군과 군량을 실은 배를 거느리고 … … 백강 어귀에서 왜의 군사를 만나 …… 그들의 배 4백 척을 불살랐다.
> ㉢ 겨울 11월에 사찬 시득이 수군을 거느리고 설인귀와 소부리주의 기벌포에서 싸웠다.
> ㉣ 당의 군사가 와서 매소천성(매소성)을 공격하니, 원술이 이를 듣고 죽음으로써 지난 번의 치욕을 씻고자 하였다. 드디어 힘껏 싸워서 공을 세워 상을 받았다.

① ㉠ - ㉡ - ㉢ - ㉣

② ㉠ - ㉢ - ㉣ - ㉡

③ ㉡ - ㉠ - ㉢ - ㉣

④ ㉡ - ㉠ - ㉣ - ㉢

11 밑줄 친 '그'의 재위 기간에 있었던 사실로 옳은 것은?

> 정축년에 소현 세자를 따라 인질로 심양에 들어갔을 때 소현 세자와 한 집에 거처하며 정성과 우애가 두루 지극하였으며, 난리를 만나 일을 처리함에 있어 안팎으로 주선한 것이 모두 매우 적절하였다. 연경으로 들어간 뒤 청인들이 금옥과 비단을 소현과 <u>그</u>에게 주었으나 <u>그</u>는 홀로 받지 않으며 포로로 잡혀온 우리나라 사람들을 대신 돌려주기를 바란다 하니 청인들이 모두 탄복하며 허락하였다.

① 허견의 역모 사건을 계기로 남인이 몰락하고 서인이 집권하였다.

② 하멜이 가져온 조총의 기술을 활용하여 서양식 무기가 제조되었다.

③ 각종 무예의 동작을 글과 그림으로 설명한 『무예도보통지』가 편찬되었다.

④ 안용복이 일본으로 건너가 울릉도와 독도가 우리나라 영토임을 확인 받고 돌아왔다.

12 밑줄 친 사건에 대한 설명으로 옳은 것은?

> 각하, 저는 조선에서 벌어진 참혹한 범죄 행위에 대해 공식적으로 알려드리려니 가슴이 아픕니다. …… 며칠 후 <u>우리 군대는 조선을 정복하러 갈 것이며</u>, 이제 저의 존엄한 군주인 프랑스 황제만이 그의 의지에 따라 이 나라와 비어있는 왕위를 처분할 권리와 권능을 갖고 있습니다. 청국 정부는 여러 번 거듭하여 저에게 자신들은 조선에 대해 어떠한 권리도, 어떠한 권능도 없다고 선언하였으며 우리가 요청하였던 우리 선교사들의 여권 발급을 거부하였습니다. 우리는 이 선언을 확인하고 이제 청국 정부는 조선 왕국에 대한 어떠한 권리도 인정하지 않음을 선언합니다.

① 영국 함대가 거문도를 점령하는 배경이 되었다.

② 조선 정부가 청군의 출병을 요청하는 계기가 되었다.

③ 이 사건 이후 우리나라 최초의 근대적 조약이 체결되었다.

④ 양헌수와 한성근이 정족산성과 문수산성에서 적을 물리쳤다.

13 다음 의거를 일으킨 단체에 대한 설명으로 옳은 것은?

> 오늘 아침 신년 관병식을 마치고 궁성으로 돌아가던 히로
> 히토 일왕의 행렬이 궁성 부근 앵전문 앞에 이르렀을 때 군
> 중 가운데서 돌연 한인(韓人) 한 명이 뛰쳐나와 행렬을 향해
> 수류탄을 투척하였다.

① 김구의 주도 하에 충칭에서 조직되었다.

② 신채호의 「조선혁명선언」을 활동 지침으로 삼았다.

③ 조선 혁명 간부 학교를 설립하여 군사 훈련을 하였다.

④ 대한민국 임시 정부가 중국 정부의 지원을 받는 계기를 만
들었다.

14 다음 중 ㉠, ㉡에 들어갈 내용을 바르게 나열한 것은?

> 15세기에 학문을 주도하였던 관학파 계열의 관료들은 성
> 리학 이외에도 국가 체제 정비에 필요한 여러 학문과 사상
> 을 수용하였다. 이에 따라 세종 때 조선 왕조 최초의 관찬
> 지리서인 [㉠]을/를 제작하여 전국 8도의 지리를 정
> 리하였으며, 세조 때에는 양성지와 정척 등이 우리나라 최
> 초의 실측 지도인 [㉡]을/를 만들어 압록강 이북까지
> 상세하게 기록하였다.

	㉠	㉡
①	『신찬팔도지리지』	동국지도
②	『동국지리지』	혼일강리역대국도지도
③	『동국여지승람』	요계관방지도
④	『신증동국여지승람』	조선방역지도

15 (가), (나) 사건에 대한 설명으로 옳은 것은?

> (가) 효종이 승하하자 이조 판서 송시열, 좌참찬 송준길 등
> 이 상례를 주관하였는데, 대왕대비에게 왕을 위하여 기
> 년복을 입게 하였다.
> (나) 효종의 왕비인 인선 왕후의 국상 때 도신징을 비롯한
> 대구의 유생들의 상소를 받아들여 대왕대비에게 기년
> 복을 입게 하였다.

① (가) – 남인은 왕실의 예는 사대부의 예와 같다고 주장하
였다.

② (나) – 서인의 주장이 채택되어 남인의 세력이 약화되었다.

③ (가) – 서인은 '체이부정(體而不正)'을 명분으로 내세웠다.

④ (나) – 서인은 왕권 강화를 중시하였고, 남인은 신권 강화
를 중시하였다.

16 (가) 왕의 업적으로 옳은 것은?

> ○ 이자연의 세 딸이 모두 [(가)]와/과 혼인하였다.
> ○ [(가)]의 넷째 아들로 태어나 출가하였으며, 법명을
> 의천이라 하였다.

① 불교를 장려하여 흥왕사를 건립하였다.

② 쌍기의 건의를 받아들여 과거제를 실시하였다.

③ 국자감을 설치하고, 유학 교육의 진흥에 노력하였다.

④ 주현공부법을 실시하여 국가 재정을 확보하고자 하였다.

17 밑줄 친 '나'에 대한 설명으로 옳은 것은?

> 지금 이때 나의 단일한 염원은 3000만 동포와 손을 잡고 통일된 조국, 독립된 조국의 달성을 위하여 공동 분투하는 것뿐이다. 이 육신을 조국이 요구한다면 당장에라도 제단에 바치겠다. 나는 통일된 조국을 건설하려다가 38선을 베고 쓰러질지언정 일신에 구차한 안일을 취하여 단독 정부를 세우는 데는 협력하지 아니하겠다.

① 남조선 과도 입법 의원 의장으로 선출되었다.

② 구미 위원부를 설립하여 외교 활동을 전개하였다.

③ 대한민국 임시 정부의 초대 경무국장으로 활동하였다.

④ 파리 강화 회의에 파견되어 독립 청원서를 제출 하였다.

18 조선 시대의 노비와 관련된 설명으로 옳은 것을 모두 고른 것은?

> ㉠ 조선 후기에 노비들은 속오군에 편성되었다.
> ㉡ 순조 대에 노비 세습제가 폐지되었다.
> ㉢ 부모 모두가 노비일 경우에만 그 자녀도 노비 신분이 되었다.
> ㉣ 공노비는 유외잡직(流外雜織)이라 불리는 하급 기술직에 임명될 수 있었다.

① ㉠, ㉡　　　　　　② ㉠, ㉣

③ ㉡, ㉢　　　　　　④ ㉡, ㉣

19 다음 조약에 대한 설명으로 옳은 것은?

> • 대한 제국 정부는 시정 개선에 관하여 통감의 지도를 받을 것
> • 대한 제국 정부는 통감이 추천하는 일본인을 대한 제국의 관리로 임명할 것

① 비밀 각서에 따라 시위대와 진위대가 강제 해산되었다.

② 대한 제국의 사법권과 감옥 사무 처리권을 박탈하였다.

③ 일본이 군사상 필요한 지역을 사용할 수 있도록 하였다.

④ 재정 고문에 메가타, 외교 고문에 스티븐스가 임명되는 근거가 되었다.

20 다음 합의문에 관련된 설명으로 옳은 것은?

> 남과 북은 분단된 조국의 평화적 통일을 염원하는 온 겨레의 뜻에 따라 조국 통일 3대 원칙을 재확인하고, 정치, 군사적 대결 상태를 해소하여 민족적 화해를 이룩하고 무력에 의한 침략적 충돌을 막고 긴장 완화와 평화를 보장하며 다각적인 교류협력을 실천하여 민족의 공동의 이익과 번영을 도모하며 쌍방 사이의 관계가 나라와 나라 사이의 관계가 아닌 통일을 지향하는 과정에서 잠정적으로 형성되는 특수한 관계라는 것을 인정하고, 평화 통일을 성취하기 위한 공동의 노력을 경주할 것을 다짐하면서 다음과 같이 합의하였다.

① 제1차 남북 정상 회담의 결과로 발표되었다.

② 남북 조절 위원회를 구성하기로 합의하였다.

③ 남북 군사 공동 위원회 설치를 명시하였다.

④ 개성 공단 조성에 대한 합의가 이루어졌다.

정답·해설 _약점 보완 해설집 p.18

모바일 자동 채점 + 성적 분석 서비스 바로 가기
QR코드를 이용해 모바일로 간편하게 채점하고 나의 실력이 어느 정도인지, 취약 부분이 어디인지 바로 파악해 보세요!

05회 핵심 키워드 마무리 체크

☑ 빈칸에 들어갈 알맞은 키워드를 골라 채워보세요.

운요호 사건	선종	병인양요	한인 애국단
창원 다호리	국자감	물산 장려 운동	효종
안용복	의열단	백제	조선 혁명군
제1차 한·일 협약	과거제	남북 기본 합의서	속오군

선사~조선 후기

01 _____ 유적에서는 철기 시대에 중국과 교류했음을 보여주는 붓과 오수전이 출토되었다.

02 ____는 관등에 따라 자·비·청색의 공복을 착용하였다.

03 ____은 참선을 통한 개인의 깨달음을 중시하였다.

04 고려 광종은 쌍기의 건의를 받아들여 _____를 실시하였다.

05 고려 성종은 _____을 설치하고, 유학 교육의 진흥에 노력하였다.

06 조선 숙종 때 _____이 일본으로 건너가 울릉도와 독도가 우리나라 영토임을 확인 받고 돌아왔다.

07 조선 ____ 때 하멜이 가져온 조총의 기술을 활용하여 서양식 무기가 제조되었다.

08 조선 후기에 노비들은 _____에 편성되었다.

근대~현대

09 _____ 때 양헌수와 한성근이 정족산성과 문수산성에서 적을 물리쳤다.

10 _____ 이후 우리나라 최초의 근대적 조약이 체결되었다.

11 _____은 재정 고문에 메가타, 외교 고문에 스티븐스가 임명되는 근거가 되었다.

12 _____은 대한민국 임시 정부가 중국 정부의 지원을 받는 계기를 만들었다.

13 _____은 신채호의 「조선혁명선언」을 활동 지침으로 삼았다.

14 _____은 점차 근검절약, 금주·단연 운동으로 확대되었다.

15 _____은 영릉가 전투, 흥경성 전투 등에서 일본군에 대승하였다.

16 _____에는 남북 군사 공동 위원회 설치를 명시하였다.

정답 | 01 창원 다호리 02 백제 03 선종 04 과거제 05 국자감 06 안용복 07 효종 08 속오군 09 병인양요 10 운요호 사건 11 제1차 한·일 협약 12 한인 애국단 13 의열단 14 물산 장려 운동 15 조선 혁명군 16 남북 기본 합의서

06회 실전동형모의고사

제한시간 : 15분 시작 시 분 ~ 종료 시 분 점수 확인 개/ 20개

01 다음 유적지가 형성된 시대의 사회상으로 옳은 것은?

○ 양양 오산리 유적
○ 봉산 지탑리 유적
○ 고성 문암리 유적

① 찍개, 슴베찌르개 등을 사용하였다.
② 지배층의 무덤으로 고인돌이 축조되기 시작하였다.
③ 조개를 식용뿐만 아니라 예술 활동에도 이용하였다.
④ 곡식을 반달 돌칼로 추수하는 등 농경이 발전하였다.

02 다음 사실들을 시기순으로 바르게 나열한 것은?

㉠ 상대등 비담이 반란을 일으켰다.
㉡ 율령을 반포하고 골품 제도를 정비하였다.
㉢ 마운령과 황초령에 순수비를 건립하였다.
㉣ 주(州)와 군(郡)의 지방 행정 구역을 정리하고 우산국을 복속하였다.

① ㉡ - ㉣ - ㉠ - ㉢
② ㉡ - ㉣ - ㉢ - ㉠
③ ㉣ - ㉡ - ㉠ - ㉢
④ ㉣ - ㉡ - ㉢ - ㉠

03 조선 후기의 사회·경제 상황에 대한 설명으로 옳지 않은 것은?

① 모내기법이 일반화되자 『제언절목』이 반포되었다.
② 강경, 원산 등이 포구 상업의 중심지로 성장하였다.
③ 농민의 경제력 향상으로 지주 전호제가 유명무실해졌다.
④ 중국과의 무역 과정에서 역관이 부를 축적하기도 하였다.

04 다음 조약에 대한 설명으로 옳지 않은 것은?

제2조 중국 상인이 조선 항구에서 만일 개별적으로 고소를 제기할 일이 있을 경우 중국 상무위원에게 넘겨 심의 판결한다. …… 조선 상인이 개항한 중국의 항구에서 범한 일체의 재산에 관한 범죄 등 사건에 있어서는 피고와 원고가 어느 나라 인민이든 모두 중국의 지방관이 법률에 따라 심의하여 판결하고, 아울러 조선 상무위원에게 통지하여 등록하도록 한다.

① 조선과 청의 무역량이 늘어나는 계기가 되었다.
② 개항장 객주의 활동이 위축되는 결과를 초래하였다.
③ 청 상인이 한성 지역에 점포를 개설하는 것을 용인하였다.
④ 다른 나라의 압박을 받으면 거중조정한다는 조항을 명시하였다.

05 (가) 왕의 업적으로 옳은 것은?

> 백제의 (가) 은/는 마한의 나머지 세력을 정복하여 영토를 전라도 남해안까지 확장시켰으며, 북으로는 강원도와 황해도 일부 지역까지 진출하였으며 중국의 동진, 왜와 교류하였다.

① 중국 남조의 양나라와 교류하였다.

② 중앙 관청을 22부로 확대·정비하였다.

③ 목지국을 병합하여 한강 유역을 완전히 장악하였다.

④ 박사 고흥으로 하여금 역사서인 『서기』를 편찬하게 하였다.

06 밑줄 친 '그'에 대한 설명으로 옳은 것은?

> 옛날 그가 처음 당나라에서 돌아와 관음보살의 진신이 이 해변의 굴 안에 산다는 것을 들었다. 그러므로 이로 인해 낙산(洛山)이라고 이름하였는데, 아마도 서역의 보타낙가산(寶陁洛伽山) 때문일 것이다. …… 이에 금당을 짓고 관음상을 빚어 모시니, 그 원만한 모습과 고운 자질은 마치 하늘이 낸 듯하였다. 그 대나무가 다시 없어졌고, 그제야 이곳이 관음 진신이 머무는 곳임을 알게 되었다. 이로 인해 그 절의 이름을 낙산사라 하였다.

① 『금강삼매경론』을 저술하였다.

② 선종을 보급하여 가지산문의 개조가 되었다.

③ 『보현십원가』를 지어 불교의 대중화에 기여하였다.

④ 『화엄일승법계도』를 저술하여 화엄 사상을 정리하였다.

07 다음 중 ㉠~㉢에 들어갈 왕에 대한 사실로 옳은 것은?

> 국학(國學)은 예부(禮部)에 속하였는데, ㉠ 대에 설치하였다. 이를 ㉡ 대에 태학감(太學監)으로 고쳤으나, ㉢ 대에 옛 이름대로 하였다.

① ㉠ - 김헌창의 난을 진압하여 왕권을 강화하였다.

② ㉡ - 패강 일대에 수자리를 설치하였다.

③ ㉢ - 김지정이 일으킨 반란에서 살해당하였다.

④ ㉠, ㉡, ㉢ - 모두 신라 하대의 왕이다.

08 밑줄 친 '왕'에 대한 설명으로 옳은 것은?

> 왕이 처음으로 12목을 설치하고 명을 내리기를, "하늘 아래 만물은 모두 다 삶을 즐기고 땅을 밟는 무리는 모두 본성을 따라 살게 하기를 바란다. 한 사람이라도 죄를 짓는 것을 보면 마음에서 매우 그 허물을 슬퍼하고 백성들이 가난하게 산다는 것을 들으면 마음 속 깊이 스스로를 책망한다."라고 하였다.

① 경시서를 설치하였다.

② 서적포를 설치하였다.

③ 문신 월과법을 시행하였다.

④ 5도 양계의 지방 제도를 확립하였다.

09 다음 중 고려의 관리 등용 제도에 대한 설명으로 옳은 것을 모두 고른 것은?

> ㉠ 과거 시험에서는 제술업이 명경업보다 더 중시되었다.
> ㉡ 음서로 관직에 진출한 경우 과거 시험에 합격하지 않으면 고관으로 승진하기가 어려웠다.
> ㉢ 무인을 선발하는 무과가 건국 초기부터 정기적으로 실시되었다.
> ㉣ 왕족 및 공신의 후손, 5품 이상 관원의 자손은 음서의 혜택을 받아 관직에 진출할 수 있었다.

① ㉠, ㉡
② ㉠, ㉣
③ ㉡, ㉢
④ ㉢, ㉣

10 밑줄 친 '국왕' 재위 시기의 사실로 옳은 것은?

> 국왕이 명령을 내리기를, "정방은 권신이 처음 설치한 것이니, 어찌 조정에서 벼슬을 주는 뜻이 되겠는가. 이제 마땅히 없애고, 3품 이하 관리는 재상과 함께 의논하여 진퇴를 결정할 것이니, 7품 이하는 이부와 병부에서 의논하여 아뢰도록 하라."라고 하였다.

① 정치도감을 두어 부원 세력을 척결하였다.
② 외침에 대비하기 위하여 광군을 조직하였다.
③ 내정 간섭을 하던 정동행성 이문소를 혁파하였다.
④ 군을 통솔하는 기관으로 삼군도총제부를 설치하였다.

11 밑줄 친 '이 기구'에서 추진한 개혁의 내용으로 옳은 것은?

> 이 기구는 초정부적인 회의 기구이자 일종의 평의회로, 행정권과 입법권을 동시에 가지고 있었다. 이 기구는 발족 당시 총재 1명, 부총재 1명, 20명 이하의 회의원으로 구성되었으며, 신분제 폐지 등의 개혁안을 심의하고 통과시켰다.

① 군 통수 기관으로 원수부를 설치하였다.
② 중앙에 친위대, 지방에 진위대를 설치하였다.
③ 6조를 8아문으로 개편하고, 경무청을 설치하였다.
④ 재판소를 설치하여 사법권과 행정권을 분리시켰다.

12 다음 격문을 발표한 민족 운동에 대한 설명으로 옳지 않은 것은?

> 학생 대중아 궐기하자!
> 검거자를 즉시 우리들이 탈환하자!
> 검거자를 즉시 석방하라!
> 교내에 경찰권 침입을 절대 반대하자!
> 교우회 자치권을 획득하자!

① 식민지 차별 교육의 철폐를 주장하였다.
② 신간회에서 현지에 진상 조사단을 파견하였다.
③ 이 운동을 기념하기 위해 11월 3일을 '학생의 날'로 지정하였다.
④ 일제는 이 운동을 방해하기 위해 경성 제국 대학을 설립하였다.

13 다음 글을 작성한 인물에 대한 설명으로 옳은 것은?

> 국가의 역사는 민족의 소장성쇠(消長盛衰)의 상태를 서술할지라. 민족을 빼면 역사가 없으며 역사를 빼어 버리면 민족의 그 국가에 대한 관념이 크지 않을지니, 오호라 역사가의 책임이 그 역시 무거울진저 …… 만일 그렇지 않으면 이는 무정신의 역사이다. 무정신의 역사는 무정신의 민족을 낳으며, 무정신의 국가를 만들 것이니 어찌 두렵지 아니하리오.

① 실증 사학을 토대로 진단 학회를 조직하였다.

② 국가의 구성 요소를 국혼과 국백으로 나누었다.

③ 『여유당전서』를 발간하고 조선학 운동을 전개하였다.

④ 『조선상고사』를 저술하여 고대사 연구의 기틀을 마련하였다.

14 (가)에 들어갈 신분 계층에 대한 설명으로 옳지 않은 것은?

> 최사위가 아뢰기를, "_____(가)_____의 칭호가 복잡하니 지금부터 여러 주·군·현의 이(吏)는 그대로 호장이라하고 향·부곡·진·역의 이(吏)는 다만 장이라고 칭하도록 하십시오."라고 하였다.

① 중앙에서 임명된 사심관의 통제를 받았다.

② 직역의 대가로 국가로부터 토지를 지급받았다.

③ 과거에 응시하여 중앙 관직에 진출하는 것이 불가능하였다.

④ 토성을 분정 받아 자신의 근거지를 본관으로 인정받기도 하였다.

15 밑줄 친 '왕'의 재위 시기의 사실로 옳은 것은?

> 왕은 어려서 즉위하여 모후(母后)가 수렴 청정을 하고 조정의 정사가 모두 근본적인 대책이 없어 사림 사이에 큰 옥사가 연달아 일어난데다가 요승을 높이고 사랑하여 불교를 숭상했으나 모두 왕의 뜻은 아니었다. …… 문정 왕후가 돌아가신 후에 비로소 국정을 전담하게 되자 …… 을사사화 때 화를 당한 사람들을 풀어주고 먼 곳으로 쫓겨난 사람들을 모두 내지로 옮겼다.

① 갑술환국이 일어났다.

② 관수 관급제를 처음 시행하였다.

③ 천상열차분야지도가 제작되었다.

④ 백정 출신인 임꺽정이 난을 일으켰다.

16 다음 서문이 실린 역사서에 대한 설명으로 옳은 것은?

> 부여씨가 망하고 고씨가 망함에 이르러 김씨가 그 남쪽을 차지하고, 대씨가 그 북쪽을 차지하고 발해라 했으니, 이를 남북국이라 한다. 마땅히 남북국의 역사책이 있어야 했는데, 고려가 이를 편찬하지 않은 것은 잘못된 일이다.

① 한치윤이 중국 및 일본 자료를 참고하여 저술하였다.

② 고조선부터 고려 말까지의 역사가 강목체로 서술되었다.

③ 우리나라 고대사의 연구 시야를 만주 지방까지 확장하였다.

④ 천지·인사·만물·경사·시문의 5개 부문으로 서술되었다.

17 다음 사건과 관련된 개헌에 대한 설명으로 옳은 것은?

개헌안에 대한 국회 표결 결과, 재적 의원 203명, 재석 의원 202명, 찬성 135표, 반대 60표, 기권 7표였다. 이것은 헌법 개정에 필요한 의결 정족수(재적 의원의 3분의 2 이상)인 136표에 1표가 부족한 135표 찬성이므로 부결된 것이었다. 그러나 자유당 간부회는 재적 의원 203명의 3분의 2는 135.333이므로 이를 사사오입하면 135명이 개헌 정족 수가 된다고 주장하였다. 이들은 이 주장을 자유당 의원 총회에서 채택하고, 국회에서 야당 의원들이 퇴장한 가운데 번복 가결 동의안을 상정하여 통과시켰다.

① 개헌 이후 치러진 선거에서 이기붕이 부통령에 당선되었다.

② 간선제로는 재선이 어려워진 이승만 정부가 이 개헌을 단행하였다.

③ 초대 대통령에 한하여 중임 제한을 철폐하는 것을 주요 내용으로 하였다.

④ 장준하 등의 인사들이 이 개헌에 반대하며 개헌 청원 서명 운동을 전개하였다.

18 밑줄 친 '정당'에 대한 설명으로 옳은 것을 모두 고른 것은?

조소앙이 내게 말하길 "이 정당은 현재 존재하는 한국 정당 중에서 가장 오래된 정당"이라고 하였다. …… 지금의 이 정당의 구성은 조소앙이 이끌던 구 한국 독립당이 조선 혁명당, 조선 국민당과 합병한 결과라는 것이다.
– 영국 외무부 보고서

㉠ 산하에 조선 혁명군을 두었다.
㉡ 김구, 김규식을 중심으로 조직되었다.
㉢ 대한민국 임시 정부의 여당 역할을 하였다.
㉣ 조선 민족 전선 연맹의 창설을 주도하였다.

① ㉠, ㉡
② ㉠, ㉢
③ ㉡, ㉢
④ ㉡, ㉣

19 다음 규칙이 공포된 이후의 일제의 정책으로 옳지 않은 것은?

제1조
① 서당을 개설할 때는 아래의 각호의 사항을 갖추어 부윤, 군수 또는 도사(島司)에게 신고한다.
1. 명칭, 위치
……
5. 한문 외에 특히 국어, 산술 등을 교수할 때는 그 사항
……
제5조 아래의 경우에는 도 장관은 서당의 폐쇄 또는 교사의 변경, 기타 필요한 조치를 명할 수 있다.
1. 법령의 규정을 위반한 때
2. 공안을 해하거나 또는 교육상 유해하다고 인정되는 때
– 「조선총독부 관보」

① 전국 각지에 대화숙을 설치하였다.

② 신문지법을 제정하여 언론을 탄압하였다.

③ 치안 유지법을 제정하여 사회 운동을 탄압하였다.

④ 연초전매령을 공포하여 일본인 업자에 특혜를 주었다.

20 다음 내용이 발표된 시기로 옳은 것은?

제1조 북위 38도 이남의 조선 영토와 조선 인민에 대한 통치의 전 권한은 당분간 나의 권한 하에서 시행한다.
제2조 정부의 전 공공(公共) 및 명예 직원과 사용인 및 공공복지와 공공위생을 포함한 전 공공사업 기관의 유급 혹은 무급 직원 및 사용인과 중요한 사업에 종사하는 기타의 모든 사람들은 새로운 명령이 있을 때까지 그의 정당한 기능과 의무를 실행하고 모든 기록과 재산을 보존·보호하여야 한다.

	(가)	(나)	(다)	(라)
광복	모스크바 3국 외상 회의	제1차 미·소 공동 위원회	좌·우 합작 7원칙 발표	제2차 미·소 공동 위원회

① (가)
② (나)
③ (다)
④ (라)

정답·해설 _약점 보완 해설집 p.22

모바일 자동 채점 + 성적 분석 서비스 바로 가기
QR코드를 이용해 모바일로 간편하게 채점하고 나의 실력이 어느 정도인지, 취약 부분이 어디인지 바로 파악해 보세요!

06회 핵심 키워드 마무리 체크

☑ 빈칸에 들어갈 알맞은 키워드를 골라 채워보세요.

역관	진단 학회	비담	성종
반달 돌칼	의상	8아문	발췌 개헌
조 · 청 상민 수륙 무역 장정	신채호	음서	고인돌
사사오입 개헌	우산국	재판소	현종

선사~조선 후기

01 청동기 시대에는 지배층의 무덤으로 _____이 축조되기 시작하였다.

02 청동기 시대에는 곡식을 _____로 추수하는 등 농경이 발전하였다.

03 지증왕은 주(州)와 군(郡)의 지방 행정 구역을 정리하고 _____을 복속하였다.

04 선덕 여왕 때 상대등 ____이 반란을 일으켰다.

05 ____은 『화엄일승법계도』를 저술하여 화엄 사상을 정리하였다.

06 고려 ____은 문신 월과법을 시행하였다.

07 고려 ____은 5도 양계의 지방 제도를 확립하였다.

08 고려 시대에 왕족 및 공신의 후손, 5품 이상 관원의 자손은 ____의 혜택을 받아 관직에 진출할 수 있었다.

09 조선 후기에 중국과의 무역 과정에서 ____이 부를 축적하기도 하였다.

근대~현대

10 조선은 _____을 통해 청 상인이 한성 지역에 점포를 개설하는 것을 용인하였다.

11 제1차 갑오개혁 때는 6조를 ____으로 개편하고, 경무청을 설치하였다.

12 제2차 갑오개혁 때는 _____를 설치하여 사법권과 행정권을 분리시켰다.

13 이병도 등은 실증 사학을 토대로 _____를 조직하였다.

14 _____는 『조선상고사』를 저술하여 고대사 연구의 기틀을 마련하였다.

15 간선제로는 재선이 어려워진 이승만 정부가 _____을 단행하였다.

16 _____은 초대 대통령에 한하여 중임 제한을 철폐하는 것을 주요 내용으로 하였다.

정답 | 01 고인돌 02 반달 돌칼 03 우산국 04 비담 05 의상 06 성종 07 현종 08 음서 09 역관 10 조 · 청 상민 수륙 무역 장정 11 8아문 12 재판소 13 진단 학회 14 신채호 15 발췌 개헌 16 사사오입 개헌

01 청동기 시대 생활상에 대한 설명으로 옳은 것을 모두 고른 것은?

> ㉠ 독무덤과 널무덤이 유행하였다.
> ㉡ 사유 재산 제도가 등장하고 계급이 분화되었다.
> ㉢ 덧무늬 토기와 이른 민무늬 토기를 주로 사용하였다.
> ㉣ 구릉 지대에 취락을 이루고 환호와 목책으로 외부 침입에 대비하였다.

① ㉠, ㉡　　　　　　② ㉠, ㉢

③ ㉡, ㉣　　　　　　④ ㉢, ㉣

02 다음 글을 쓴 인물에 대한 설명으로 옳은 것은?

> 　우리 조선의 역사적 발전의 전 과정은 가령, 지리적 조건, 인종학적 골상, 문화 형태의 외형적 특징 등의 차이는 인정된다 하더라도 이른바 '특수성'은 다른 문화 민족의 역사적 발전 법칙과 구별되어야 하는 독자적인 것은 아니고, 세계사적인 일원론적 역사 법칙에 의하여 다른 제 민족과 거의 같은 궤도의 발전 과정을 거쳐 온 것이다.

① 「5천 년간 조선의 얼」이라는 글을 연재하였다.

② '조선심'을 강조하였으며 조선학 운동을 전개하였다.

③ 유물 사관을 바탕으로 일제의 식민 사관을 비판하였다.

④ 독립운동 과정을 서술한 『한국독립운동지혈사』를 저술하였다.

03 다음 군사 제도가 실시된 시기순으로 바르게 나열한 것은?

> ㉠ 2군 6위의 중앙군과 주현군 · 주진군의 지방군이 있었다.
> ㉡ 군사 조직으로 중앙에 9서당과 지방에 10정을 두었다.
> ㉢ 중앙군으로 10위를 두고 그 밑에 지방군이 있었다.
> ㉣ 5위로 구성된 중앙군이 있었고 지방의 육군은 진관 체제로 편성하였다.

① ㉠ - ㉡ - ㉢ - ㉣

② ㉡ - ㉠ - ㉢ - ㉣

③ ㉡ - ㉢ - ㉠ - ㉣

④ ㉢ - ㉡ - ㉠ - ㉣

04 조선 후기의 미술에 대한 설명으로 옳지 않은 것은?

① 서민들의 소박한 정서와 소망을 잘 나타낸 민화가 유행하였다.

② 강세황은 동양화에 서양화 기법을 반영하여 사물을 실감나게 표현하였다.

③ 신윤복은 섬세하고 정교한 필치로 행렬도, 병풍 등 궁중 풍속을 많이 남겼다.

④ 이광사가 우리의 정서와 개성을 추구하는 단아한 글씨의 동국진체를 완성하였다.

05 (가) 사건에 대한 설명으로 옳지 않은 것은?

제주 섬에서는 국제법이 요구하는, 문명 사회의 기본 원칙이 무시되었다. 특히, 법을 지켜야 할 국가 공권력이 법을 어기면서 민간인들을 살상하기도 했다. 토벌대가 재판 절차 없이 비무장 민간인들을 살상한 점, 특히 어린이와 노인까지도 살해한 점은 중대한 인권 유린이며 과오이다. 결론적으로 제주도는 냉전의 최대 희생지였다고 판단된다. 바로 이 점이 (가) 의 진상 규명을 50년 동안 억제해 온 요인이 되기도 했다. – (가) 진상 조사 보고서

① 희생자들의 명예 회복을 위해 특별법이 제정되었다.

② 사건 진압을 위해 미 군정이 경찰과 우익 단체를 동원하였다.

③ 유엔 총회에서 대한민국을 한반도의 유일한 합법 정부로 승인한 것에 대한 반발로 일어났다.

④ 이 사건으로 인해 제주도 3개 선거구 중 2개 선거구에서는 5·10 총선거가 실시되지 못하였다.

06 (가) 인물에 대한 설명으로 옳은 것은?

오후 2시 무렵에 적산(赤山)의 동쪽 해변에 배를 대니 북서풍이 몹시 분다. 적산은 순전히 바위로 되어 있으며 매우 높은데, 곧 문등현 청녕향 적산촌이다. 산 속에 절이 있어 그 이름은 적산 법화원인데, 이는 (가) 이/가 처음 세운 것이다.

① 당에 유학하여 빈공과에 합격하였다.

② 기훤과 양길의 휘하에서 세력을 키웠다.

③ 신라의 금성을 습격하여 경애왕을 살해하였다.

④ 견당 매물사와 회역사 등의 사절을 파견하였다.

07 (가), (나) 국가의 통치 체제에 대한 설명으로 옳은 것은?

신 아무개는 아룁니다. 신이 본국 숙위원의 보고를 접하니, 지난 건녕 4년 7월에 (가) 의 왕자인 대봉예가 호소문을 올려 (가) 이/가 (나) 보다 위에 있도록 허락해주기를 청했다고 합니다. 삼가 칙지를 받들건대, "나라 이름의 선후는 본래 강약에 의해서 따져 칭하는 것이 아니다. 조정 제도의 등급을 지금 어떻게 성쇠를 가지고 고칠 수가 있겠는가. 그동안의 관례대로 함이 당연하니, 이 지시를 따르도록 하라."라는 내용이었습니다.

① (가) – 주(州)에는 지방관을 감찰하기 위하여 외사정이 배치되었다.

② (가) – 군사·행정상의 요지에는 5소경을 설치하고 장관으로 사신을 두었다.

③ (나) – 최고 교육 기관으로 주자감을 두었다.

④ (나) – 중앙의 각 주요 관서에 여러 명의 장관을 임명하였다.

08 다음 글을 저술한 인물에 대한 설명으로 옳은 것은?

백성들이 궁핍하여 결국엔 병들고 쓰러져서 시궁창과 골짝에 굶어 죽은 시신이 가득한데도 목민관이란 자는 좋은 옷을 입고 맛있는 음식으로 자기 몸을 살찌우니, 슬프지 않겠는가. …… '심서(心書)'라고 이름 붙인 까닭은 무엇인가? 백성을 다스릴 마음은 있지만 몸소 실행할 수 없기 때문에 이와 같이 이름을 붙였다.

① 역사에서 고금의 흥망성쇠가 시세에 따라 이루어진다고 파악하였다.

②『임하경륜』을 통해서 성인 남자들에게 2결의 토지를 나누어 줄 것을 주장하였다.

③ 급진적인 전제 개혁을 추진하였으며, 맹자의 역성 혁명론을 조선 건국에 적용하였다.

④『아방강역고』를 저술하여 발해의 중심지가 백두산 동쪽이라는 것을 고증하였다.

09 다음 상황이 나타난 시기의 사실로 옳은 것은?

> 대장군 인후와 장군 고천백이 타나와 함께 돌아왔다. 타나가 도착하자 웅진 등 여러 현에서 점심을 대접하였는데, 어떤 사람이 타나에게 말하기를, "우리 고을 사람들은 모두 응방에 예속되어 있어서 얼마 남지 않은 빈민들이 무엇으로써 국가의 경비를 감당하겠습니까? 차라리 죽음을 기다리는 것이 낫겠습니다." 라고 하였다.

① 오가작통법이 시행되었다.

② 의흥삼군부를 신설하였다.

③ 중추원을 밀직사로 개편하였다.

④ '다처병첩'이 법적으로 허용되었다.

11 밑줄 친 '왕' 대의 사실로 옳은 것은?

> 왕께서는 대통을 이어받고 선왕의 계책을 뒤따라서 서거정, 이극돈 등에게 『동국통감』을 찬수해 올리라고 명하였습니다. …… 삼국이 함께 대치하였을 때는 삼국기라 칭하였고, 신라가 통합하였을 때는 신라기라 칭하였으며, 고려 시대는 고려기라 칭하였고, 삼한 이상은 외기라 칭하였습니다.

① 「여민락」이 만들어졌다.

② 이시애가 반란을 일으켰다.

③ 호패법을 처음 시행하였다.

④ 성균관 내에 존경각을 설치하였다.

10 다음은 전시과 제도의 변천 과정을 나타낸 것이다. ㉠~㉢에 대한 설명으로 옳은 것은?

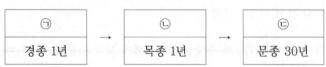

㉠	→	㉡	→	㉢
경종 1년		목종 1년		문종 30년

① ㉠ – 산관에게는 현직자보다 몇 과를 낮추어 토지를 지급하였다.

② ㉡ – 4색 공복을 기준으로 문반, 무반, 잡업 계층으로 구분하여 토지를 지급하였다.

③ ㉢ – 일부 관료에게는 시지를 지급하지 않았다.

④ ㉡, ㉢ – 지급 대상을 현직 관료로 제한하였다.

12 다음 글을 지은 인물에 대한 설명으로 옳은 것은?

> 옛날에 화왕(花王)이 처음 전래하였을 때 이를 향기로운 정원에 심고 비취색 장막을 둘러 보호하자 봄 내내 그 색깔의 고움을 발산하니 온갖 꽃을 능가하여 홀로 빼어났습니다. …… 화왕이 이르기를, '내가 잘못하였구나! 내가 잘못하였구나!'라고 하였다.

① 불교를 세외교라고 비판하였다.

② 이두를 정리하여 한학의 보급에 공헌하였다.

③ 『고승전』, 『화랑세기』, 『계림잡전』을 저술하였다.

④ 당에서 귀국하여 진성 여왕에게 시무책 10여 조를 올렸다.

13 다음 자료에 나타난 민족 운동에 대한 설명으로 옳은 것을 모두 고른 것은?

> 지금 나라의 빚이 1,300만 원이며, 이는 우리 대한제국의 존망에 관계된 일이다. 이를 갚으면 나라를 보존하게 되고 못 갚으면 나라를 잃고 만다. 형세가 여기에 이르렀으나 현재 국고로는 보상하기가 어렵다. 그러므로 삼천리 강토는 장차 우리나라가 아니게 될 것이다. 땅을 한 번 잃으면 돌이킬 방법이 없을 뿐만 아니라 월남과 같은 나라의 민족 신세를 면하기 어렵다.

> ㉠ 총독부의 탄압과 방해로 실패하였다.
> ㉡ 대구에서 서상돈을 중심으로 전개되었다.
> ㉢ 대한매일신보 등의 언론사가 후원하였다.
> ㉣ "한민족 1천만이 한 사람 1원씩"이라는 구호로 모금 운동이 전개되었다.

① ㉠, ㉡
② ㉠, ㉣
③ ㉡, ㉢
④ ㉢, ㉣

14 (가), (나) 세력에 대한 설명으로 옳은 것은?

> 김효원이 과거에 장원으로 합격하여 이조 전랑의 물망에 올랐으나, 그가 윤원형의 문객이었다 하여 심의겸이 반대하였다. 그 후에 심충겸(심의겸의 동생)이 장원 급제를 하여 이조 전랑으로 천거되었으나, 외척이라 하여 김효원이 반대하였다. 이로 인해 양쪽으로 편이 갈라져 서로 배척하였는데, 김효원을 지지하는 세력을 [(가)], 심의겸을 지지하는 세력을 [(나)](으)로 부르기 시작했다.

① (가)는 이이와 성혼의 문인들이 주류가 되었다.
② (나)는 경상도 일대의 재야 선비들이 주류가 되었다.
③ (가)는 척신 정치의 잔재 청산 문제에서 적극적인 부류였다.
④ (나)는 광해군 집권 시기에 중립 외교를 적극적으로 주장하였다.

15 다음 상황이 나타난 시기의 사회 모습으로 옳은 것은?

> 근래 아전의 풍속이 나날이 변하여 하찮은 아전이 길에서 양반을 만나도 절을 하지 않으려 한다. 아전의 아들, 손자로서 아전의 역을 맡지 않은 자가 고을 안의 양반을 대할 때, 맞먹듯이 너, 나 하며 자(字)를 부르고 예의를 차리지 않는다.

① 반상제가 법제적 신분제로 규정되었다.
② 향전이 전개되어 수령의 권한이 약화되었다.
③ 왕조의 교체를 예언하는 『정감록』 등이 유행하였다.
④ 신분 질서의 안정을 위해 향임직의 매매나 납속이 금지되었다.

16 다음 개헌안이 적용되던 시기의 사실로 옳은 것은?

> • 국민의 기본권 보장을 강화한다.
> • 신속하고 능률적인 국회 운영을 도모하기 위하여 단원 제도를 채택한다.
> • 강력하고 안정된 정국을 유지하고 신속한 행정 복리 국가를 이룩하기 위하여 대통령 중심제 정부 형태를 채택한다.
> • 대통령의 임기는 4년으로 하며, 1차에 한하여 중임할 수 있다.

① 향토 예비군이 창설되었다.
② 긴급 조치 1호가 공포되었다.
③ 경부 고속 국도가 개통되었다.
④ 부·마 민주 항쟁이 일어났다.

17 다음 취지서를 발표한 단체에 대한 설명으로 옳은 것은?

> 자강의 방법은 다름 아니라 교육진작과 식산흥업에 있다. 무릇 교육이 흥하지 못하면 국민의 지혜는 미개해지고, 산업이 성장하지 못하면 국부도 늘어나지 않는다. 따라서 국민의 지혜를 깨우치고 국력을 양성할 방법은 오직 교육과 산업의 발달이지 않겠는가? 이처럼 교육과 산업의 발달이 유일한 자강의 방법임을 알았다고 하더라도, 가난을 없애는 것이 자강의 목적이라면 먼저 국민의 정신을 배양하지 않을 수 없다.

① 자유 민권 운동과 국민 참정권 운동을 전개하였다.

② 일진회를 규탄하다가 한 · 일 합병 체결 직후 해체되었다.

③ 전국에 25개의 지회를 두고 교육 문화 운동을 추진하였다.

④ 유신한 국민이 통일 연합하여 유신한 자유 문명국을 성립하자는 취지로 설립되었다.

18 밑줄 친 '이 인물'에 대한 설명으로 옳은 것은?

> 이 인물은 쑨원의 삼민주의와 사회주의 영향을 받아 삼균주의를 제창하였고, 이것은 이후 당의 이념으로 채택되었다. 삼균주의는 개인과 개인, 민족과 민족, 국가와 국가 간의 완전한 균등을 표방하였는데, 이의 실현을 위해 정치 · 경제 · 교육의 균등을 골자로 하였다.

① 진보당을 창당하였다.

② 조선 건국 동맹을 조직하였다.

③ 대한 독립 선언서를 작성하였다.

④ 국제 연맹에 의한 위임 통치 청원서를 제출하였다.

19 밑줄 친 '이 나라'에 대한 설명으로 옳은 것은?

> 이 나라에서는 해마다 10월이면 하늘에 제사를 지내는데, 밤낮으로 술을 마시고 노래 부르며 춤을 추니 이를 무천이라 한다. 또 호랑이를 신(神)으로 여겨 제사 지낸다. 읍락을 함부로 침범하면 노비와 소, 말로 변상하는데, 이를 책화라 한다.

① 지배자의 칭호로 신지, 읍차 등이 있었다.

② 단궁이라는 활과 과하마 · 반어피 등이 유명하였다.

③ 남의 물건을 훔치면 물건 값의 12배를 배상하게 하였다.

④ 아이가 태어나면 돌로 머리를 눌러 납작하게 하는 풍습이 있었다.

20 고려 청자에 대한 설명으로 옳지 않은 것은?

① 강진과 부안이 생산지로 유명하였다.

② 송나라 사신 서긍이 『고려도경』에서 극찬하였다.

③ 실용품보다는 귀족들의 사치품으로 주로 사용되었다.

④ 11세기부터 청자에 백토분을 칠하였으며, 소박한 무늬가 그려진 자기가 만들어졌다.

정답·해설 _약점 보완 해설집 p.26

모바일 자동 채점 + 성적 분석 서비스 바로 가기
QR코드를 이용해 모바일로 간편하게 채점하고 나의 실력이 어느 정도인지, 취약 부분이 어디인지 바로 파악해 보세요!

07회 핵심 키워드 마무리 체크

☑ 빈칸에 들어갈 알맞은 키워드를 골라 채워보세요.

독립 협회	12배	시정 전시과	홍대용
고려 청자	백남운	조소앙	주자감
대한 자강회	환호	정인보	조봉암
정약용	조선 건국 동맹	김대문	5소경

선사~조선 후기

01 청동기 시대에는 구릉 지대에 취락을 이루고 ____와 목책으로 외부 침입에 대비하였다.

02 부여와 고구려에서는 남의 물건을 훔치면 물건 값의 ____를 배상하게 하였다.

03 발해는 최고 교육 기관으로 _____을 두었다.

04 통일 신라는 군사·행정상의 요지에는 _____을 설치하고 장관으로 사신을 두었다.

05 _____은 『고승전』, 『화랑세기』, 『계림잡전』을 저술하였다.

06 _____는 4색 공복을 기준으로 문반, 무반, 잡업 계층으로 구분하여 토지를 지급하였다.

07 _____는 강진과 부안이 생산지로 유명하였다.

08 _____은 『아방강역고』를 저술하여 발해의 중심지가 백두산 동쪽이라는 것을 고증하였다.

09 _____은 『임하경륜』을 통해서 성인 남자들에게 2결의 토지를 나누어 줄 것을 주장하였다.

근대~현대

10 _____는 자유 민권 운동과 국민 참정권 운동을 전개하였다.

11 _____는 전국에 25개의 지회를 두고 교육 문화 운동을 추진하였다.

12 _____는 「5천 년간 조선의 얼」이라는 글을 연재하였다.

13 _____은 유물 사관을 바탕으로 일제의 식민 사관을 비판하였다.

14 _____은 대한 독립 선언서를 작성하였다.

15 여운형은 _____을 조직하였다.

16 _____은 진보당을 창당하였다.

08회 실전동형모의고사

제한시간 : 15분 시작 시 분 ~ 종료 시 분 점수 확인 개/ 20개

01 밑줄 친 '이 문서'에 대한 설명으로 옳은 것은?

이 문서는 1933년에 일본 도다이지 쇼소인에서 『화엄경론질』을 수리하던 중에 발견되었다. 이 문서는 서원경 부근의 4개 촌락 가운데 사해점촌에 대한 기록으로, 국가에서 촌락을 단위로 조세와 부역을 징수하기 위해 작성한 것으로 파악된다.

① 호(戶)는 6등급, 인구는 9등급으로 구분하였다.
② 촌주가 변동 사항을 조사하여 매년 한번씩 작성하였다.
③ 연수유전답, 관모전답과 같은 토지 면적의 증감을 기록하였다.
④ 촌락의 규모와 호구 수, 소와 말의 수, 나무의 수 등이 기록되어있다.

02 밑줄 친 '이 학문'에 대한 설명으로 옳지 않은 것은?

이 학문은 인의를 해치고 천하를 어지럽히는 것이다. 심즉리(心卽理)라는 말을 만들어 내 "천하의 이(理)는 내 마음 속에 있지 밖의 사물에 있는 것이 아니니, 다만 마음을 보존하여 기르는 데 힘쓸 뿐 사물에서 이(理)를 구해서는 안 된다."라고 한다. 그렇다면 사물에 오륜과 같이 중요한 것이 있어도 되고 없어도 된다는 것인데, 불교와 무엇이 다른가?

① 치양지와 지행합일을 강조하였다.
② 이황에 의해 이단으로 비판 받았다.
③ 박은식의 「유교구신론」에 영향을 끼쳤다.
④ 조선 후기에 노론 세력에 의해 적극 수용되었다.

03 (가)의 재위 시기에 있었던 사실로 옳은 것은?

"과인이 요동을 공격하고자 하니 경 등은 마땅히 힘을 다하라." 라고 하니 ___(가)___ 이/가 아뢰기를 "지금에 출사(出師)하는 일은 네 가지의 옳지 못한 점이 있습니다. 작은 나라로서 큰 나라에 거역하는 것이 한 가지 옳지 못함이요, 여름철에 군사를 동원하는 것이 두 가지 옳지 못함이요, 온 나라 군사를 동원하여 멀리 정벌하면, 왜적이 그 허술한 틈을 탈 것이니 세 가지 옳지 못함이요, 지금 한창 장마철이므로 활은 아교가 풀어지고, 많은 군사들은 역병을 앓을 것이니 네 가지 옳지 못함입니다."라고 하였다.

① 사병을 혁파하였다.
② 도평의사사를 의정부로 개편하였다.
③ 사간원을 독립시켜 대신들을 견제하였다.
④ 제1차 왕자의 난으로 정도전 등이 제거되었다.

04 다음은 의열 투쟁을 전개한 인물들에 대한 설명이다. 인물과 활동이 바르게 연결된 것은?

① 강우규 – 서울역에서 사이토 총독 폭살 시도
② 조명하 – 일본에서 일본 천황 및 황태자 폭살 시도
③ 박열 – 타이완에서 육군 대장 구니노미야 암살 시도
④ 이봉창 – 홍커우 공원에서 상하이 사변 전승 축하식에 폭탄 투척

05 (가)인물이 세운 왕조 때의 상황으로 옳은 것은?

> ___(가)___ 이/가 망명하여 오랑캐 복장을 하고 동쪽으로 패수를 건너 와서 항복하였다. 그리고 서쪽 경계에 머물게 해달라고 부탁하였다. …… ___(가)___ 이/가 망명한 사람들을 꾀어서 무리가 점점 많아졌다.

① 진개의 침입을 받아 랴오둥 지역을 상실하였다.

② 요서 지방을 경계로 하여 연나라와 대립하였다.

③ 지리적 이점을 이용하여 중계 무역의 이득을 독점하였다.

④ 부왕(否王)과 같은 강력한 왕이 등장하여 왕위를 세습하였다.

06 밑줄 친 '이 탑'으로 옳은 것은?

> 14도 대총관 좌무위대장군 상주국 형국공 소정방은 증성에서 여러 번 모함을 당하고 위수에서 긴 파란을 일으켰으며, 뛰어난 계획은 무장에서 맞추었고 빼어난 기개는 문창성에 나타냈으니, …… 이 탑을 깎아 특별한 공을 기록하니 천관(天關)을 막아서 영원히 견고하고 지축을 가로질러서 끝이 없기를 바란다.

① 익산 미륵사지 석탑

② 경주 감은사지 3층 석탑

③ 부여 정림사지 5층 석탑

④ 개성 경천사지 10층 석탑

07 다음 사건으로 즉위한 왕의 재위 기간에 있었던 사실로 옳지 않은 것은?

> 강조가 왕을 폐위시켜 양국공으로 삼고 합문통사사인 부암 등으로 하여금 감시하게 하였으며, 병사를 보내어 김치양 부자와 유행간 등 7명을 죽이고, 그 당여(黨與)와 태후의 친속 30여 명을 섬으로 유배 보냈다.

① 『7대실록』의 편찬을 시작하였다.

② 초조대장경의 조판을 시작하였다.

③ 향리의 정원 규정 및 공복을 제정하였다.

④ 속군과 속현에 감무를 파견하기 시작하였다.

08 다음 내용과 관련된 개헌에 대한 설명으로 옳은 것은?

> 이제 일대 개혁의 불가피성을 염두에 두고 우리의 정치 현실을 직시할 때 나는 정상적인 방법으로는 도저히 이 같은 개혁이 이루어질 수 없다는 판단을 내리게 되었습니다. …… 약 2개월간의 헌법 일부 조항의 효력을 중지시키는 비상 조치를 국민 앞에 선포하는 바입니다.

① 부산에서 통과된 개헌안이다.

② 대통령의 임기를 7년으로 하였다.

③ 여당의 주장과 야당의 주장을 발췌하여 제정하였다.

④ 대통령이 국회의원의 3분의 1을 직접 지명하도록 규정하였다.

09 밑줄 친 '왕'의 업적으로 옳은 것은?

> 백제의 왕인 명농이 가량과 함께 와서 관산성을 공격하였
> 다. 군주인 각간 우덕과 이찬 탐지 등이 맞서 싸웠으나 전
> 세가 불리하였다. 신주의 군주인 김무력이 주의 군사를 이
> 끌고 나아가 교전하였는데, 비장인 삼년산군의 고간 도도가
> 급히 쳐서 백제 왕을 죽였다. 이에 모든 군사가 승리의 기세
> 를 타고 크게 이겨서 좌평 네 명과 군사 2만 9천 6백 명의 목
> 을 베었고, 한 마리의 말도 돌아간 것이 없었다.

① 웅진으로 천도를 단행하였다.

② 눌지 마립간과 동맹을 체결하였다.

③ 신라와 연합하여 한강 유역을 수복하였다.

④ 5경 박사 단양이를 일본에 보내 문화를 전파하였다.

10 우리나라의 농서에 대한 설명으로 옳은 것은?

① 『농사직설』 – 신속이 벼농사 중심의 수전 농법을 소개하였다.

② 『농가집성』 – 홍만선이 농업·임업·축산업·식품 가공법 등을 정리하였다.

③ 『감저신보』 – 박세당이 토질의 특징, 각종 작물의 재배법 등을 저술하였다.

④ 『금양잡록』 – 강희맹이 경기 지역에서 농사를 지은 경험을 토대로 저술하였다.

11 (가) 사건에 대한 설명으로 옳은 것은?

> 흥선 대원군은 1871년에 발생한 ⎡(가)⎤ 직후 전국 각
> 지에 쇄국 정책의 의지를 천명하기 위해 "서양 오랑캐가 침
> 입하는데 싸우지 않으면 화친하는 것이요, 화친을 주장하
> 는 것은 나라를 팔아먹는 것이다."는 내용의 척화비를 건
> 립하였다.

① 운요호가 강화도 초지진을 공격하였다.

② 어재연을 비롯한 조선군이 광성보에서 항전하였다.

③ 평양 군민들이 대동강에 나타난 미국 상선을 공격하여 침몰시켰다.

④ 조선과의 통상을 거절당한 외국 상인이 남연군의 묘를 도굴하려고 하였다.

12 다음의 사실들을 일어난 순서대로 바르게 나열한 것은?

> ㉠ 동학 농민군의 폐정 개혁안 12개조 제시
> ㉡ 일본군이 아산만 풍도에서 청군 공격
> ㉢ 황룡촌 전투에서 동학 농민군 승리
> ㉣ 황토현 전투에서 동학 농민군 승리

① ㉢ – ㉣ – ㉠ – ㉡

② ㉢ – ㉣ – ㉡ – ㉠

③ ㉣ – ㉢ – ㉠ – ㉡

④ ㉣ – ㉢ – ㉡ – ㉠

13 (가)~(라) 시기에 일어난 사실로 옳지 않은 것은?

	(가)	(나)	(다)	(라)
광복	모스크바 3국 외상 회의	좌·우 합작 위원회 설립	유엔 총회 결의안 발표	여수·순천 사건 발발

① (가) - '최고 소작료 결정의 건'이 공포되었다.

② (나) - 귀속 재산을 관리하고자 신한 공사를 설립하였다.

③ (다) - 남조선 과도 입법 의원이 창설되었다.

④ (라) - 미국 공법 480호에 따른 잉여 농산물이 도입되었다.

14 밑줄 친 '이 단체'에 대한 설명으로 옳은 것은?

이 단체는 정치적·경제적 각성을 촉진하고 단결을 공고
히 하며, 기회주의를 일체 부인함을 강령으로 삼았다. 또한
140여 개의 지회와 4만여 명에 이르는 회원을 둔 전국적인
조직으로 발전하였으며, 전국을 순회하며 강연회와 연설회
활동을 전개하였다.

① 6·10 만세 운동을 주도하였다.

② 보안법에 의해 강제로 해산되었다.

③ 정우회 선언을 계기로 창립되었다.

④ 문맹 퇴치를 위해 브나로드 운동을 전개하였다.

15 다음 문화재에 대한 설명으로 옳은 것을 모두 고른 것은?

㉠ 영광탑은 고구려 불탑 양식의 영향을 받아 축조된 전탑
이다.

㉡ 보은 법주사 팔상전은 내부가 하나로 통하는 통층 구조
이다.

㉢ 덕수궁 석조전은 서양의 르네상스 양식으로 지어진 건축
물이다.

㉣ 관촉사 석조 미륵보살 입상은 인체 비례를 잘 반영하여
만들어졌다.

① ㉠, ㉡

② ㉠, ㉢

③ ㉡, ㉢

④ ㉢, ㉣

16 밑줄 친 '대사'에 대한 설명으로 옳은 것은?

대사는 『묘종』을 설법하기 좋아하여 언변과 지혜가 막힘
이 없었고 대중에게 참회 수행을 권하였다. …… 왕공대인
과 지방 수령, 높고 낮은 사부 대중 가운데 결사에 들어온
자들이 300여 명이나 되었고, 가르침을 전도하여 좋은 인연
을 맺은 자들이 헤아릴 수 없이 많았다.

① 법상종 승려로 점찰법회를 정착시켰다.

② 귀법사의 초대 주지로 화엄 사상을 정비하였다.

③ 법화 신앙을 강조하며 강진에서 백련사를 결성하였다.

④ 인도에서 율장을 가지고 돌아왔으며, 일본 계율종 성립에 영
향을 주었다.

17 다음과 같은 문화 경향이 나타난 시기의 경제 상황으로 옳은 것을 모두 고른 것은?

> ○ 향가의 형식을 계승한 경기체가가 등장하였다.
> ○ 『국선생전』, 『죽부인전』 등 사물을 의인화하여 일대기를 구성한 가전체 소설이 유행하였다.

> ㉠ 목화 재배가 이루어졌다.
> ㉡ 중국 농서인 『농상집요』가 수입되었다.
> ㉢ 시비법이 발달하면서 휴경지가 완전히 소멸되었다.
> ㉣ 시전에서 남초를 거래하였다.

① ㉠, ㉡　　　　　　　② ㉠, ㉣

③ ㉡, ㉢　　　　　　　④ ㉡, ㉣

18 다음은 조선 후기의 호락 논쟁에 대한 내용이다. (가), (나)에 대한 설명으로 옳은 것은?

> (가) 이(理)는 본래 하나이다. 그러나 형기를 초월하여 말하는 것이 있고, 기질로 인하여 이름 지은 것이 있고, 기질을 섞어 말한 것이 있다. …… 사람과 동물의 본성이 같지 않은 것이다. 기질이 섞여 있는 것으로 말한다면, 곧 선악의 성이 이것으로, 사람과 사람, 동물과 동물이 또한 같지 않은 것이다.
> (나) 사람과 사물이 귀하고 천함이 차이가 있다고 해도 하늘이라는 절대적 관점에서 보면 사람과 사물은 균등하다. 사물을 천하게 보고 인간을 귀한 존재로 보는 생각이야말로 진리를 해치는 가장 근본적인 요인이다.

① (가) - 한양 인근에 사는 성리학자들이 주장한 내용이다.

② (나) - 한말 위정척사 사상으로 계승·발전되었다.

③ (가) - 오랑캐인 청의 문물을 배척할 것을 주장하였다.

④ (가), (나) - 18세기 중엽 소론 내부에서 제기되었다.

19 (가) 정부 시기의 사실로 옳은 것은?

> ⎯⎯(가)⎯⎯ 정부는 민주화 운동을 탄압하기 위해 보도 지침을 각 언론사에 보내 신문과 방송 기사에 대한 검열을 강화하였다. 이와 동시에 컬러 TV 보급을 통한 방송의 탈정치화를 유도하였으며, 프로 야구와 프로 축구 등을 출범시키고 해외 여행 자유화를 통한 유화 정책을 펼치기도 하였다.

① 서울 올림픽이 개최되었다.

② 베트남 전쟁에 군대를 파견하였다.

③ 저금리, 저유가, 저달러의 3저 호황을 맞이하였다.

④ 마산과 익산을 수출 자유 무역 지역으로 선정하였다.

20 ㉠ 지역에 대한 설명으로 옳지 않은 것은?

> 하회 마을은 2010년 8월 유네스코 세계 문화유산에 등재된 (㉠)의 민속 마을로, 전통 주거문화와 유교적 양반 문화 등이 오랜 세월 잘 보존되어 있다.

① 우리나라 최초의 서원이 세워진 지역이다.

② 공민왕이 홍건적을 피해 피신한 지역이다.

③ 고려군이 후백제군에게 승리를 거둔 지역이다.

④ 현존하는 우리나라 최고(最古)의 목조 건물이 위치한 지역이다.

정답·해설 _약점 보완 해설집 p.30

모바일 자동 채점 + 성적 분석 서비스 바로 가기
QR코드를 이용해 모바일로 간편하게 채점하고 나의 실력이 어느 정도인지, 취약 부분이 어디인지 바로 파악해 보세요!

08회 핵심 키워드 마무리 체크

☑ 빈칸에 들어갈 알맞은 키워드를 골라 채워보세요.

안동	신미양요	금양잡록	박정희
중계 무역	신간회	예종	강우규
사간원	신라 촌락 문서	전두환	양명학
웅진	신한 공사	제너럴셔먼호 사건	요세

선사~조선 후기

01 위만 조선은 지리적 이점을 이용하여 _____의 이익을 독점하였다.

02 백제 문주왕은 ____으로 천도를 단행하였다.

03 _____는 촌락의 규모와 호구 수, 소와 말의 수, 나무의 수 등이 기록되어있다.

04 고려 ____ 때 속군과 속현에 감무를 파견하기 시작하였다.

05 ____는 법화 신앙을 강조하며 강진에서 백련사를 결성하였다.

06 ____은 공민왕이 홍건적을 피해 피신한 지역이다.

07 조선 태종은 _____을 독립시켜 대신들을 견제하였다.

08 「_____」은 강희맹이 경기 지역에서 농사를 지은 경험을 토대로 저술하였다.

09 _____은 치양지와 지행합일을 강조하였다.

근대~현대

10 _____ 때 평양 군민들이 대동강에 나타난 미국 상선을 공격하여 침몰시켰다.

11 _____ 때는 어재연을 비롯한 조선군이 광성보에서 항전하였다.

12 노인동맹단 소속의 _____가 서울역에서 사이토 총독 폭살을 시도하였다.

13 _____는 정우회 선언을 계기로 창립되었다.

14 1946년에는 미 군정이 귀속 재산을 관리하고자 _____를 설립하였다.

15 _____ 정부 시기에 마산과 익산을 수출 자유 무역 지역으로 선정하였다.

16 _____ 정부 시기에 저금리, 저유가, 저달러의 3저 호황을 맞이하였다.

09회 실전동형모의고사

제한시간 : 15분 **시작** 시 분 ~ **종료** 시 분 **점수 확인** 개/ 20개

01 다음 취지서가 발표된 민족 운동에 대한 설명으로 옳은 것은?

민중의 보편적 지식은 보통 교육으로 능히 수여할 수 있으나 깊은 지식과 학문은 고등 교육에 기대하지 아니하면 불가할 것은 설명할 필요도 없거니와 사회 최고의 비판을 구하며 유능한 인물을 양성하려면 최고 학부의 존재가 가장 필요하도다.

① 광주 학생 항일 운동을 계기로 시작되었다.
② 제2차 조선 교육령이 공포되는 배경이 되었다.
③ 이상재 등을 중심으로 모금 운동이 전개되었다.
④ 사회주의자들이 자본가들을 위한 운동이라고 비판하였다.

02 다음 사건들을 시기순으로 바르게 나열한 것은?

㉠ 일리천에서 고려와 후백제 사이에 대규모 전투가 벌어졌다.
㉡ 고창에서 고려와 후백제 사이에 전투가 벌어졌다.
㉢ 태조 왕건이 신라의 구원 요청으로 공산에서 후백제를 공격했으나 패하였다.
㉣ 견훤이 큰아들 신검에게 왕위를 빼앗기고 고려에 투항하였다.

① ㉡ – ㉠ – ㉢ – ㉣
② ㉡ – ㉢ – ㉣ – ㉠
③ ㉢ – ㉡ – ㉠ – ㉣
④ ㉢ – ㉡ – ㉣ – ㉠

03 다음 내용과 관련된 민족 운동에 대한 설명으로 옳지 않은 것은?

오등(吾等)은 자(玆)에 아(我) 조선의 독립국임과 조선인의 자주민임을 선언하노라. 이로써 세계 만방에 고하여 인류 평등의 대의를 극명하며, 이로써 자손 만대에 고하여 민족 자존의 정권을 영유케 하노라.

① 이 운동을 계기로 대한민국 임시 정부가 수립되었다.
② 비폭력 평화 시위에서 점차 무력 투쟁으로 변모하였다.
③ 미국 윌슨 대통령이 주창한 민족 자결주의의 영향을 받았다.
④ 성진회와 각 학교 독서회 등에 의해 전국적으로 확산되었다.

04 밑줄 친 '이 나라'에 대한 설명으로 옳은 것은?

이 나라는 대방(帶方)의 남쪽에 있는데, 동쪽과 서쪽은 바다로 경계를 삼고 남쪽은 왜(倭)와 접경하니, 면적이 사방 4000리쯤 된다. …… 이 나라의 백성들은 토착민으로 곡식을 심으며 누에치기와 뽕나무 가꿀 줄을 알고 면포를 만들었다. 나라마다 각각 장수가 있어서, 세력이 강대한 사람은 스스로 신지라 하고, 그 다음은 읍차라고 하였다.

① 혼인 풍습으로 민며느리제가 있었다.
② 제가 회의를 통해 중요한 일을 결정하였다.
③ 정치적 지배자 외에 제사장인 천군이 있었다.
④ 매년 10월에 동맹이라는 제천 행사를 개최하였다.

05 (가)의 침입에 대한 고려의 대응으로 옳은 것은?

> 민영은 사람됨이 호방하며 의협심이 있었다. …… 그의 부친 민효후가 동계 병마판관이 되어 적에 맞서 싸우다 사망하였다. 그는 이를 한스럽게 여겨 복수를 하여 부친의 치욕을 갚으려 하였다. 때마침 예종이 ☐☐(가)☐☐ 을/를 정벌하려 하자, 민영은 자청하여 군에 편성되었다. …… 매번 군대의 선봉이 되어서 말을 타고 돌격하여 적군을 사로잡고 물리친 것이 한두 번이 아니었다.

① 고려 왕은 입조(入朝)를 조건으로 강화를 맺었다.

② 다인철소 주민들이 충주에서 (가)을/를 격퇴하였다.

③ 신보군, 신기군, 항마군으로 구성된 군대를 조직하였다.

④ 백성들을 섬과 가까운 산성으로 피하게 하는 입보 정책을 펼쳤다.

06 밑줄 친 '왕'의 재위 기간에 있었던 사실로 옳은 것은?

> 여름 6월, 수 문제(文帝)가 조서를 내려 왕의 관작을 박탈하였다. 한왕 양의 군대가 유관(渝關)에 도착하였을 때, 장마로 인하여 군량미의 수송이 이어지지 못했다. 이로 말미암아 군중에 식량이 떨어지고 또한 전염병이 돌았다. 주나후(周羅睺)의 수군은 동래에서 바다를 건너 평양성으로 오다가 풍파를 만나서 그의 선박이 거의 모두 유실되거나 침몰되었다.

① 황산벌 전투에서 계백 장군이 전사하였다.

② 고구려의 역사를 정리한 『유기』가 편찬되었다.

③ 원광이 수나라에 군사를 청하는 걸사표를 작성하였다.

④ 진덕 여왕이 오언태평송(五言太平頌)을 지어 당에 보냈다.

07 ㉠에 해당하는 국제 회의에 대한 내용으로 옳은 것은?

> 이러한 국제적 결정은 금일 조선을 위하여 가장 정당한 것이라고 우리는 인정한다. …… 문제의 5년 기한은 그 책임이 ☐☐㉠☐☐ 에 있는 것이 아니라 실인즉 우리 민족 자체의 결점(장구한 일본 지배의 해독과 민족적 분열)에 있다고 우리는 반성하지 않으면 안 된다. ─ 조선 공산당 중앙 위원회

① 미·소 공동 위원회의 개최를 결정하였다.

② 소련이 일본과의 전쟁에 참전할 것을 결의하였다.

③ 독일에서 개최되었으며 한국의 독립을 재확인하였다.

④ '적당한 시기(in due course)'에 한국을 독립시킬 것을 결의하였다.

08 밑줄 친 '국왕'이 재위한 시기의 문화에 대한 설명으로 옳은 것은?

> 계유정난을 통해 정권을 장악한 뒤 즉위한 국왕은 강력한 왕권을 행사하기 위하여 통치 체제를 6조 직계제로 고쳤다. 한편, 국왕은 백성들의 부담을 줄이기 위해 자신의 무덤에 석실과 석곽을 마련하지 말라는 유언을 남겼는데, 이에 따라 내부는 석회다짐으로 막았고, 봉분 둘레에도 병풍석을 세우지 않았다.

① 『국조보감』을 편찬하였다.

② 『해동제국기』가 편찬되었다.

③ 『이륜행실도』가 편찬되었다.

④ 『향약채취월령』이 편찬되었다.

09 다음 글을 쓴 인물에 대한 설명으로 옳은 것은?

> 이제 그림과 설명을 만들어 겨우 열 폭의 종이 위에 풀어 놓았습니다. 이것을 생각하고 익혀서 평소에 조용히 계실 때에 공부하소서. 도를 깨닫고 성인이 되는 요체와 근본을 바로잡고, 나아가 나라를 다스리는 근원이 모두 여기에 갖추어져 있습니다. 오직 전하께서는 정신을 모으고 뜻을 더하여 반복하기를 계속하십시오.

① 『동호문답』을 저술하였다.

② 소격서의 폐지를 주장하였다.

③ 최초의 서원인 백운동 서원을 건립하였다.

④ 향촌 사회의 교화를 위해 예안 향약을 만들었다.

10 다음 주장을 펼친 인물에 대한 설명으로 옳은 것은?

> 비유컨대, 재물은 대체로 우물과 같은 것이다. 퍼내면 차고, 버려두면 말라 버린다. 그러므로 비단옷을 입지 않아서 나라에 비단을 짜는 사람이 없게 되면 여공이 쇠퇴하고, 찌그러진 그릇을 싫어하지 않고 기교를 숭상하지 않아서 장인이 작업하는 일이 없게 되면 기예가 망하게 된다.

① 『성호사설』에서 폐전론을 주장하였다.

② 『의산문답』에서 중국 중심의 세계관을 비판하였다.

③ 국가가 경영하는 농장인 둔전을 설치할 것을 주장하였다.

④ 청나라와의 통상을 강화하기 위해 무역선을 활용할 것을 건의하였다.

11 (가) 기구에 대한 설명으로 옳은 것은?

> 고려 시대의 　(가)　 은/는 시정을 논하고 풍속을 교정하며 관료에 대한 규찰과 탄핵하는 업무를 담당하였다. 국초에는 사헌대라 불렸다가, 고려 성종 14년에 　(가)　 (으)로 고쳤다.

① 무신 집권기 최고 권력 기구였다.

② 고려 말에 도평의사사로 개편되었다.

③ 사간원, 홍문관과 함께 삼사로 불렸다.

④ 관직 임명에 대한 서경권을 행사하였다.

12 (가)에 대한 설명으로 옳은 것을 모두 고른 것은?

> 도내(道內)의 　(가)　 에 대한 고과(考課)는 『경국대전』에 따라 매해 연말에 실시하며, 다음 칠사(七事)에 근거한다.
> - 농상을 성하게 함(農桑盛)
> - 호구를 늘림(戶口增)
> - 학교를 일으킴(學校興)
> - 군정을 닦음(軍政修)
> - 역의 부과를 균등하게 함(賦役均)
> - 소송을 간명하게 함(詞訟簡)
> - 간사함과 교활함을 없앰(奸猾息)

> ㉠ 임기제와 상피제가 적용되었다.
> ㉡ 관찰사의 지휘와 감독을 받았다.
> ㉢ 지방 행정의 실무를 보좌하였다.
> ㉣ 국왕의 대리인으로 전국의 모든 군현에 파견되었다.

① ㉠, ㉢

② ㉡, ㉣

③ ㉠, ㉡, ㉣

④ ㉡, ㉢, ㉣

13 다음 내용을 주장한 단체에 대한 설명으로 옳은 것은?

> 우리나라는 일본의 옆 나라로서 근래 맹약을 맺은 지 자못 오래되었습니다. 마땅히 사랑하고 아껴야 하며 이를 표현할 겨를이 없었을 뿐입니다. 그런데 지금 일본 공사 하기라와가 나가모리 도키치로의 청원에 따라 우리 외부(外部)에 공문을 보내어 산림, 강, 평지, 황무지에 대한 권리를 청구했습니다. …… 만일 이를 외국인에게 줘 버린다면 전국의 강토를 모두 빼앗기게 되며 수많은 사람이 참혹한 빈곤에 빠져 구제할 수 없게 될 것입니다.

① 헌정 연구회를 계승하여 창립되었다.

② 대한매일신보를 기관지로 활용하였다.

③ 해외 독립군 기지 건설 운동을 벌였다.

④ 송수만, 심상진 등이 중심이 되어 활동하였다.

14 밑줄 친 칭호가 왕호로 사용되었던 신라 시기의 사실로 옳지 않은 것은?

> 김대문이 이르기를, "마립(麻立)은 방언에서 말뚝을 일컫는 말이다. 말뚝은 함조(誠操, 자리를 정하여 둠)를 뜻하는데, 그것은 위계(位階)에 따라 놓는 것이니, 임금의 말뚝이 주가 되고 신하의 말뚝은 그 아래에 배열되었다. 이로 말미암아 임금의 명칭으로 삼은 것이다."고 하였다.

① '건원'이란 연호를 사용하였다.

② 경주에 시장이 처음 설치되었다.

③ 왕위의 부자 상속제가 확립되었다.

④ 고구려의 도움으로 왜구를 격퇴하였다.

15 다음 포고문을 발표한 의병 운동에 대한 설명으로 옳은 것은?

> '동포들이여, 우리들은 단결하여 우리 조국을 위해 몸 바쳐 우리의 독립을 회복하지 않으면 안된다. 우리들은 잔인한 일본인들의 통탄할 만한 악행과 횡포를 전 세계에 호소해야만 한다. 그들은 교활하고 또 잔인하며 진보와 인도의 적이다. 우리들은 모든 일본인과 그 스파이 앞잡이 및 야만의 군대를 쳐부수기 위하여 최선을 다하여야 한다.'
> – 관동 창의 대장 이인영

① 고종의 해산 권고 조칙에 따라 해산하였다.

② 잔여 세력은 활빈당으로 계승 · 발전하였다.

③ 민종식이 의병을 이끌고 홍주성을 점령하였다.

④ 해산된 군인들이 합류하여 전투력이 강화되었다.

16 밑줄 친 '왕'에 대한 설명으로 옳은 것은?

> 왕이 몸소 수군을 이끌고 백잔(百殘)을 토벌하였다. 백잔이 복종하지 않고 감히 나와 싸우니 왕이 크게 노하여 아리수를 건너 정예병을 보내어 그 수도에 육박하였고, 백잔군이 퇴각하니 곧 수도를 포위하였다. 이에 백잔의 왕이 남녀 1천 명과 삼베 천 필을 바치면서 왕에게 항복하고, "지금 이후로는 영원히 노객이 되겠습니다." 라고 맹세하였다.

① 전진에서 불교를 수용하였다.

② 영락이라는 연호를 사용하였다.

③ 역사서인 『신집』을 편찬하였다.

④ 졸본에서 국내성으로 도읍을 옮겼다.

17 다음과 같은 폐단을 시정하기 위해 시행된 제도에 대한 설명으로 옳은 것은?

> 국가 백년의 가장 고질적인 폐단은 양역(良役)이니, 호포(戶布)·구전(口錢)·유포(遊布)·결포(結布)의 말이 번갈아 나왔으나 적절히 따를 것이 없습니다. 백성은 더욱 날로 곤란해지고 폐해는 날로 더욱 심해져 간혹 한 집에서 부자(父子)·조손(祖孫)이 군적(軍籍)에 이름이 편입되기도 하고, 간혹 한 집에서 3, 4형제가 직접 군포(軍布)에 응하기도 합니다. 또 이웃의 이웃이기 때문에 책임을 당하고 일가의 일가이기 때문에 징수를 당하게 됩니다.

① 처음에 경기도에서 시험적으로 시행되었다.
② 과세의 기준이 가호 단위에서 토지의 결수로 바뀌었다.
③ 균역청에서 시행하다가 선혜청으로 통합되어 관리되었다.
④ 평민에게만 징수하던 군포를 양반에게도 징수하게 되었다.

18 조선 후기 사상(私商)에 대한 설명으로 옳은 것을 모두 고른 것은?

> ㉠ 유상은 인삼의 재배와 판매를 통해 부를 축적하였다.
> ㉡ 내상은 운송업 외에도 선박 건조업 등 생산 분야에 진출하였다.
> ㉢ 중강, 책문, 경원 등 국경 지대에서 열린 후시에서 밀무역을 전개하였다.
> ㉣ 대표적인 선상인 경강 상인은 정부의 세금과 지주의 소작료 등을 운송하였다.

① ㉠, ㉡
② ㉠, ㉣
③ ㉡, ㉣
④ ㉢, ㉣

19 밑줄 친 섬에 대한 설명으로 옳은 것은?

> 내가 살피건데 "여지지에 이르기를 '일설에는 우산과 울릉은 본래 한 섬이라고 하나 여러 도지(圖志)를 상고하면 두 섬이다. 하나는 왜(倭)가 말하는 송도(松島)인데 모두 다 우산국(于山國)이다'라고 하였다"

① 신라 하대에 혈구진이 설치되었다.
② 정약전이 유배를 가서 『자산어보』를 저술한 곳이다.
③ 이승만이 평화선에 포함하여 영유권을 주장하였다.
④ 영국이 러시아를 견제하기 위해 불법으로 점거하였다.

20 밑줄 친 '이 제도'에 대한 설명으로 옳지 않은 것은?

> 고구려의 왕이 질양(質陽)으로 사냥을 나갔다 길에 앉아서 울고 있는 자를 보고, "어찌하여 우는가?" 하고 물었다. 대답하기를 "신은 매우 가난하여 늘 품팔이를 하여 어머니를 부양하여 모셔 왔는데 올해는 곡식이 자라지 않아 품팔이할 곳이 없고, 한 되 한 말의 곡식도 얻을 수 없어 이 때문에 울고 있습니다."라고 하였다. …… 이에 이 제도를 마련하고 내외의 담당 관청에 명하여 스스로 살아갈 수 없는 사람들을 널리 찾아서 구휼하도록 하였다.

① 조선 시대의 상평·환곡 제도로 발전되었다.
② 고구려 고국원왕 때부터 실시된 빈민 구제 제도이다.
③ 가구(家口)의 많고 적음에 차이를 두어 곡식을 대여해주었다.
④ 3월에서 7월 사이에 관청에서 보유하고 있던 곡식을 빌려주고 10월에 다시 갚게 하였다.

정답·해설 _약점 보완 해설집 p.34

모바일 자동 채점 + 성적 분석 서비스 바로 가기
QR코드를 이용해 모바일로 간편하게 채점하고 나의 실력이 어느 정도인지, 취약 부분이 어디인지 바로 파악해 보세요!

09회 핵심 키워드 마무리 체크

☑ 빈칸에 들어갈 알맞은 키워드를 골라 채워보세요.

눌지 마립간	이황	독도	보안회
을사의병	을미의병	영락	세조
카이로 회담	삼한	의산문답	모스크바 3국 외상 회의
내물 마립간	민립 대학 설립 운동	공산	3·1운동

선사~조선 후기

01 ____은 정치적 지배자 외에 제사장인 천군이 있었다.

02 신라의 _____ 때는 왕위의 부자 상속제가 확립되었다.

03 신라의 _____ 때는 고구려의 도움으로 왜구를 격퇴하였다.

04 광개토 대왕 때 ____이라는 연호를 사용하였다.

05 태조 왕건이 신라의 구원 요청으로 ____에서 후백제를 공격했으나 패하였다.

06 ____ 때는 『국조보감』을 편찬하였다.

07 ____은 향촌 사회의 교화를 위해 예안 향약을 만들었다.

08 홍대용은 『_____』에서 중국 중심의 세계관을 비판하였다.

근대~현대

09 _____은 고종의 해산 권고 조칙에 따라 해산하였다.

10 _____ 때는 민종식이 의병을 이끌고 홍주성을 점령하였다.

11 _____는 송수만, 심상진 등이 중심이 되어 활동하였다.

12 _____은 미국 윌슨 대통령이 주창한 민족 자결주의의 영향을 받았다.

13 _____은 이상재 등을 중심으로 모금 운동이 전개되었다.

14 _____에서는 '적당한 시기(in due course)'에 한국을 독립시킬 것을 결의하였다.

15 _____에서는 미·소 공동 위원회의 개최를 결정하였다.

16 ____는 이승만이 평화선에 포함하여 영유권을 주장하였다.

정답 | 01 삼한 02 눌지 마립간 03 내물 마립간 04 영락 05 공산 06 세조 07 이황 08 의산문답 09 을미의병 10 을사의병 11 보안회 12 3·1운동 13 민립 대학 설립 운동 14 카이로 회담 15 모스크바 3국 외상 회의 16 독도

10회 실전동형모의고사

제한시간 : 15분 시작   시   분 ~ 종료   시   분 점수 확인   개/ 20개

01 (가) 국가의 문화재에 대한 설명으로 옳은 것은?

> 옛 고구려의 장수 대조영은 태백산의 남쪽 성에 자리 잡고, 측천무후 원년에 나라를 열어 ___(가)___ (이)라고 이름 지었다고 하네. 우리 태조 8년에 ___(가)___ 사람들이 서로 이끌어 개경에 와서 보니, 누가 변란을 미리 알고 귀부하였나? 예부경과 사정경이었다네.

① 연못과 인공섬을 갖춘 월지가 남아있다.
② 선종의 영향을 받아 쌍봉사 철감선사탑이 만들어졌다.
③ 정혜 공주 묘의 널방과 벽면에는 인물들의 벽화가 있다.
④ 상경성 궁궐터에서는 고구려와 유사한 온돌 장치가 발견되었다.

02 다음은 대한민국 헌법 개정의 주요 내용이다. ㉠~㉣을 순서대로 바르게 나열한 것은?

> ㉠ 대통령을 직선으로 선출하고, 임기는 5년으로 하였다.
> ㉡ 대통령은 양원 합동 회의에서 선거하고 재적 국회의 3분의 2 이상의 투표를 얻어 당선된다.
> ㉢ 대통령과 부통령의 임기는 4년으로 하고, 재선에 의하여 1차 중임할 수 있다. 이 헌법 공포 당시의 대통령에 대하여는 제55조 제1항의 제한을 적용하지 아니한다.
> ㉣ 대통령의 3선 연임을 허용하며, 국회의원의 행정부 장 · 차관의 겸직을 허용한다.

① ㉡ - ㉢ - ㉠ - ㉣
② ㉡ - ㉢ - ㉣ - ㉠
③ ㉢ - ㉡ - ㉣ - ㉠
④ ㉢ - ㉣ - ㉡ - ㉠

03 밑줄 친 '임금'의 재위 시기의 사실로 옳은 것은?

> 해도 빛을 잃었다. 임금께서 세자와 함께 푸른 옷을 입으시고 서문으로 나가셨다. 성에 있던 사람들이 통곡하니 울부짖는 소리가 하늘에 사무쳤다. …… 신하들이 돗자리 깔기를 청하니 임금께서 말씀하셨다. '황제 앞에서 어찌 감히 자신을 높이리오.' 세 번 절하고 아홉 번 고개를 조아리는 예를 행하시고 성에 오르셔서 서쪽을 향하여 제단 위에 앉으셨다.

① 만동묘를 설치하였다.
② 영정법을 제정하였다.
③ 수원에 성곽 도시인 화성을 건설하였다.
④ 주문모, 이승훈 등의 천주교인들이 처형되었다.

04 (가) 군사 조직에 대한 설명으로 옳은 것은?

> 계사년 10월, 거가(車駕)가 환도하니, …… 이때에 임금께서 ___(가)___ 을/를 설치하여 군사를 훈련시키라고 명하시고 나를 그 책임자로 삼으시므로, …… 응모자들로 하여금 먼저 들게 하여 힘을 시험해 보고, 또 한 길 남짓한 흙 담장을 뛰어넘게 하여 능히 해내는 자는 들어오기를 허락해주고 못하는 자는 거절하였다. …… 얼마 안 되어 수천 명을 얻어 조총 쏘는 법과 창, 칼 쓰는 기술을 가르치게 하였다.

① 후금의 침입에 대비하기 위하여 설치되었다.
② 정군을 중심으로 갑사나 특수병으로 구성되었다.
③ 장기간 근무를 하고 일정한 급료를 받는 상비군이었다.
④ 제승방략 체제를 효율적으로 운영하기 위해 설치되었다.

05 밑줄 친 (가)~(다)에 대한 설명으로 옳지 않은 것은?

> 고려는 기본 지방 행정 단위로 군현 제도를 운영하였는데, 군현으로 편제할 수 없는 곳은 특수 행정 구역으로 편제하였다. (가)향(鄕)과 (나)부곡(部曲)은 이미 신라 때부터 있었으며, (다)소(所)는 고려 시대에 처음 생겨났다.

① (가)와 (나)의 주민은 주로 농사를 지었다.

② (나)의 주민들은 관청에 지급된 공해전 등을 경작하였다.

③ (다)의 주민이 공을 세우면 현으로 승격될 수 있었다.

④ (가), (나), (다)의 주민들은 다른 지역으로의 자유로운 거주 이전이 가능하였다.

06 다음 선언문을 발표한 정부 시기의 사실로 옳은 것은?

> 1. 남과 북은 나라의 통일 문제를 그 주인인 우리 민족끼리 서로 힘을 합쳐 자주적으로 해결해 나가기로 하였다.
> 2. 남과 북은 나라의 통일을 위한 남측의 연합제 안과 북측의 낮은 단계의 연방제 안이 서로 공통성이 있다고 인정하고 앞으로 이 방향에서 통일을 지향시켜 나가기로 하였다.

① 조선 총독부 건물이 철거되었다.

② 북한과 함께 유엔에 동시 가입하였다.

③ 국민 기초 생활 보장법을 제정하였다.

④ 최초로 남북한 이산가족 상봉이 이루어졌다.

07 밑줄 친 '사건'에 대한 설명으로 옳지 않은 것은?

> 조선력 6월 9일의 사건 때 조선의 흉도(凶徒)가 일본 공사관을 습격하여 ……
> 제3관, 조선국은 5만 원(圓)을 내어 해를 당한 일본 관리와 하급 직원의 유족 및 부상자에게 지급하여 특별히 돌보아 준다.
> ⋮
> 제5관, 일본 공사관에 군사 약간을 두어 경비를 서게 한다.

① 이 사건의 결과 한성 조약이 체결되었다.

② 이 사건 발생 직후 통리기무아문이 폐지되었다.

③ 사건 수습을 위해 박영효, 김옥균 등이 일본에 파견되었다.

④ 쌀값 폭등 등으로 생계의 위협을 받던 서울의 하층민들이 참여하였다.

08 고려 시대의 화폐 유통에 대한 설명으로 옳은 것을 모두 고른 것은?

> ㉠ 조세를 화폐로 징수하기 시작하였다.
> ㉡ 원에서 발행된 보초라는 화폐가 유통되었다.
> ㉢ 고려 말에 은이 부족한 상황에서 저화가 발행되었다.
> ㉣ 숙종 때 건원중보를 만들어 전국적으로 유통을 시도하였다.

① ㉠, ㉡   ② ㉠, ㉣

③ ㉡, ㉢   ④ ㉢, ㉣

09 다음 글을 쓴 인물에 대한 설명으로 옳은 것은?

> 살아 있는 사람은 유용한 사물이 아닌 것이 없으니, 공연히 경적(經籍)만을 지켜서는 안 된다. 학문이란 것은 양심(養心)하는 방법이 아닌 것이 없으니, 글의 뜻에만 치우쳐 빠져서는 안 되는 것이다. 예(禮)·악(樂)·사(射)·어(御)·서(書)·수(數)와 같은 것은 실용적 학문이니, 음악(音樂)은 마음을 다스리어 방심하여 버리지 않게 한다. – 「하곡집」

① 『사변록』을 저술하여 주자 학설을 비판하였다.

② 왕수인의 친민설을 지지하였으며, 강화학파를 형성하였다.

③ 우주의 현상과 지리, 문화 현상들에 대해 설명한 『지구전요』를 편찬하였다.

④ 유교 문명 이외에도 유럽·회교·불교 문명권을 소개하여 시야를 넓혀 주었다.

10 ㉠~㉢에 들어갈 말을 바르게 배열한 것은?

> 세종이 이순지, 김담, 정초, 정인지 등에게 명하여 새로운 역법을 만들게 하였다. 이 역법은 「내편」과 「외편」으로 구성되었다. 「내편」은 (㉠)의 원리와 방법을 해설한 것으로 (㉡)을 기준으로 천체 운동을 정확히 계산해 내었다. 「외편」은 (㉢)을 이해하기 위해 해설·편찬한 것이다.

	㉠	㉡	㉢
①	수시력	개성	회회력
②	수시력	한양	회회력
③	회회력	개성	수시력
④	회회력	한양	수시력

11 밑줄 친 '사절단'에 대한 설명으로 옳은 것은?

> 이 사절단은 조·미 수호 통상 조약 체결 이후 이듬해 미국 공사 푸트가 내한하자 이에 대한 답례와 양국 간의 친선을 위하여 1883년에 파견되었다. 미국의 대통령인 아서를 접견하여 국서와 신임장을 제출하였으며, 근대 문물을 시찰하였다.

① 김홍집을 전권대신으로 파견하였다.

② 귀국 후 기기창의 설립에 기여하였다.

③ 『조선책략』을 들여와 국내에 소개하였다.

④ 조선에서 최초로 서양 국가에 파견한 사절단이다.

12 철기 시대에 대한 설명으로 옳지 않은 것은?

① 부뚜막이 등장하였으며 지상 가옥에서 거주하였다.

② 덧띠 토기, 검은 간 토기 등이 만들어져 사용되었다.

③ 한국식 동검이라 일컬어지는 세형동검이 제작되었다.

④ 군장이 부족의 풍요를 기원하는 제사를 지내기 시작하였다.

13 밑줄 친 '고구려 왕' 대에 있었던 사실로 옳은 것은?

눌지왕 3년 고구려 왕이 사신을 보내 와서 "우리 임금님께서 왕의 아우 보해가 지혜와 재주를 갖추었다는 소식을 듣고 서로 가깝게 지내기를 원하여 특별히 소신을 보내어 간청하기에 이르렀습니다."라 하였다. 이에 왕은 매우 다행스럽게 생각하여 화친을 맺기로 하고 아우 보해를 고구려로 보냈다.

① 서안평을 공격하여 영토를 확장하였다.

② 국내성에서 평양성으로 도읍을 옮겼다.

③ 당나라에서 도사(道士)와 『도덕경』이 들어왔다.

④ 부여를 복속하여 고구려 최대 영토를 확보하였다.

14 밑줄 친 '그'의 활동으로 옳은 것은?

그는 22세에 미국 샌프란시스코에 건너가 미국 소학에서 2개년 취학하였다. 그리고 샌프란시스코에서 한인 약 20명으로 공립 협회를 조직하여 스스로 협회장이 되고 계속하여 북미 '멕시코', '하와이' 등 각지에 이르러 동 협회의 조직과 지도를 하였다. 그 후 평양에 대성 학교를 설립하여 교장이 되어 1910년까지 경영하였다.

① 미 군정에서 민정 장관을 역임하였다.

② 국민 대표 회의에서 개조파로 활동하였다.

③ 하와이에서 대조선 국민군단을 창설하였다.

④ 하바로프스크에서 한인 사회당을 결성하였다.

15 (가) 지역에 대한 탐구 주제로 옳은 것은?

- USER: ☐(가)☐ 지역의 명칭 유래와 주요 유적들을 간략하게 설명해줘

- AI:

1. ☐(가)☐ 지역의 명칭 유래는 다음과 같습니다.
☐(가)☐ 라는 이름은 "여러 강을 끼고 있는 아랫고을"이라는 뜻에서 유래되었으며, 고구려에 속해있을 때에는 '혈구(穴口)'라 하였으며 통일 신라 시대에는 '해구(海口)'라 하였습니다.

2. 다음은 ☐(가)☐ 지역의 주요 유적들입니다.
▶ 부근리 지석묘: 청동기 시대 화강암으로 된 북방식 고인돌 유적
▶ 광성보: 어재연 장군이 미군의 침입에 맞서 항전한 성보
▶ 외규장각: 조선 시대 왕립 도서관인 규장각의 부속 도서관

	〈탐구 주제〉
①	임진왜란 때 벌어진 탄금대 전투에 대해 알아보기
②	병자호란 때 청나라군에 맞서 싸운 김상용에 대해 알아보기
③	삼별초가 몽골에 대항하기 위해 쌓은 용장성에 대해 알아보기
④	동학 농민 운동 당시 정부와 농민군이 화약을 체결한 곳 알아보기

16 다음 교서를 내린 왕의 재위 시기의 사실로 옳은 것은?

"공이 있는 사람에게 상을 내리는 것은 옛 성인의 아름다운 규범이요, 죄가 있는 사람을 처벌하는 것은 선왕의 훌륭한 법이다. …… 어찌 상중(喪中)에 도성에서 반란이 일어날 줄 생각이나 하였겠는가! 역적의 우두머리 흠돌·흥원·진공 등은 벼슬이 재능으로 오른 것이 아니요, 실로 은혜로운 특전으로 관직에 오른 것이다."

① 완도에 청해진을 설치하였다.

② 9주 5소경의 지방 제도를 완비하였다.

③ 화랑도를 국가적인 조직으로 개편하였다.

④ 국가 재정을 관리하는 품주를 설치하였다.

17 (가) 제도에 대한 설명으로 옳지 않은 것은?

> 현물로 바칠 꿀 한 말의 값은 목면 3필이지만, 방납 모리배들은 4필을 걷고 있습니다. ▢(가)▢을(를) 시행하면 대호(大戶)가 원망하고, 시행하지 않으면 소민(小民)이 원망한다는데, 소민(小民)의 원망이 더 큽니다.

① 전국적으로 실시되는 데 100여 년의 시간이 걸렸다.

② 재정 감소분을 결작, 선무군관포 등으로 보충하였다.

③ 쌀 대신 삼베나 무명, 동전 등으로 납부할 수 있었다.

④ 운영 과정에서 상납미는 증가하고 유치미는 감소하였다.

18 다음 글을 쓴 인물에 대한 설명으로 옳은 것은?

> 역사의 줄기와 가지가 뻗어가는 과정에서 거의 없다고 여기던 '얼'이 번쩍이면서 다시 빛을 발하는 것을 보고, …… 그러한 자취들을 통하여 조선의 '얼'이 모습을 드러내고, 모습을 드러낸 그 '얼'을 통해 천추만대로 이어지는 큰 중추가 또렷이 모습을 드러내게 된 것이다.

① 『대미 관계 50년사』를 저술하였다.

② 을지문덕, 이순신 등 영웅들의 전기를 저술하였다.

③ 광개토 대왕릉비에 대한 새로운 해석 방법을 제시하였다.

④ 『조선 민족의 진로』에서 연합성 신민주주의를 제창하였다.

19 다음 주장을 펼친 정치 세력에 대한 설명으로 옳지 않은 것은?

> 대개 서양의 학문은 천리(天理)를 어지럽히고 기강을 소멸시킴이 심함은 다시 말할 필요도 없습니다. 서양의 물건은 태반이 음탕하고 욕심을 유도하며, 윤리와 강상을 깨뜨리고 사람의 정신을 어지럽히며, 천지에 거역하는 것들입니다. 서양의 학문과 물건은 귀로 들으면 창자가 뒤틀리고 …….

① 흥선 대원군의 대외 정책을 지지하였다.

② 항일 의병 운동의 의병장으로 활약하였다.

③ 메이지유신을 개혁 모델로 본받고자 하였다.

④ 이만손을 중심으로 집단 상소 운동을 전개하였다.

20 조선 시대의 과거 제도에 대한 설명으로 옳은 것을 모두 고른 것은?

> ㉠ 무과는 초시 – 복시 – 전시 순으로 치러졌다.
> ㉡ 잡과는 해당 기술 관청의 필요에 따라 수시로 시행되었다.
> ㉢ 소과의 2차 시험인 복시의 합격자 수는 각 도의 인구 비율로 배분되었다.
> ㉣ 문과는 예조에서 주관하였고, 정기 시험은 3년마다 실시되는 것이 원칙이었다.

① ㉠, ㉡   ② ㉠, ㉣

③ ㉡, ㉢   ④ ㉢, ㉣

정답·해설 _약점 보완 해설집 p.38

모바일 자동 채점 + 성적 분석 서비스 바로 가기
QR코드를 이용해 모바일로 간편하게 채점하고 나의 실력이 어느 정도인지, 취약 부분이 어디인지 바로 파악해 보세요!

10회 핵심 키워드 마무리 체크

☑ 빈칸에 들어갈 알맞은 키워드를 골라 채워보세요.

정제두	위정척사파	최한기	훈련도감
임오군란	신문왕	미천왕	기기창
저화	박용만	보빙사	철기 시대
문일평	장수왕	대동법	안재홍

선사~조선 후기

01 _____에는 부뚜막이 등장하였으며 지상 가옥에서 거주하였다.

02 고구려 _____은 서안평을 공격하여 영토를 확장하였다.

03 고구려 _____은 국내성에서 평양성으로 도읍을 옮겼다.

04 _____ 때 9주 5소경의 지방 제도를 완비하였다.

05 고려 말에 은이 부족한 상황에서 ____가 발행되었다.

06 _____는 왕수인의 친민설을 지지하였으며, 강화학파를 형성하였다.

07 _____는 우주의 현상과 지리, 문화 현상들에 대해 설명한 『지구전요』를 편찬하였다.

08 _____은 전국적으로 실시되는 데 100여 년의 시간이 걸렸다.

09 _____은 장기간 근무를 하고 일정한 급료를 받는 상비군이었다.

근대~현대

10 _____는 흥선 대원군의 대외 정책을 지지하였다.

11 영선사는 귀국 후 _____의 설립에 기여하였다.

12 _____에는 쌀값 폭등 등으로 생계의 위협을 받던 서울의 하층민들이 참여하였다.

13 _____는 조선에서 최초로 서양 국가에 파견한 사절단이다.

14 _____은 『대미 관계 50년사』를 저술하였다.

15 _____은 하와이에서 대조선 국민군단을 창설하였다.

16 _____은 미 군정에서 민정 장관을 역임하였다.

정답 | 01 철기 시대 02 미천왕 03 장수왕 04 신문왕 05 저화 06 정제두 07 최한기 08 대동법 09 훈련도감 10 위정척사파 11 기기창 12 임오군란 13 보빙사 14 문일평 15 박용만 16 안재홍

11회 실전동형모의고사

제한시간 : 15분 시작 　시　 분 ~ 종료 　시　 분 점수 확인 　개/ 20개

01 밑줄 친 '이 나라'에 대한 설명으로 옳은 것은?

이 나라에서 10월에 지내는 제천행사는 국중 대회로 이름하여 '동맹'이라 한다. 그들의 공식 모임에서는 모두 비단에 수놓은 의복을 입고 금과 은으로 장식한다. 대가와 주부(注簿)는 머리에 책(幘)을 쓰는데, 중국의 책(幘)과 흡사하지만 뒤로 늘어뜨리는 부분이 없다.

① 씨족 사회의 전통인 족외혼을 엄격하게 지켰다.
② 대가(大加)들이 저마다 행정 구역인 사출도를 다스렸다.
③ 왕 아래 고추가, 상가 등이 사자, 조의, 선인 등을 거느렸다.
④ 바닥이 철(凸)자 또는 여(呂)자 모양의 가옥에서 거주하였다.

02 밑줄 친 '임금' 재위 시기의 사실로 옳은 것은?

양 고조(高祖)가 조서를 보내 임금을 책봉하여 말하였다. "바다 밖에서 번방을 지키며 멀리 와서 조공을 바치고, 그 정성이 지극함에 이르니 짐은 이를 가상히 여긴다. 마땅히 옛 법에 따라 이 영예로운 책명을 수여하여 사지절도독 백제제군사 영동대장군으로 삼는다."

① 수도를 사비로 옮기고 국호를 남부여로 고쳤다.
② 북위에 고구려를 공격할 것을 요청하는 사신을 보냈다.
③ 22담로를 두고 왕족을 파견하여 지방 통제를 강화하였다.
④ 동진에서 온 인도 승려 마라난타를 통해 불교를 받아들였다.

03 밑줄 친 '이 지역'에 대한 사실로 옳은 것은?

이 지역은 본래 고려의 용만현(龍灣縣)인데, 화의(和義)라고도 불렀다. 처음에는 거란이 압록강 동쪽 기슭에 성을 두고 보주(保州)라고 일컬었고, 문종 때에 거란이 또 궁구문(弓口門)을 설치하고 포주(抱州)라고 일컬었다.

① 정묘호란 때 인조가 피난한 곳이다.
② 강동 6주 가운데 흥화진이 있던 곳이다.
③ 고구려 멸망 이후 보덕국이 세워진 곳이다.
④ 방호별감인 김윤후가 몽골군에게 항쟁하던 곳이다.

04 다음 조약에 대한 설명으로 옳은 것은?

제1조 한 · 일 양국 사이에 항구적이고 변함없는 친교를 유지하고 동양 평화를 확립하기 위하여 대한 제국 정부는 대일본 제국 정부를 확고하게 믿고 시정 개선에 관한 충고를 받아들인다.
제4조 대일본 제국 정부는 전항의 목적을 성취하기 위하여 군사 전략상 필요한 지점을 상황에 따라 차지하여 이용할 수 있다.

① 민영환, 조병세 등이 자결로써 항거하였다.
② 조선 총독부를 설치한다는 조항이 포함되어 있다.
③ 비밀 각서에서 일본인 차관 임명 등을 규정하였다.
④ 일본이 대한 제국의 국외 중립 선언을 무시하고 강제로 체결하였다.

05 밑줄 친 '그'에 대한 설명으로 옳은 것을 모두 고른 것은?

그가 모든 재상들과 정료위를 공격할 것인지 또는 화친할 것인지를 논의하자, 모든 재상들이 화친을 요청하자고 하였다. …… 그가 모든 관리를 모아 철령 이북의 땅을 떼어 주는 여부를 논의하자 관리들이 모두 반대하였다. 우왕은 그와 비밀리에 요동을 공격할 것을 의논하였고, 그는 이를 권하였다.

⊙ 홍산에서 왜구를 격퇴하였다.
ⓒ 화통도감의 설치를 건의하였다.
ⓒ 흥왕사의 변을 진압하였다.
ⓐ 압록강의 위화도에서 회군하여 정권을 장악하였다.

① ⊙, ⓒ
② ⊙, ⓐ
③ ⓒ, ⓒ
④ ⓒ, ⓐ

06 밑줄 친 '나'가 재위하던 시기의 사실로 옳은 것은?

나는 덕이 부족하여 위로는 천명을 두려워하지 못하고 아래로는 민심에 답하지 못하였으므로, 밤낮으로 잊지 못하고 근심하며 두렵게 여기면서 혹시라도 선대왕께서 물려주신 소중한 유업이 잘못되지 않을까 걱정하였다. 그런데 지난번 가산의 토적이 변란을 일으켜 청천강 이북의 수 많은 생령이 도탄에 빠지고 어육(魚肉)이 되었으니 나의 죄이다.

① 신해통공을 반포하였다.
② 삼정이정청을 설치하였다.
③ 대동법을 처음으로 실시하였다.
④ 황사영 백서 사건이 발생하였다.

07 다음 결의문을 발표한 단체에 대한 설명으로 옳은 것은?

오인은 대한 독립광복을 위해 오인의 생명을 희생에 이바지함은 물론 오인이 일생의 목적을 달성치 못할 시에는 자자손손이 계승하여 수적(讐敵) 일본을 온전히 구축하고 국권을 광복하기까지 절대불변하고 일심육력(一心戮力)할 것을 천지신명에게 맹서하여 고함

① 3·1 운동 이후 북로 군정서로 개편되었다.
② 행형부를 두어 일본인 관리와 친일파를 처단하였다.
③ 의병 운동을 계승한 비밀 결사로, 복벽주의를 표방하였다.
④ 사도하자 전투, 동경성 전투에서 일본군을 크게 격파하였다.

08 ⊙ 제도에 대한 설명으로 옳은 것은?

호조 판서 안순이 아뢰기를, "일찍이 ⎯⊙⎯ 의 편의 여부를 가지고 경상도의 수령과 인민들에게 묻사온즉, 좋다는 자가 많고, 좋지 않다는 자가 적었사오며, 함길·평안·황해·강원 등 각 도에서는 모두들 불가하다고 한 바 있습니다." 하였다. 임금이 말하기를, "백성들이 좋지 않다면 이를 행할 수 없다. 그러나 농작물의 잘되고 못된 것을 답사 고험(考驗)할 때에 각기 제 주장을 고집하여 공정성을 잃은 것이 자못 많았고, 또 간사한 아전들이 잔꾀를 써서 부유한 자를 편리하게 하고 빈한한 자를 괴롭히고 있어, 내 심히 우려하고 있노라. 각 도의 보고가 모두 도착해 오거든 그 ⎯⊙⎯ 의 편의 여부와 답사해서 폐해를 구제하는 등의 일들을 백관으로 하여금 숙의(熟議)하여 아뢰도록 하라."하였다.

① 전세율을 1결당 4~6두로 고정시켰다.
② 수조율은 공전·사전을 막론하고 1결당 30두로 정하였다.
③ 토지의 비옥도에 따라 3등급으로 나누어 조세를 차등 징수하였다.
④ 풍흉에 따라 20~4두까지 9등급으로 나누어 조세를 부과하였다.

09 (가)~(라)를 발생한 순서대로 바르게 나열한 것은?

> (가) 왜적이 총출동하여 추격하기에 한산 앞바다로 끌어냈다. 아군이 학익진을 펼쳐 …… 쳐부수니 왜적이 사기가 꺾이어 퇴각하였다.
>
> (나) 권율은 정병 4천 명을 뽑아 양천에서 강을 건너 행주산 위에 진을 치고 목책을 설치하여 방비를 하였다. …… 호남의 씩씩한 군사들은 모두 활을 잘 쏘아 쏘는대로 적중시켰다. …… 적이 결국 패하여 후퇴하였다.
>
> (다) 노량에 도착하니 많은 왜적이 이르렀다. 불의에 진격하여 한참 혈전을 하던 중 이순신이 몸소 왜적에게 활을 쏘다가 왜적의 탄환에 가슴을 맞아 배 위에 쓰러졌다.
>
> (라) 부산 첨사 정발은 마침 절영도에서 사냥을 하다가, 조공하러 오는 왜라 여기고 대비하지 않았는데 미처 진(鎭)에 돌아오기도 전에 적이 이미 성에 올랐다. 이튿날 동래부가 함락되고 부사 송상현이 죽었다.

① (가) – (나) – (다) – (라)
② (라) – (가) – (나) – (다)
③ (가) – (나) – (라) – (다)
④ (라) – (나) – (가) – (다)

11 우리나라의 의서에 대한 설명으로 옳은 것을 모두 고른 것은?

> ㉠ 『향약구급방』 – 현존하는 우리나라에서 가장 오래된 의서이다.
> ㉡ 『의방유취』 – 정약용이 홍역에 관한 의서를 종합하여 편찬하였다.
> ㉢ 『동의보감』 – 우리나라뿐만 아니라 중국과 일본에서도 간행되었다.
> ㉣ 『침구경험방』 – 이제마가 사상 의학에 관한 이론과 치료법을 수록하였다.

① ㉠, ㉡
② ㉠, ㉢
③ ㉡, ㉣
④ ㉢, ㉣

10 (가) 종교에 대한 사실로 옳은 것은?

> 제2대 교주인 최시형이 순교한 뒤, 제3대 교주가 된 손병희는 교정 일치(敎政一致)를 강조하면서 조직의 재정비와 여러 가지 개혁을 시도하였다. 그러나 이용구 등 교도들의 일부가 점차 친일화되자, 손병희는 교정 분리(敎政分離)의 원칙을 내걸고 1905년 교명을 [(가)] (으)로 개칭하였다.

① 조선 불교 유신론을 발표하였다.
② 북간도에서 중광단을 결성하였다.
③ 만세보를 발행하여 민중 계몽에 힘썼다.
④ 경향신문을 발간하여 애국 계몽 운동을 전개하였다.

12 다음 민족 운동에 대한 설명으로 옳은 것은?

> 이날은 순종 황제의 인산일이었다. 그의 가는 길에 한줄기 눈물이라도 뿌리려고 각처에서 군중들이 모여들었다. …… 망국 최후 주권자의 마지막 길을 조상(弔喪)하는 것이다. 자주 독립의 새 나라를 세우려는 사람들의 갈망이 대한 독립 만세의 외침으로 분출되었다.

① 사회주의 세력과 학생들이 준비하였다.
② 조선 청년 총동맹이 결성되는 계기가 되었다.
③ 광주 지역의 독서회가 중심이 되어 일어났다.
④ 3·1 운동 이후 최대 규모의 항일 학생 운동이었다.

13 (나) 시기에 들어갈 사실로 적절한 것은?

> (가) 스트러블 해군 제독의 지휘 아래 8개국 261척의 함정 등 대규모 선단이 인천 앞바다에 집결하였다. 새벽 5시부터 상륙 부대가 배 20척에 나누어 타고 인천 상륙을 감행하였다.
> (나) _____
> (다) 중공군의 이른바 신정 공세로 인해 국군과 유엔군은 평택 - 삼척선으로 후퇴하여 그곳에 새로운 방어선을 구축하였다.

① 제네바 회담이 개최되었다.

② 이승만 정부가 반공 포로를 석방하였다.

③ 한·미 상호 방위 원조 협정이 체결되었다.

④ 대규모 해상 작전인 흥남 철수가 이루어졌다.

14 다음 제도가 시행된 시기의 농업 변화에 대한 설명으로 옳지 않은 것은?

> 평시서로 하여금 20~30년 사이에 새로 벌인 영세한 가게 이름을 조사해 내어 모조리 혁파하도록 하고, 형조와 한성부에 분부하여 육의전 이외에 난전이라 하여 잡아오는 자들에게는 벌을 베풀지 말도록 할 뿐만이 아니라 반좌법(反坐法)을 적용하면, 장사하는 사람들은 서로 매매하는 이익이 있을 것이고 백성도 곤궁한 걱정이 없을 것입니다.

① 밭농사에서 보리 등을 고랑에 심는 방식이 확산되었다.

② 쌀의 수요가 늘면서 밭을 논으로 바꾸는 현상이 활발해졌다.

③ 양반 지주들이 노비나 머슴을 고용하여 직접 농지를 경영하였다.

④ 이앙법을 통해 농업 생산력이 증가하면서 농민 간의 빈부 격차가 줄었다.

15 밑줄 친 '그'의 활동으로 옳은 것은?

> 그는 1907년에 양기탁 등과 함께 비밀 결사로 신민회를 조직하였다. 1910년에는 1만여 석의 재산과 가옥을 처분하여 독립운동 자금을 마련한 후 6형제 50여 명의 가족과 함께 만주로 망명하였다. 그는 만주에서 독립운동과 이주 동포들의 정착을 위해 경학사를 세웠다.

① 권업회를 조직하였다.

② 독립신문을 창간하였다.

③ 헤이그 특사로 파견되었다.

④ 신흥 강습소를 설립하였다.

16 밑줄 친 '나'에 대한 설명으로 옳은 것은?

> 나는 옛날 공의 문하에 있었고 공은 지금 우리 수선사에 들어왔으니, 공은 불교의 유생이요, 나는 유교의 불자입니다. 서로 손님과 주인이 되고 스승과 제자가 됨은 옛날부터 그리하였고 지금 처음 있는 일은 아닙니다.

① 북악파를 중심으로 남악파를 통합하여 화엄 교단을 정리하였다.

② 9산 선문의 통합을 주장하고, 원으로부터 임제종을 도입하였다.

③ 유·불 일치설을 주장하여 성리학이 수용되는 토대를 마련하였다.

④ 중국에 건너가 천태학 부흥에 기여하고 『천태사교의』를 저술하였다.

17 다음 정책이 실시된 시기에 볼 수 있는 모습으로 옳은 것은?

조선인 호주(법정 대리인이 있을 경우에는 법정 대리인)는 본령 시행 후 6개월 이내에 새로 씨(氏)를 설정하여 부윤 또는 읍·면장에게 신고함을 요한다. …… 신고를 하지 않았을 때는 호주의 성을 씨(氏)로 삼는다.

① 토지 조사령을 공포하는 관리

② 조선 산직 장려계에서 활동하는 교사

③ 동양 척식 주식회사 창립식에 참석하는 기자

④ 육군 특별 지원병령에 따라 지원병으로 선발되는 청년

18 (가) 인물에 대한 설명으로 옳지 않은 것은?

　(가)　이/가 고구려에 들어가 60일이 지나도록 돌아오지 않으니 김유신은 국내의 날랜 병사 3,000명을 뽑아 그들에게 말하기를, "내가 들으니 위태로움을 보면 목숨을 바치며, 어려움이 닥치면 자기 자신을 잊는 것이 열사(烈士)의 뜻이라 한다. …… 지금 나라의 어진 재상이 다른 나라에 억류되어 있으니 두렵다 하여 어려움을 당해 내지 않겠는가?"라고 하였다. …… 고구려 왕은 앞서　(가)　이/가 맹세하는 말을 들었고 또 첩자의 이야기를 듣고서 감히 다시 붙잡아 둘 수가 없어 후하게 예우하여 돌려보냈다.

① 중국식 묘호가 사용되었다.

② 진골 출신으로는 최초로 왕위에 올랐다.

③ 당과 연합하여 고구려의 평양성을 함락시켰다.

④ 집사부의 설치를 건의하고 친당 외교를 주도하였다.

19 다음 자료와 관련된 사건에 대한 설명으로 옳은 것은?

○ 강조가 병사들을 이끌고 통주성 남쪽으로 나가 군사들을 세 부대로 나누어 강을 사이에 두고 진을 쳤다. 한 부대는 통주의 서쪽에 진영을 만들어 삼수채(三水砦)에 주둔하였고, 강조가 그 가운데에 자리를 잡았다.

○ 양규가 흥화진으로부터 병사 700여 인을 거느리고 통주에 이르러 병사 1,000인을 수습하였다.

① 서희의 외교 교섭으로 거란군이 회군하였다.

② 고려 왕의 입조를 조건으로 강화가 체결되었다.

③ 고려 정부가 강화도로 천도하는 계기가 되었다.

④ 사건 발생 직후부터 천리장성이 축조되기 시작하였다.

20 다음 선언문을 발표한 정부에 대한 사실로 옳은 것은?

제1조 남과 북은 6·15 공동 선언을 고수하고 적극 구현해 나간다.
제2조 남과 북은 사상과 제도의 차이를 초월하여 남북 관계를 상호 존중과 신뢰 관계로 확고히 전환시켜 나가기로 하였다.
제4조 남과 북은 군사적 적대 관계를 종식시키고 한반도에서 긴장 완화와 평화를 보장하기 위해 긴밀히 협력하기로 하였다.

① 여성부를 신설하였다.

② 한·미 FTA를 체결하였다.

③ 남녀 고용 평등법이 제정되었다.

④ 야당에 의한 평화적 정권 교체가 처음으로 이루어졌다.

정답·해설 _약점 보완 해설집 p.42

모바일 자동 채점 + 성적 분석 서비스 바로 가기
QR코드를 이용해 모바일로 간편하게 채점하고 나의 실력이 어느 정도인지, 취약 부분이 어디인지 바로 파악해 보세요!

11회 핵심 키워드 마무리 체크

☑ 빈칸에 들어갈 알맞은 키워드를 골라 채워보세요.

22담로	제관	독립 의군부	한·일 의정서
혜심	사출도	6·10 만세 운동	한국 독립군
천도교	대한 광복회	이성계	남부여
마라난타	균여	광주 학생 항일 운동	김대중

선사~조선 후기

01 부여는 대가(大加)들이 저마다 행정 구역인 _____를 다스렸다.

02 백제 침류왕 때 동진에서 온 인도 승려 _____를 통해 불교를 받아들였다.

03 백제 무령왕 때 _____를 두고 왕족을 파견하여 지방 통제를 강화하였다.

04 백제 성왕 때 수도를 사비로 옮기고 국호를 _____로 고쳤다.

05 _____는 압록강의 위화도에서 회군하여 정권을 장악하였다.

06 ____는 북악파를 중심으로 남악파를 통합하여 화엄 교단을 정리하였다.

07 ____은 중국에 건너가 천태학 부흥에 기여하고, 『천태사교의』를 저술하였다.

08 ____은 유·불 일치설을 주장하여 성리학이 수용되는 토대를 마련하였다.

근대~현대

09 _____는 일본이 대한 제국의 국외 중립 선언을 무시하고 강제로 체결하였다.

10 _____는 만세보를 발행하여 민중 계몽에 힘썼다.

11 _____는 의병 운동을 계승한 비밀 결사로, 복벽주의를 표방하였다.

12 _____는 행형부를 두어 일본인 관리와 친일파를 처단하였다.

13 _____은 사회주의 세력과 학생들이 준비하였다.

14 _____은 3·1 운동 이후 최대 규모의 항일 학생 운동이었다.

15 _____은 사도하자 전투, 동경성 전투에서 일본군을 크게 격파하였다.

16 _____ 정부는 여성부를 신설하였다.

정답 | 01 사출도 02 마라난타 03 22담로 04 남부여 05 이성계 06 균여 07 제관 08 혜심 09 한·일 의정서 10 천도교 11 독립 의군부 12 대한 광복회 13 6·10 만세 운동 14 광주 학생 항일 운동 15 한국 독립군 16 김대중

12회 실전동형모의고사

제한시간 : 15분 **시작** 시 분 ~ **종료** 시 분 **점수 확인** 개/ 20개

01 밑줄 친 '이 나라'의 사회 모습으로 옳은 것을 모두 고른 것은?

> 좌장군이 양군(兩軍)을 합쳐서 즉시 '이 나라'를 공격하였다. 조선상 노인, 상 한음, 니계상 참, 장군 왕겹이 함께 모의하여 말하였다.

> ㉠ 재산의 사유화가 이루어졌다.
> ㉡ 가부장적 사회의 특성이 있었다.
> ㉢ 계급 분화가 이루어지지 못하였다.
> ㉣ 죄를 지은 사람은 가족까지 처벌받았다.

① ㉠, ㉡   ② ㉠, ㉢
③ ㉡, ㉣   ④ ㉢, ㉣

02 밑줄 친 '그 나라'의 문화재로 바르게 묶인 것은?

> <u>그 나라</u>에는 여덟 씨족의 대성이 있는데 사씨, 연씨, 협씨, 해씨, 진씨, 국씨, 목씨, 백씨이다. 나라의 서남쪽에 사람이 살고 있는 섬이 15군데 있다.

① 사택지적비, 임신서기석
② 백률사 석당, 상원사 동종
③ 칠지도, 창왕명 석조 사리감
④ 천마도, 금동 연가 7년명 여래 입상

03 『조선왕조실록』에 대한 설명으로 옳은 것을 모두 고른 것은?

> ㉠ 1997년에 유네스코 세계 기록유산으로 등재되었다.
> ㉡ 태조부터 철종 때까지의 역사를 기전체로 기록하였다.
> ㉢ 「사초」와 관청의 『등록』을 바탕으로 편찬되었다.
> ㉣ 국정 운영에 참고하기 위해 국왕은 자유롭게 열람할 수 있었다.

① ㉠, ㉡   ② ㉠, ㉢
③ ㉡, ㉣   ④ ㉢, ㉣

04 밑줄 친 '왕'의 재위 시기의 사실로 옳은 것은?

> 소지 마립간 15년 백제의 <u>왕</u>이 사신을 보내 혼인을 청하자, 이벌찬 비지의 딸을 보냈다. …… 17년 8월에 고구려가 백제 치양성을 포위하여 백제가 구원을 청하자 덕지에게 명하여 군사를 이끌고 가서 구원하게 하니, 고구려 군대가 무너져 달아났다.

① 익산에 미륵사를 창건하였다.
② 동진과 국교를 맺고 요서 지방에 진출하였다.
③ 한강 유역을 장악하고 한 군현과 대립하였다.
④ 탐라국을 복속하고 중국의 남제와 수교하였다.

05 밑줄 친 '왕'의 업적으로 옳은 것은?

의정부에서 왕에게 상소하기를, "서울과 외방의 고할 데 없는 백성이 억울한 일을 소재지의 관청에 고하여도, 소재지의 관청에서 이를 다스려 주지 않는 자는 나와서 등문고를 치도록 허락하고, 등문고를 친 일은 사헌부로 하여금 추궁해 밝혀서 아뢰어 처결하여 원억한 것을 펴게 하고, 그 중에 사(私)를 끼고 원망을 품어서 감히 무고를 행하는 자는 반좌율(反坐律)을 적용하여 참소하고 간사한 것을 막으소서."하여, 그대로 따르고, 등문고를 고쳐 신문고라 하였다.

① 경연과 집현전을 폐지하였다.
② 주자소에서 갑인자를 주조하였다.
③ 사섬서를 설치하여 저화를 발행하였다.
④ 『수성윤음』을 반포하여 수도 방어 체계를 강화하였다.

06 (가) 국가의 군사 제도에 대한 설명으로 옳은 것은?

벽란정은 예성항의 연안 옆에 있으며, ▢(가)▢ 의 왕성에서 30리 떨어져 있다. 사신이 연안에 닿으면 군사들이 호위하는 가운데에 조서를 맞아 인도하여 벽란정에 들어간다. 벽란정은 두 채로 되어 있는데 그로부터 왕성으로 통하는 길이 있다. …… 왕성의 백성들은 대개 해가 떠있는 동안에 모여 자신들이 가지고 있는 것을 교역하는데 저포(紵布)나 은병으로 값을 계산하였다.

① 잡색군을 설치하여 유사시에 동원하였다.
② 왕의 친위 부대로 금오위와 감문위를 두었다.
③ 군사 행정 구역인 양계를 설치하고 주현군을 배치하였다.
④ 직업 군인인 경군에게 군인전을 지급하고 그 역을 자손에게 세습시켰다.

07 밑줄 친 '그'에 대한 설명으로 옳은 것은?

그가 다음과 같은 글을 올렸다. "제가 살펴보니 태조께서 나라를 세우고 왕통을 물려주신 것은 곧 개조(開祖)의 공이요, 여러 임금들이 왕위를 물려받아 위업을 계승한 것은 뒤 임금들의 덕입니다. …… 이제 5대 조정에서 정치와 교화가 잘되었거나 잘못된 사적을 기록하여 본받을 만하고 경계할 만한 것을 조목별로 아뢰겠습니다.

① 묘청의 난을 진압하였다.
② 민간 구전들을 모아 『역옹패설』을 저술하였다.
③ 왕에게 지방관 파견, 향리제 정비 등을 건의하였다.
④ 중국과의 자유로운 사무역을 장려할 것을 주장하였다.

08 다음 글을 쓴 인물에 대한 설명으로 옳은 것은?

오늘날에 시세를 헤아리지 않고 경솔히 오랑캐와 관계를 끊다가 원수는 갚지 못하고 패배에 먼저 이르게 된다면, 또한 선왕께서 수치를 참으시고 몸을 굽혀 종사를 연장한 본의가 아닙니다. 삼가 원하건대 전하께서는 마음을 굳게 정하시기를 '이 오랑캐는 임금과 아버지의 큰 원수이니, 맹세코 차마 한 하늘 밑에 살 수 없다.'고 하시어 원한을 축적하십시오.

① 『색경』을 편찬하였다.
② 노론의 영수로 대의명분을 중시하였다.
③ 유교 경전에 대해 독자적인 해석을 시도하였다.
④ 호락 논쟁에 참여하여 인간과 사물의 본성이 다르다고 주장하였다.

09 (가)~(라)의 시기에 있었던 사실로 옳은 것은?

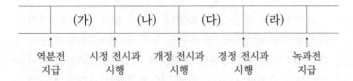

	(가)		(나)		(다)		(라)	
↑		↑		↑		↑		↑
역분전 지급		시정 전시과 시행		개정 전시과 시행		경정 전시과 시행		녹과전 지급

① (가) – 2성 6부제를 중심으로 하는 중앙 관제를 마련하였다.

② (나) – 이자겸의 난이 진압된 후 15개조의 유신령이 발표되었다.

③ (다) – 전주에서 주현군과 관노들이 합세하여 난을 일으켰다.

④ (라) – 『상정고금예문』이 금속 활자로 인쇄되었다.

10 밑줄 친 '왕' 재위 시기의 사실로 옳은 것은?

왕 10년 도적이 서남쪽에서 일어나 붉은 바지를 입고 특이하게 굴어 사람들이 적고적이라 불렀다. 그들이 주현을 무찌르고 서울 서부 모량리까지 와서 민가를 약탈하여 갔다.

① 황룡사를 창건하였다.

② '태화'라는 연호를 사용하였다.

③ 원종과 애노가 반란을 일으켰다.

④ 고구려 출신의 승려인 혜량을 승통으로 삼았다.

11 다음 상소문을 올린 인물에 대한 설명으로 옳은 것은?

일단 강화를 맺고 나면 적들이 욕심 내는 것은 물화(物貨)를 교역하는 데에 있습니다. 저들의 물화는 대부분 지나치게 사치스럽고 기이한 노리개로, 손으로 만든 것이어서 한정이 없습니다. 반면 우리의 물화는 대부분 백성의 생명이 달린 것으로 땅에서 생산되어 한정이 있습니다. …… 저들이 비록 왜인이라고 하나 실은 양적(洋賊)입니다. 강화가 한 번 이루어지면 사학(邪學)의 서책과 천주(天主)의 초상이 교역하는 속에 뒤섞여 들어오게 되고, 조금 지나면 선교사가 전수하여 사학이 온 나라에 퍼지게 될 것입니다.

① '시일야방성대곡'을 황성신문에 발표하였다.

② 평양 군민과 함께 제너럴셔먼호를 불태웠다.

③ 흥선 대원군의 정책에 반대하며 고종의 친정을 주장하였다.

④ 일제의 조선 침략 과정을 폭로한 『한국통사』를 저술하였다.

12 다음 사실들을 발생한 순서대로 바르게 나열한 것은?

㉠ 최익현과 임병찬이 태인, 순창 등에서 활약하였다.

㉡ 허위가 이끄는 선봉대가 동대문 밖 근처까지 진격하였다.

㉢ 일본이 호남 지역 의병들에 대해 남한 대토벌 작전을 전개하였다.

㉣ 1만여 명의 의병이 양주에 집결하여 13도 창의군을 결성하였다.

① ㉠ – ㉡ – ㉣ – ㉢

② ㉠ – ㉣ – ㉡ – ㉢

③ ㉣ – ㉠ – ㉢ – ㉡

④ ㉣ – ㉡ – ㉠ – ㉢

13 밑줄 친 '나라'에 대한 설명으로 옳은 것은?

> 김유신은 경주 사람이다. 그의 12대 할아버지 수로는 어떤 사람인지 모른다. 그는 건무 18년에 구봉(龜峯)에 올라가 가락의 아홉 촌을 살펴보고, 드디어 그 땅에 가서 <u>나라</u>를 열었다. 그 자손이 대대로 이어져 9대 자손인 구해에 이르렀는데, 유신에게는 증조할아버지가 된다.

① 이 나라 출신인 우륵이 가야금을 가지고 신라로 갔다.

② 낙동강 하류를 중심으로 성장하여 해상 무역이 발달하였다.

③ 재상을 뽑을 때 정사암에 이름을 써넣은 상자를 봉해두었다.

④ 전성기 때 소백산맥을 너머 호남 동부 지역까지 세력을 확장하였다.

14 다음 사건에 대한 설명으로 옳은 것은?

> 황제가 우리 나라에서 화친을 무너뜨렸다고 하여 노해서 곧바로 정벌에 나서 동쪽으로 향하니, 감히 저항하는 자가 없었다. 그 때 우리 임금은 남한산성에 피신하여 있으면서 봄날 얼음을 밟듯이, 밤에 밝은 대낮을 기다리듯이 두려워한 지 50일이나 되었다.

① 조선과 후금이 형제의 맹약을 맺게 되었다.

② 곽재우, 김천일 등이 의병으로 참여하였다.

③ 조·명 연합군이 사르후 전투에서 패배하였다.

④ 소현 세자와 봉림 대군이 청에 인질로 잡혀갔다.

15 밑줄 친 '왕'의 재위 시기에 있었던 사실로 옳은 것은?

> 남곤은 조광조 등에게 교류를 청하였으나 허락하지 않자 유감을 품었다. 이에 조광조 등을 죽이고자 나뭇잎의 감즙을 갉아 먹는 벌레를 잡아 모으고 꿀로 나뭇잎에다 '주초위왕' 네 글자를 쓰고서 벌레를 놓아 갉아먹게 하여 자연적으로 생긴 것 같이 하였다. …… 벌레가 갉아먹은 나뭇잎을 <u>왕</u>에게 고변하여 화를 조성하였다.

① 경복궁의 이궁으로 창덕궁을 건립하였다.

② 압록강과 두만강 지역에 4군 6진을 설치하였다.

③ 우리나라 역대 문장의 정수를 모은 『동문선』을 편찬하였다.

④ 대마도주와 임신약조를 체결하여 무역의 규모를 제한하였다.

16 개항 이후 나타난 (가)~(라) 국가의 경제 침탈에 대한 설명으로 옳지 않은 것은?

> (가) 우리나라를 병탄하려 했다면 왜 고생스럽게 여러 나라와 조약을 맺도록 권해 놓고 이제 와서 그 뜻을 비로소 펼치려 하겠는가? 이 나라가 먼 나라 사람을 대하는 것은 예부터 지금까지 단지 조공을 받고 책봉을 하였을 뿐 스스로 자치하도록 하였다.
>
> (나) 이 나라는 우리나라에 대해 종종 중국을 모방하여 심하게 행동하니 …… 이번에 멀리서 몰려와 도성으로 들어가 마치 사람이 없는 것처럼 행동하였다.
>
> (다) 혹자는 "이 나라가 우리나라와 우의가 두터우니 의지하여 도움을 받을 만하다"고 하지만 그렇지 않다. 이 나라는 멀리 대양의 저편에 있으며 우리나라와 별로 깊은 관계도 없다.
>
> (라) 이 나라는 만여 리에 달하는 거칠고 추운 땅에 위치하고 있으면서 100만 명의 정예 병력으로 날마다 그 영토를 넓히는 데 여념이 없다.

① (가) – 내지 통상권을 획득하여 서울까지 상권을 확대하였다.

② (나) – 직산 광산 채굴권과 경부선 부설권을 획득하였다.

③ (다) – 두만강·압록강·울릉도 삼림 채벌권을 획득하였다.

④ (라) – 경원·종성 광산 채굴권을 획득하였다.

17 다음 글이 쓰여진 이후의 사실로 옳은 것은?

> 사고(社告)
>
> 본보는 총독부의 신문 통제 방침에 순응하여, 이번 호로 최종호를 삼고 폐간하게 되었으며, 주식회사 동아일보사는 금일 본사 회의실에서 개최된 임시 총회의 결의에 의하여 해산하게 되었습니다. 과거 20여 년 동안 본보와 본사를 위하여 한결같이 편달 애호해 주신 만천하 독자 여러분께 끝없는 감사의 뜻을 표하오며, 여러분의 끝끝내 융성하신 행복과 건강을 빌어 마지않나이다.

① 국가 총동원법을 제정하였다.

② 조선 식량 관리령을 공포하였다.

③ 조선 사상범 보호 관찰령을 제정하였다.

④ 조선어를 수의 과목으로 전환하는 교육령을 발표하였다.

18 밑줄 친 '14개 조목'의 내용으로 옳은 것은?

> 저 소자는 14개 조목의 홍범을 하늘에 계신 우리 조종의 신령 앞에 서고(誓告)하노니, 우러러 조종이 남긴 업적을 잘 이어서 감히 어기지 않을 것입니다. 밝은 신령께서는 굽어 살피소서.

① 토지는 균등히 나누어 경작하게 한다.

② 지방 제도를 개정하여 지방 관리의 직권을 제한한다.

③ 7종 천인의 대우를 개선하고 백정이 쓰는 평량갓은 없앤다.

④ 외국과의 이권에 관한 조약은 각 대신과 중추원 의장이 합동 날인하여 시행한다.

19 다음 선언문을 발표한 민주화 운동에 대한 설명으로 옳은 것은?

> 자발적 방종이 아닌 민주주의라는 것 그것은 개인의 의사를 자유로이 표시할 수 있을 뿐 아니라 집회 언론 결사의 자유가 엄연히 보장되어야 함은 물론 국민에 의해서 선출된 정부와 입법부는 국민의 의사를 존중하여 전 국민을 위한 정부가 되어야 하는 것이다. …… 몽매한 무지와 편협 그리고 집권과 데모의 제지. 학생 살해. 재집권을 위한 독단적인 개헌과 부정 선거 등은 이 나라를 말살하는 행위인 것이며 악의 오염을 더욱 증가시키는 것 이외에 그 무엇이 되겠는가?

① 계엄령 해제와 신군부의 퇴진을 요구하였다.

② 박종철 고문 치사 사건이 이 운동의 도화선이 되었다.

③ 허정을 수반으로 한 과도 정부가 출범하는 계기가 되었다.

④ 이 운동은 여당 대표의 6 · 29 민주화 선언을 이끌어냈다.

20 다음 성명서가 발표된 회의에 대한 설명으로 옳은 것은?

> 첫째, 소련이 제의한 바와 같이 우리 강토에서 외국 군대가 즉시 철거하는 것이 조선 문제를 해결하는 유리한 방법이다.
>
> 둘째, 남북 정당 사회 단체 지도자들은 우리 강토에서 외국 군대가 철퇴한 뒤에 내전이 발생할 수 없다는 것을 확인한다.
>
> 넷째, 위의 사실에 의거하여 이 성명서에 서명한 모든 정당 사회 단체들은 남조선 단독 선거의 결과를 결코 인정하지 않을 것이며 지지하지도 않을 것이다.

① 미 군정의 지원을 받고 개최하였다.

② 김구, 김규식, 김두봉 등이 참여하였다.

③ 좌 · 우 정치 세력의 합작을 위한 7원칙을 발표하였다.

④ 미 · 소 공동 위원회의 속개를 요청하는 공동 성명을 발표하였다.

정답·해설 _약점 보완 해설집 p.46

모바일 자동 채점 + 성적 분석 서비스 바로 가기
QR코드를 이용해 모바일로 간편하게 채점하고 나의 실력이 어느 정도인지, 취약 부분이 어디인지 바로 파악해 보세요!

12회 / 핵심 키워드 마무리 체크

☑ 빈칸에 들어갈 알맞은 키워드를 골라 채워보세요.

러시아	수성윤음	5 · 18 민주화 운동	군인전
정사암	장지연	동성왕	13도 창의군
남한 대토벌	금관가야	4 · 19 혁명	상정고금예문
세종	6월 민주 항쟁	중종	송시열

선사~조선 후기

01 백제는 재상을 뽑을 때 _____에 이름을 써넣은 상자를 봉해두었다.

02 백제 _____ 때 탐라국을 복속하고 중국의 남제와 수교하였다.

03 _____는 낙동강 하류를 중심으로 성장하여 해상 무역이 발달하였다.

04 고려는 직업 군인인 경군에게 _____을 지급하고 그 역을 자손에게 세습시켰다.

05 최우 집권기인 1234년에는 「_____」이 금속 활자로 인쇄되었다.

06 _____은 주자소에서 갑인자를 주조하였다.

07 _____ 때 대마도주와 임신약조를 체결하여 무역의 규모를 제한하였다.

08 영조는 「_____」을 반포하여 수도 방어 체계를 강화하였다.

09 _____은 노론의 영수로 대의명분을 중시하였다.

근대~현대

10 _____는 두만강 · 압록강 · 울릉도 삼림 채벌권을 획득하였다.

11 _____은 '시일야방성대곡'을 황성신문에 발표하였다.

12 정미의병 때 1만여 명의 의병이 양주에 집결하여 _____을 결성하였다.

13 일본이 호남 지역 의병들에 대해 _____ 작전을 전개하였다.

14 _____은 허정을 수반으로 한 과도 정부가 출범하는 계기가 되었다.

15 _____은 계엄령 해제와 신군부의 퇴진을 요구하였다.

16 _____은 여당 대표의 6 · 29 민주화 선언을 이끌어냈다.

13회 실전동형모의고사

제한시간 : 15분 **시작** 시 분 ~ **종료** 시 분 **점수 확인** 개/ 20개

01 밑줄 친 '이 나라'에 대한 설명으로 옳지 않은 것은?

> 이 나라의 풍속에 장마와 가뭄이 연이어 오곡이 익지 않을 때, 그때마다 왕에게 허물을 돌려서 '왕을 마땅히 바꾸어야 한다.'라거나 혹은 '왕은 마땅히 죽어야 한다.'라고 하였다.

① 연맹 왕국 단계에서 멸망하였다.
② 쑹화 강 유역의 평야 지대에서 성장하였다.
③ 왕 아래 가축의 이름을 딴 여러 가(加)들이 있었다.
④ 질병으로 사람이 죽으면 그 사람이 살던 집을 폐기하였다.

02 (가), (나) 사이 시기에 있었던 사실로 옳은 것은?

> (가) 위가 유주자사 관구검을 보내 1만 인을 거느리고 현도 로부터 침략해왔다. …… 관구검이 방진을 치고 결사적 으로 싸우므로 아군이 크게 패배하여 죽은 자가 1만 8 천여 인이었다. 왕이 기병 1천여 기를 거느리고 압록원 으로 달아났다.
> (나) 백제왕이 군사 3만 명을 거느리고 평양성을 공격해왔 다. 왕은 군대를 내어 막다가 화살에 맞아 죽었다.

① 북쪽으로 숙신을 정복하였다.
② 낙랑군을 축출하여 영토를 확장하였다.
③ 흥안령 일대의 초원 지대를 장악하였다.
④ 요동 지역으로 진출을 도모하고, 동옥저를 복속하였다.

03 다음 선언을 지침으로 삼은 단체에 대한 설명으로 옳은 것은?

> 조선 민족의 생존을 유지하자면 강도 일본을 쫓아낼 것 이며, 강도 일본을 쫓아내자면 오직 혁명으로써 할 뿐이니, 혁명이 아니고는 강도 일본을 쫓아낼 방법이 없는 바이다. …… 구시대의 혁명으로 말하면, 인민은 국가의 노예가 되 고 그 위에 인민을 지배하는 상전 곧 특수세력이 있어 이 른바 혁명이란 것은 특수세력의 이름을 바꾸는 것에 불과 하였다.

① 중국 관내에서 결성된 최초의 한인 무장 부대이다.
② 이 단체는 민정 조직과 군정 조직을 갖추고 있었다.
③ 이 단체의 단원인 김상옥이 종로 경찰서에 폭탄을 투척하 였다.
④ 침체된 대한민국 임시 정부에 활력을 불어넣기 위해 결성 되었다.

04 조선 시대의 법전에 대한 설명으로 옳지 않은 것은?

① 『경제육전』은 육전 상정소에서 조준 등이 편찬한 최초의 공 식 법전이다.
② 『육전조례』는 6조의 각 관서에 필요한 행정 법규와 사례를 정 리한 행정 법전이다.
③ 『경국대전』은 「이전」, 「호전」, 「예전」, 「병전」, 「형전」, 「공전」 의 6전으로 구성되었다.
④ 『대전통편』은 『경국대전』과 『속대전』 및 그 후에 제정된 법령 을 통합하여 편찬한 법전이다.

05 다음 중 삼국 시대의 문화에 대한 설명으로 옳지 않은 것은?

① 호우명 그릇이 출토된 호우총은 돌무지무덤으로 축조되었다.

② 고구려의 고분에는 철을 제련하고 수레바퀴 등을 제작하는 인물의 모습이 그려져 있다.

③ 사택지적 비문은 4 · 6 변려체로 기록되어 있어 백제의 뛰어난 한문학 수준을 알 수 있다.

④ 부여 능산리에서 발견된 금동 대향로는 신선들이 사는 이상 세계를 정교하게 표현하였다.

06 다음 합의문이 발표된 정부 시기의 사실로 옳은 것은?

> 1. 남과 북은 핵무기의 시험, 제조, 생산, 접수, 보유, 저장, 배치, 사용을 아니한다.
> 2. 남과 북은 핵 에너지를 오직 평화적 목적에만 이용한다.
> 3. 남과 북은 핵 재처리 시설과 우라늄 농축 시설을 보유하지 아니한다.

① 4 · 13 호헌 조치를 발표하였다.

② 한 · 일 기본 조약을 체결하였다.

③ 지방 자치제를 전면 시행하였다.

④ 소련, 중국과의 국교를 수립하였다.

07 (가)와 (나) 사이에 일어난 사실로 옳은 것은?

> (가) 재추가 옛 수도로 다시 천도할 것을 회의하고 날짜를 정해 게시하였다.
> (나) 관제를 고치기 시작했는데 원나라와 비슷한 것은 모조리 고쳤다. …… 상서성은 중서문하성에 통합되어 첨의부라 하였으며, 아울러 관원들을 없앴다.

① 화주에 쌍성총관부가 설치되었다.

② 군사 조직으로 만호부가 설치되었다.

③ 삼별초가 여 · 몽 연합군에 진압되었다.

④ 서적원을 설치하여 인쇄를 담당하게 하였다.

08 밑줄 친 '우리 전하'의 재위 기간에 있었던 사실로 옳지 않은 것은?

> 우리 전하께서 정음 28자를 처음으로 만들었다. …… 물건의 형상을 본떠서 글자는 고전(古篆)을 모방하였다. …… 그런 까닭으로 지혜로운 사람은 아침나절이 되기 전에 이를 이해하고, 어리석은 사람도 열흘 만에 배울 수 있게 되었다.

① 『동국병감』이 편찬되었다.

② 의정부 서사제를 실시하였다.

③ 쓰시마 도주와 계해약조를 맺었다.

④ 사형수에 대한 삼심제를 시행하였다.

09 (가) 인물에 대한 설명으로 옳은 것은?

신인이 말하기를, "지금 그대의 나라는 여자가 왕이 되어 덕은 있으나 위엄은 없소. 그러므로 이웃 나라가 침략을 꾀하는 것이니, 마땅히 속히 본국으로 돌아가시오."라고 하였다. ☐(가)☐이/가 묻기를, "귀향하면 장차 무엇이 이익이 되겠습니까?"라고 하였다. 신인이 말하였다. "황룡사의 호법룡이 내 큰아들인데, 범왕(梵王)의 명을 받아 이 절에 와서 호위하고 있으니 본국으로 돌아가 9층 탑을 절 안에 세우면 이웃 나라가 항복하고 9한(九韓)이 와서 조공하여 왕조가 길이길이 편안할 것이오."

① 화랑들의 행동 규범인 세속 5계를 지었다.

② 국왕이 도성을 정비하려 할 때 백성을 위해 이를 만류하였다.

③ 인도와 중앙아시아를 순례하고, 『왕오천축국전』을 저술하였다.

④ 대국통에 임명되어 승정 기구를 정비하고 출가자의 규범과 계율을 주관하였다.

10 (가)에 들어갈 인물에 대한 설명으로 옳은 것은?

황제가 우리나라 조정에서 표문(表文)을 보낸 것에 노하였다. 이에 ☐(가)☐은/는 표문을 지은 일에 자신도 참여하였음을 주장하며 명나라로 가기를 청하였다. …… 황제가 ☐(가)☐을/를 보고 노여움이 조금 풀렸으며, ☐(가)☐은/는 황제에게 응제시를 지어바쳤다.

① 『고려국사』를 편찬하였다.

② 성리학 입문서인 『입학도설』을 저술하였다.

③ 우리나라의 역사를 담은 『동몽선습』을 편찬하였다.

④ 『경제문감』을 저술하여 재상 중심의 정치를 주장하였다.

11 조선의 지방 제도에 대한 설명으로 옳은 것을 모두 고른 것은?

㉠ 전국을 8도로 나누고 관찰사를 파견하였다.
㉡ 각 군현에 경재소를 두어 유향소를 통제하였다.
㉢ 전국적으로 수령이 파견되지 않은 속현이 더 많았다.
㉣ 군현 밑에는 면, 리, 통을 두고 다섯 집을 1통으로 편제하였다.

① ㉠, ㉡   ② ㉠, ㉣

③ ㉡, ㉢   ④ ㉢, ㉣

12 (가)~(라) 조약을 체결된 순서대로 바르게 나열한 것은?

(가) 한국 황제 폐하는 한국 전부에 관한 일체 통치권을 완전히 또는 영구히 일본국 황제 폐하에게 양여한다.

(나) 러시아 제국 정부는 일본 제국이 한국에서 정치·군사·경제상의 이익을 갖는다는 것을 인정하고 …… 사할린 섬과 그 부속도서를 일본 제국에 할양한다.

(다) 일본은 필리핀에 대하여 하등의 침략적 의도를 품지 않으며, 미국의 필리핀 지배를 확인한다.

(라) 한국 정부는 금후 일본 정부의 중개를 거치지 않고서는 국제적 성질을 가진 어떠한 조약이나 약속을 하지 않을 것을 약속한다.

① (가) - (나) - (다) - (라)

② (가) - (다) - (라) - (나)

③ (다) - (가) - (나) - (라)

④ (다) - (나) - (라) - (가)

13 다음 글을 발표한 정부가 추진한 개혁 내용으로 옳지 않은 것은?

> 본 교정소에서 국제(國制)를 잘 상의하여 세워서 보고하여 분부를 받으라고 하였으므로 감히 여러 사람의 의견을 수집하고 공법(公法)을 참조하여 국제 1편을 정함으로써 우리나라의 정치는 어떤 정치이고 우리나라의 군권은 어떤 군권인가를 밝히려 합니다. …… 이 제도를 한 번 반포하면 온갖 법규가 쉽게 결정될 것이니, 그것을 교정하는 데 무슨 문제가 있겠습니까?

① 우체사를 설치하여 우편 사무를 재개하였다.

② 상공 학교, 광무 학교 등 실업 학교를 설립하였다.

③ 서북 철도국을 설치해 경의선 철도 부설 사업을 추진하였다.

④ 궁내부 산하에 여권 발급 업무를 관장하는 수민원을 설치하였다.

14 다음 사건과 관련있는 종교에 대한 설명으로 옳은 것은?

> 의금부에서, "죄인 남종삼은 명백한 근거도 없이, 러시아에 변란이 있을 것이고 프랑스와 조약을 맺을 계책이 있다면서 사람들을 현혹하였습니다. 감히 나라를 팔아먹고자 몰래 외적을 끌어들이려 하였으니, 그 죄는 만 번을 죽여도 모자랍니다. 죄인이 자백하였습니다."라고 아뢰었다.

① 말세의 도래와 왕조의 교체를 예언하였다.

② 모든 사람은 평등하다는 인내천 사상을 강조하였다.

③ 안정복이 『천학문답』을 저술하여 이 종교를 비판하였다.

④ 경상도에서 시작하여 충청, 전라 일대로 교세가 확장되었다.

15 (가) 인물에 대한 설명으로 옳은 것은?

> 처음에 도적을 없애고 폭행을 금지시키는 등 치안 유지를 위해 [(가)] 이/가 야별초라는 이름으로 만들었다. …… 이후 지방에 야별초를 파견하면서 점차 그 수가 늘어나 좌별초와 우별초로 나뉘었다. 여기에 몽골과의 항전에서 포로로 잡혔다 탈출한 장정들로 신의군을 조직하여 더하면서 이를 삼별초라 부르게 되었다.

① 『직지심체요절』의 간행을 주도하였다.

② 정방을 설치하여 인사권을 장악하였다.

③ 국정 총괄 기구인 교정도감을 설치하였다.

④ 스스로 국공에 올라 자신의 생일을 인수절이라 칭하였다.

16 밑줄 친 '이 나라'의 경제에 대한 설명으로 옳은 것은?

> 중국의 동쪽에 산이 많고 금이 많이 나는 나라가 있다. 이 나라의 수도에 가려면 중국 쑤저우를 출발하여 배를 타고 영암을 지나 울산항에 내리면 된다. 유리 그릇과 양탄자를 가지고 가서 팔면 많은 이익을 얻을 수 있다.

① 대도시에 다점과 주점 등 관영 상점을 두었다.

② 각 포구를 중심으로 객주와 여각이 발달하였다.

③ 류큐 및 동남아시아에서 물소뿔, 침향을 들여왔다.

④ 당나라에 어아주와 조하주 등의 고급 비단을 보냈다.

17 다음 글이 발표된 시기의 일제 식민 통치 정책으로 옳은 것은?

> 요즘 불순한 조선인 등이 안팎으로 호응하여 불온한 행동을 일으키거나 혹은 폭탄을 던지거나 혹은 암살을 행하였다. …… 한편으로는 교육 제도를 개정하여 교화 보급을 이루었고, 게다가 위생 시설의 개선을 촉진하였고, 일본인과 조선인 사이의 차별 대우를 철폐하고 동시에 조선인 유력자를 발탁하는 방법을 강구하여, 군수·학교장 등에 발탁된 자가 적지 않다.
> — 사이토 총독

① 국민학교령을 공포하였다.

② 헌병 경찰 제도를 실시하였다.

③ 조선 사상범 예방 구금령을 제정하였다.

④ 도 평의회와 부·면 협의회를 설립하였다.

18 (가) 인물이 추진한 개혁 정책으로 옳지 않은 것은?

> ⬚ (가) ⬚ 이/가 공회 석상에서 말하길 "나는 천리를 끌어다 지척을 삼겠으며 태산을 깎아 내려 평지를 만들고 또한 남대문을 3층으로 높이려 하는데, 여러 공들은 어떠시오?"라고 하였다.

① 만동묘와 폐단이 큰 서원을 철폐하였다.

② 임진왜란 때 소실된 경복궁을 중건하였다.

③ 왕권 강화를 위해 삼군부의 기능을 축소하였다.

④ 환곡제를 향촌민이 운영하는 사창제로 개편하였다.

19 밑줄 친 '그'의 업적으로 옳은 것은?

> 일찍이 그는 궁예의 명에 따라 나주를 정복하기 위해 출정하였다. 전설에 의하면 나주에 머물던 그가 샘터에서 한 여인에게 물을 청하자 그녀는 체하지 않도록 바가지에 버들잎을 띄워 건넸다. 그녀가 바로 훗날 혜종의 어머니가 되는 장화 왕후이다.

① 호장·부호장 등의 향리 직제를 마련하였다.

② 빈민을 구제하는 기구인 제위보를 설치하였다.

③ 중앙의 문·무 관리에게 문산계를 처음으로 지급하였다.

④ 『정계』, 『계백료서』 등을 지어 관리가 지켜야 할 규범을 제시하였다.

20 (가)~(다) 시기에 있었던 사실로 옳은 것은?

	(가)	(나)	(다)	
6·3 항쟁	유신 헌법 공포	3·1 민주 구국 선언	12·12 사태	

① (가) – 푸에블로호 납치 사건이 발생하였다.

② (나) – 1·21 청와대 습격 사건이 일어났다.

③ (나) – 김영삼 신민당 총재가 의원직에서 제명되었다.

④ (다) – 유신 반대 운동을 벌이던 김대중이 납치되었다.

정답·해설 _약점 보완 해설집 p.50

모바일 자동 채점 + 성적 분석 서비스 바로 가기
QR코드를 이용해 모바일로 간편하게 채점하고 나의 실력이 어느 정도인지, 취약 부분이 어디인지 바로 파악해 보세요!

13회 핵심 키워드 마무리 체크

☑ 빈칸에 들어갈 알맞은 키워드를 골라 채워보세요.

계해약조	경복궁	조선 의용대	노태우
왕오천축국전	관영 상점	정계, 계백료서	천학문답
서북 철도국	사창제	을미개혁	대전통편
한인 애국단	미천왕	태조왕	사택지적 비문

선사~조선 후기

01 고구려 _____은 요동 지역으로 진출을 도모하고, 동옥저를 복속하였다.

02 고구려 _____이 낙랑군을 축출하여 영토를 확장하였다.

03 혜초는 인도와 중앙아시아를 순례하고, 「_____」을 저술하였다.

04 _____은 4·6 변려체로 기록되어 있어 백제의 뛰어난 한문학 수준을 알 수 있다.

05 태조 왕건은 「____」, 「_____」 등을 지어 관리가 지켜야 할 규범을 제시하였다.

06 고려 시대에는 대도시에 다점과 주점 등 _____을 두었다.

07 조선 세종 때 쓰시마 도주와 _____를 맺었다.

08 「_____」은 「경국대전」과 「속대전」 및 그 후에 제정된 법령을 통합하여 편찬한 법전이다.

09 안정복이 「_____」을 저술하여 천주교를 비판하였다.

근대~현대

10 흥선 대원군은 임진왜란 때 소실된 _____을 중건하였다.

11 흥선 대원군은 환곡제를 향촌민이 운영하는 _____로 개편하였다.

12 _____ 때 우체사를 설치하여 우편 사무를 재개하였다.

13 광무개혁 때 _____을 설치해 경의선 철도 부설 사업을 추진하였다.

14 _____은 침체된 대한민국 임시 정부에 활력을 불어넣기 위해 결성되었다.

15 _____는 중국 관내에서 결성된 최초의 한인 무장 부대이다.

16 _____ 정부 시기에 소련, 중국과의 국교를 수립하였다.

정답 | 01 태조왕 02 미천왕 03 왕오천축국전 04 사택지적 비문 05 정계, 계백료서 06 관영 상점 07 계해약조 08 대전통편 09 천학문답 10 경복궁 11 사창제 12 을미개혁 13 서북 철도국 14 한인 애국단 15 조선 의용대 16 노태우

14회 실전동형모의고사

제한시간 : 15분 시작 시 분 ~ 종료 시 분 점수 확인 개/ 20개

01 밑줄 친 '왕'에 대한 설명으로 옳은 것은?

"대가야가 모반하였다. 밑줄친왕은 이사부로 하여금 그들을 토벌케 하고, 사다함으로 하여금 이사부를 돕게 하였다. …… 이사부가 군사를 인솔하고 그 곳에 도착하니, 그들이 일시에 모두 항복하였다. 공로를 평가하는데 사다함이 으뜸이었기에 왕이 좋은 밭과 포로 2백 명을 상으로 주었다."

① 김씨 왕위 계승 체제를 확립하였다.
② 당나라 황제에게 만불산을 헌상하였다.
③ 개국, 대창, 홍제라는 연호를 사용하였다.
④ 위화부를 설치하여 인사 업무를 담당케 하였다.

02 (가)의 업적으로 옳은 것을 모두 고른 것은?

우리 태조가 창업한 초기에 여러 신하 중 본래 노비를 소유하고 있던 자를 제외하고는 본래 없는 자들이 혹은 종군하다가 포로를 잡아 노비로 삼기도 하고, 혹은 재물로 노비를 사기도 하였습니다. …… (가) 때에 이르러 비로소 노비를 심사하여 그 시비를 분간케 하였습니다. 그리하여 천한 노예들이 뜻을 얻어 존귀한 사람을 능욕하고, 다투어 허위 사실을 날조하여 본주인을 모함한 자가 헤아릴 수 없습니다.

ⓐ 승과 제도를 실시하여 합격한 자에게 승계를 주었다.
ⓑ 호족을 견제하기 위해 기인 제도를 마련하였다.
ⓒ 자색, 단색, 비색, 녹색으로 백관의 공복을 제정하였다.
ⓓ 광덕, 준풍 등의 독자적인 연호를 사용하였다.

① ㉠, ㉡
② ㉢, ㉣
③ ㉠, ㉢, ㉣
④ ㉡, ㉢, ㉣

03 다음 글을 작성한 인물에 대한 설명으로 옳은 것은?

무릇 동양의 수천 년 교화계에서 바르고 순수하며 광대 정밀하여 많은 성현들이 전해주고 밝혀 준 유교가 끝내 인도의 불교와 서양의 기독교와 같이 세계에 큰 발전을 하지 못함은 어째서이며 …… 유교계에 3대 문제가 있는지라. 그 3대 문제에 대하여 개량하고 구신(求新)을 하지 않으면 우리 유교는 흥왕할 수가 없을 것이다.

① '나라는 형(形)이고 역사는 신(神)'이라고 주장하였다.
② 조선사 편수회에 들어가 『조선사』 편찬에 참여하였다.
③ 국어 문법서인 『국어 문법』과 『말의 소리』를 저술하였다.
④ 대한매일신보에 「독사신론」을 연재하여 역사학의 방향을 제시하였다.

04 조선 전기의 과학 기술에 대한 설명으로 옳은 것은?

① 세조 때 축척이 표시된 지도가 처음 제작되었다.
② 계절의 변화와 1년의 길이를 측정하기 위해 규형을 설치하였다.
③ 경복궁에 간의대를 축조하고 간의를 설치하여 천문 관측을 하였다.
④ 성종 때 소리의 높낮이와 장단을 표현할 수 있는 악보인 「정간보」가 창안되었다.

05 다음 법령에 대한 설명으로 옳지 않은 것은?

> 제 5조 정부는 다음에 의하여 농지를 취득한다.
> 2. 다음의 농지는 적당한 보상으로 정부가 매수한다.
> (가) 농가 아닌 자의 농지
> (나) 자경하지 않은 자의 토지
> (다) 본 법 규정의 한도를 초과하는 부분의 농지

① 이 법령이 실시되어 자작농이 크게 증가하였다.

② 제헌 헌법에 의거하여 특별법의 형태로 제정되었다.

③ 법령 시행 기관으로 중앙 토지 행정처가 설치되었다.

④ 농지 외에 가옥, 임야 등은 매수 대상에서 제외되었다.

06 밑줄 친 '나라'에 대한 설명으로 옳은 것은?

> 그 나라의 혼인 풍속에 여자의 나이가 열 살이 되면 서로 혼인을 약속하고, 신랑 집에서는 (그 여자를) 맞이하여 장성하도록 길러 아내로 삼는다. (여자가) 성인이 되면 다시 친정으로 돌아가게 한다. 여자의 친정에서는 돈을 요구하는데, (신랑 집에서) 돈을 지불한 후 다시 신랑 집으로 돌아온다.

① 영고라는 제천 행사를 거행하였다.

② 소도라고 불리는 신성 구역이 존재하였다.

③ 철이 많이 생산되어 낙랑이나 왜로 수출하였다.

④ 사람이 죽으면 가매장한 다음 뼈만 추려 목곽에 안치하였다.

07 밑줄 친 '왕' 재위 시기의 사실로 옳은 것은?

> 이이가 『성학집요』를 올리니, 치도(治道)에 도움이 있다 하여 가상히 여겼다. 이이는 학문과 정사 필요한 것을 뽑아 모아 분류 편찬하여 수기·치인으로 순서를 정했으니 모두 5편이었다. 책이 완성되자 왕에게 올리니, 이튿날 왕이 경연에 나아가 이이에게 이르기를, "그 글이 매우 요긴하니, 이는 부제학의 말이 아니고 바로 성현의 말씀이다. 정사를 돌보는 데에 매우 도움이 있겠으나 다만 나같이 어리석은 군주는 능히 행하지 못할까 걱정될 뿐이다." 하였다.

① 직전법을 폐지하였다.

② 금위영을 신설하였다.

③ 경재소가 폐지되었다.

④ 왜인들이 사량진에 침입하여 난을 일으켰다.

08 밑줄 친 '군대'에 대한 설명으로 옳은 것은?

> 윤관이 아뢰기를, "신이 적의 기세를 보건대 예측하기 어려울 정도로 굳세니, 마땅히 군사를 쉬게 하고 군관을 길러서 후일을 기다려야 할 것입니다. 또 신이 싸움에서 진 것은 적은 기병인데 우리는 보병이라 대적할 수가 없었기 때문입니다."라 하였다. 이에 왕에게 건의하여 새로운 군대를 편성하였다.

① 처인성에서 살리타의 군대를 물리쳤다.

② 여진족을 물리치고 동북 9성을 쌓았다.

③ 좌·우별초에 신의군을 합쳐 구성하였다.

④ 일본과의 외교 접촉을 시도하기도 하였다.

09 밑줄 친 '이 조약'에 대한 설명으로 옳은 것은?

> 『심행일기』는 이 조약 체결 당시 조선 측 대표였던 신헌이 이 조약의 전말을 기록한 것으로, 일본 측 대표들과의 협상 내용이 대화체로 상세하게 기록되어 있다. 이 책은 운요호 사건을 계기로 시작된 양국 간 협상 진행 과정을 살펴 보는 데 귀중한 문헌이다.

① 영사 재판권과 최혜국 대우가 인정되었다.

② 수출입 상품에 대하여 관세가 규정되었다.

③ 인천과 부산에 일본 공관을 둔다는 조항이 있다.

④ 양국 관리는 양국 인민의 자유로운 무역 활동에 일체 간섭하지 않는다고 규정하였다.

10 다음 중 ㉠, ㉡ 왕 대의 사실로 옳은 것은?

> ○ ㉠ 이/가 이르기를, "흑수가 당과 더불어 앞뒤로 우리를 치려는 것이다."하고 흑수를 치게 하였다.
> ○ ㉡ 이/가 즉위하여 연호를 건흥으로 고쳤으니, 그의 증조부 대야발은 대조영의 아우이다. …… 이때에 이르러 해동성국(海東盛國)이 되었다.

① ㉠ - 불교의 이상 군주인 전륜성왕을 자처하였다.

② ㉠ - 거란 야율아보기의 침략을 받았다.

③ ㉡ - 돌궐·일본과 친교를 강화하며 당·신라에 맞섰다.

④ ㉡ - 5경 15부 62주의 지방 행정 체계를 완비하였다.

11 다음 글을 쓴 인물에 대한 설명으로 옳은 것은?

> 옛날에 백성에는 네 가지 부류가 있었습니다. 이는 사농공상입니다. 사의 업은 오래되었습니다. 농공상의 일은 처음에 역시 성인의 견문과 생각에서 나왔고, 대대로 익힌 것을 전승하여 각기 자신의 학문이 있었습니다. …… 그러나 사의 학문은 실제로 농공상의 이치를 포괄하는 것이므로 세 가지 업은 반드시 사를 기다린 뒤에 완성됩니다. 일반적으로 이른바 농업에 힘쓰는 것이나, 상업을 유통시켜 공업에 혜택을 준다고 했을 때 그 힘쓰는 것이나, 상업을 유통시켜 공업에 혜택을 준다고 했을 때 그 힘쓰게 하고 유통시키고 혜택을 주게 하는 것은 사가 아니라면 누가 하겠습니까?

① 우리나라에서 처음으로 지전설을 주장하였다.

② 『열하일기』를 저술하여 청의 문물을 소개하였다.

③ 영업전 이외의 토지 매매만을 허용하는 한전론을 주장하였다.

④ 『기예론』을 저술하여 과학과 기술 발달의 중요성을 강조하였다.

12 다음 선언문을 발표한 단체에 대한 설명으로 옳은 것을 모두 고른 것은?

> 우리 여성은 각 시대를 통하여 가장 불리한 지위에 서 있어 왔다. 사회의 모순은 현대에 이르러 대규모화하였으며 절정에 달하였다. …… 조선 여성 운동은 세계 사정에 의하여 또 조선 여성의 성숙도에 의하여 바야흐로 한 중대한 계단으로 진전하였다. 부분으로 분산되었던 운동이 전선적 협동 전선으로 조직된다. …… 여성은 벌써 약자가 아니다. 여성은 스스로 해방하는 날 세계가 해방될 것이다. 조선 자매들아 단결하자.

> ㉠ 기관지로 『근우』를 발간하였다.
> ㉡ 서울에 순성 여학교를 설립하였다.
> ㉢ 최초의 사회주의 여성 단체였다.
> ㉣ 신간회와 연계하여 활동하였다.

① ㉠, ㉢

② ㉠, ㉣

③ ㉡, ㉢

④ ㉡, ㉣

13 (가) 국가에 대한 설명으로 옳은 것은?

> 법흥왕 9년 봄 3월에 ___(가)___ 의 국왕이 사신을 보내서 혼인을 청하였으므로, 왕이 이찬(伊飡) 비조부(比助夫)의 누이를 보냈다.

① 시조가 아유타국의 공주와 혼인하였다고 전해진다.

② 김해의 대성동 고분을 대표적 문화 유산으로 남겼다.

③ 관산성 전투에서 백제군과 연합하여 신라에 대항하였다.

④ 광개토 대왕이 왜군을 격퇴하는 과정에서 크게 쇠퇴하였다

14 다음 중 유네스코에 등재된 우리나라의 세계 문화유산으로 바르게 묶인 것은?

① 고창 · 화순 · 강화의 고인돌 - 성균관 - 영주 부석사

② 종묘 - 조선 왕릉 - 고령 지산동 고분군

③ 안동 하회 마을 - 북한산성 - 보은 법주사

④ 제주 화산섬과 용암 동굴 - 흥인지문 - 경주 불국사

15 (가) 단체의 활동으로 옳은 것은?

> ___(가)___ 이/가 개최한 집회에서 백정 박성춘이 "나는 대한의 가장 천한 사람이고 무지몰각합니다. 그러나 충군애국의 뜻은 대강 알고 있습니다. 이에 나라에 이롭고 백성을 편안하게 하는 길은 관과 민이 합심한 연후에야 가능하다고 생각합니다." 라고 개막 연설을 하자 만장의 박수갈채를 받았다.

① 혜상공국의 폐지를 주장하였다.

② 대성 학교와 오산 학교를 설립하였다.

③ 청에 끌려간 흥선 대원군의 송환을 요구하였다.

④ 러시아의 재정 고문과 군사 교관 철수를 요구하였다.

16 (가) 인물에 대한 설명으로 옳은 것은?

> ___(가)___ 이/가 이종암 등과 조선 내 중요 건물, 친일 선인의 파괴, 암살을 급선무로 삼아 폭탄 제조법 및 그 사용법을 목적으로 상해에 이르렀을 때, 마침 상해에서는 임시 정부의 별동대라고 할 수 있는 구국모험단에서 독립 운동 계획의 목적으로 폭탄 제조를 연구하고 있었다. …… 이곳에서 이종암과 함께 폭탄 제조법을 배운 ___(가)___ 은/는 길림으로 돌아와 급진적인 독립운동을 표방한 결사를 조직하였는데, 이것이 곧 의열단의 탄생이다.

① 대한 광복군 정부의 정통령을 역임하였다.

② 상하이에서 대동 단결 선언문을 발표하였다.

③ 화북 조선 독립 동맹의 주석으로 취임하였다.

④ 조선 의용대 일부를 이끌고 한국광복군에 합류하였다.

17 다음 헌법에 대한 설명으로 옳은 것은?

> 제40조. 대통령은 대통령 선거인단에서 무기명 투표로 선거한다.
>
> 제41조. ① 대통령 선거인으로 선출될 수 있는 자는 국회의원의 피선거권이 있고, 선거일 현재 30세에 달하여야 한다. 다만, 국회의원과 공무원은 대통령 선거인이 될 수 없다.

① 6월 민주 항쟁의 결실이었다.

② 대통령의 중임을 제한하였다.

③ 통일 주체 국민회의의 설치를 명시하였다.

④ 5 · 18 민주화 운동이 일어나는 계기가 되었다.

18 다음 사건들을 일어난 순서대로 바르게 나열한 것은?

> ㉠ 박위가 전함 100여 척을 이끌고 쓰시마 섬을 정벌하였다.
>
> ㉡ 이성계 등이 황산에서 아지발도를 중심으로 한 왜구를 물리쳤다.
>
> ㉢ 홍건적의 침입으로 서경이 함락되었으나 이승경, 이방실 등이 격퇴하였다.
>
> ㉣ 정지가 관음포 앞바다에서 왜구를 물리쳤다.

① ㉠ - ㉡ - ㉢ - ㉣

② ㉡ - ㉢ - ㉠ - ㉣

③ ㉢ - ㉠ - ㉣ - ㉡

④ ㉢ - ㉡ - ㉣ - ㉠

19 다음 내용을 시행한 왕 대의 사실로 옳은 것은?

> • 의주에 강감찬 사당을 건립하였다.
>
> • 노산 대군을 단종으로 추존하고 사육신을 복관하였다.
>
> • 폐사군의 일부를 복설하였다.

① 초계문신제를 시행하여 인재를 양성하였다.

② 청의 요청으로 나선 정벌에 조총병을 파병하였다.

③ 수도 외곽의 방어를 위하여 총융청을 설치하였다.

④ 창덕궁 안에 명나라 신종을 제사하는 대보단을 설치하였다.

20 (가), (나)의 사실이 논의된 각 회담에 대한 설명으로 옳은 것은?

> (가) 루스벨트는 신탁 통치의 유일한 경험이 필리핀의 경우였는데, 필리핀인은 자치 준비에 50년이 걸렸지만, 조선은 불과 20~30년 밖에 필요치 않을 것이라고 덧붙였다.
>
> (나) 현재 조선인들이 노예 상태에 놓여 있음을 유의하여 앞으로 적절한 절차를 거쳐 조선을 자유 독립 국가로 할 결의를 가진다.

① (가) - 제2차 세계 대전 중 최초로 한국의 독립을 국제적으로 보장하였다.

② (가) - 미국과 소련 양군이 한반도에 진주하는 계기가 되었다.

③ (나) - 회담의 영향으로 임시 정부의 건국 강령이 발표되었다.

④ (나) - 회담 당사국은 미국, 영국, 소련이었다.

정답·해설 _약점 보완 해설집 p.54

모바일 자동 채점 + 성적 분석 서비스 바로 가기
QR코드를 이용해 모바일로 간편하게 채점하고 나의 실력이 어느 정도인지, 취약 부분이 어디인지 바로 파악해 보세요!

14회 핵심 키워드 마무리 체크

☑ 빈칸에 들어갈 알맞은 키워드를 골라 채워보세요.

진흥왕	부여	박은식	박지원
신민회	신채호	별무반	얄타 회담
옥저	유신 헌법	김원봉	근우
홍건적	광종	독립 협회	선조

선사~조선 후기

01 ____는 영고라는 제천 행사를 거행하였다.

02 ____는 사람이 죽으면 가매장한 다음 뼈만 추려 목곽에 안치하였다.

03 신라 _____은 개국, 대창, 홍제라는 연호를 사용하였다.

04 고려 ____은 자색, 단색, 비색, 녹색으로 백관의 공복을 제정하였다.

05 윤관이 이끈 _____은 여진족을 물리치고 동북 9성을 쌓았다.

06 공민왕 때 _____의 침입으로 서경이 함락되었으나 이승경, 이방실 등이 격퇴하였다.

07 ____ 재위 시기에 경재소가 폐지되었다.

08 _____은 『열하일기』를 저술하여 청의 문물을 소개하였다.

근대~현대

09 _____는 러시아의 재정 고문과 군사 교관 철수를 요구하였다.

10 _____는 대성 학교와 오산 학교를 설립하였다.

11 ____은 '나라는 형(形)이고 역사는 신(神)'이라고 주장하였다.

12 _____는 대한매일신보에 「독사신론」을 연재하여 역사학의 방향을 제시하였다.

13 근우회는 기관지로 「____」를 발간하였다.

14 _____은 조선 의용대 일부를 이끌고 한국광복군에 합류하였다.

15 _____은 미국과 소련 양군이 한반도에 진주하는 계기가 되었다.

16 _____에서 통일 주체 국민회의의 설치를 명시하였다.

15회 실전동형모의고사

제한시간 : 15분 시작 　시 　분 ~ 종료 　시 　분 점수 확인 　개 / 20개

01 다음 사건에 대한 설명으로 옳지 않은 것은?

> 적이 정주성을 차지하고 또 병력을 나누어 서쪽을 겁탈하여 청천강 이북의 여러 고을 및 여러 산성이 모두 적의 소굴이 되었다. …… 대군이 정주성을 수복하였다. 유효원이 장수들에게 계책을 지시하여, 땅을 파서 지하도를 만들어 화약을 묻어두었다가 옆의 구멍으로부터 불을 붙이게 하였다. 잠시 후에 화약이 폭발하면서 성이 무너지자 성첩의 적이 모두 깔려 죽고 남은 자들은 모두 달아났다.

① 금광 경영이나 인삼 무역으로 자금을 마련하였다.
② 노비 문서의 소각과 탐관오리의 엄징을 요구하였다.
③ 몰락 양반과 영세 농민, 광산 노동자 등이 가담하였다.
④ 세도 정치의 폐해와 지역 차별에 반발하여 봉기하였다.

02 (가) 인물에 대한 설명으로 옳은 것은?

> (가) 이/가 왕에게 말하길 "적신 이의민이 과거 임금을 시해하는 죄를 저지르고 백성들에게 잔학한 피해를 끼쳤으며 왕위를 엿보기까지 했습니다. 신들이 오랫동안 그의 소행을 혐오해오던 끝에 나라를 위해서 그를 토벌했습니다. 다만 일이 누설될까 우려한 나머지 감히 먼저 아뢰지 못하였으니 죽을 죄를 저질렀습니다."라고 보고하자, 왕이 이들을 위로하였다.

① 치안 유지를 위해 야별초를 설치하였다.
② 승려 탄현 등과 함께 신품사현으로 불렸다.
③ 봉사 10조를 올려 사회 개혁안을 제시하였다.
④ 아들을 출가시켜 현화사 불교 세력과 연계하였다.

03 (가) 지역에 대한 설명으로 옳은 것은?

> (가) 의 도독 헌창이 그의 아버지 주원이 왕이 되지 못한 것을 이유로 반란을 일으켜 나라 이름을 '장안'이라 하고 연호를 세워 '경운' 원년이라고 하였다.

① 후백제의 도읍이었다.
② 이괄의 난 때 국왕이 피난한 지역이다.
③ 6·25 전쟁 중 대한민국의 임시 수도였다.
④ 정몽주가 이방원 세력에 의해 암살된 곳이다.

04 삼국의 정치 제도에 대한 설명으로 옳은 것을 모두 고른 것은?

> ㉠ 고구려는 대성에 처려근지, 그 다음 규모의 성에는 욕살을 파견하였다.
> ㉡ 백제는 6좌평제와 16관등제를 운영하였다.
> ㉢ 신라의 관등은 크게 솔계 관등과 덕계 관등으로 나뉜다
> ㉣ 고구려와 백제의 수도는 5부, 신라는 6부로 구성되어있었다.

① ㉠, ㉡
② ㉠, ㉣
③ ㉡, ㉢
④ ㉡, ㉣

05 다음 토지 제도에 대한 설명으로 옳은 것은?

> 경기는 사방의 근본이니 마땅히 과전을 설치하여 사대부를 우대한다. 무릇 서울에 거주하면서 왕실을 시위하는 자는 전·현직을 막론하고 과전을 받는다.

① 현직 관리에 한하여 토지의 소유권을 지급하였다.

② 관리를 18등급으로 나누어 전지와 시지를 지급하였다.

③ 죽은 관리의 가족에게는 수신전, 휼양전을 지급하였다.

④ 국가에 공을 세운 사람에게 지급하는 공신전은 세습이 불가능하였다.

06 다음 상소가 계기가 되어 전개된 사실로 옳은 것은?

> 영의정 김수흥이 글을 급히 신에게 보내어 알리기를, '후궁에 왕자의 경사가 있다.'고 하였는데, 그것은 대개 일전에 매양 같이 근심하던 일이므로 사민(士民)들로 하여금 속히 알리려고 한 것이었습니다. 신이 쇠약하여 정신이 혼몽하고 귀가 어두운 가운데서도 저절로 기쁨에 넘쳐 입이 벌어졌는데, 오늘날에 이르러 듣건대, 여러 신하 중에서 위호(位號)가 너무 이르다는 말이 있다고 합니다. 대개 철종은 열 살인데도, 번왕의 지위에 있다가 신종이 병이 들자 비로소 책봉하여 태자로 삼았습니다.

① 두 차례에 걸친 예송 논쟁이 전개되었다.

② 인현 왕후가 폐위되고 남인이 권력을 장악하였다.

③ 북인이 서인과 남인을 배제한 채 정권을 독점하였다.

④ 양재역에 외척을 비판하는 익명의 벽서가 붙은 사건이 발생하였다.

07 다음 자료가 반포된 시기로 옳은 것은?

> 우리는 민족 중흥의 역사적 사명을 띠고 이 땅에 태어났다. 조상의 빛난 얼을 오늘에 되살려, 안으로 자주 독립의 자세를 확립하고, 밖으로 인류 공영에 이바지할 때다. 이에, 우리의 나아갈 바를 밝혀 교육의 지표로 삼는다. …… 우리의 창의와 협력을 바탕으로 나라가 발전하며, 나라의 융성이 나의 발전의 근본임을 깨달아, 자유와 권리에 따르는 책임과 의무를 다하며, 스스로 국가 건설에 참여하고 봉사하는 국민 정신을 드높인다.

	(가)	(나)	(다)	(라)	
4·19 혁명	한·일 국교 정상화	7·4 남북 공동 성명 발표	10·26 사태	6월 민주 항쟁	

① (가) ② (나)

③ (다) ④ (라)

08 다음 취지문을 발표한 단체에 대한 설명으로 옳지 않은 것은?

> 무릇 우리 대한인은 내외를 막론하고 통일 연합으로써 그 진로를 정하고 독립 자유로써 그 목적을 세움이니 …… 간단히 말하면 오직 신(新) 정신을 불러 깨우쳐서 신(新) 단체를 조직한 후에 신국(新國)을 건설할 뿐이다.

① 국외에 독립운동 기지를 건설하였다.

② 태극 서관을 운영하여 출판물을 간행하였다.

③ 을사 5적을 암살하기 위한 암살단을 조직하였다.

④ 민족 산업을 육성하기 위해 평양에 자기 회사를 설립하였다.

09 다음 상황과 관련된 일제의 경제 정책에 대한 설명으로 옳은 것은?

> 대개 조선인들이 생산한 쌀을 수이출(輸移出) 할 때, 결코 자신들이 충분히 소비하고 남은 것을 수출하는 것이 아니다. 생계가 곤란하여 먹을 것을 먹지 못하고 파는 것이다. …… 그러므로 조선 쌀의 수이출이 증가하고 외국 쌀의 수입은 감소하는 반면, 속(만주산 잡곡)의 수입만이 증가하는 사실은 조선인의 생활난이 점점 심각해지고 있음을 실증하는 것이다.

① 농가에서 수확하는 작물이 다양화되었다.
② 많은 수의 소작농이 자작농으로 바뀌게 되었다.
③ 과중한 증산 비용 부담으로 조선인 대지주가 몰락하였다.
④ 쌀 생산량의 증가보다 일본으로의 수출량 증가가 더 많았다.

10 다음 전투가 전개된 당시에 볼 수 있는 모습으로 옳은 것은?

> 농민군이 우금치에서 1주일간 50여 차례 공방을 벌였으나 불리한 지형과 일본군·관군의 우세한 화력을 이겨내지 못하고 후퇴하였다. 한편 일부 농민군이 방향을 우금치에서 두리봉 쪽으로 바꾸어 공격하니 성하영의 군사들이 지탱할 수 없게 되었다. 이에 일본군이 군사를 나누어 우금치와 견준봉 사이에서 진을 치고 사격을 하니 농민군의 시체가 온 산에 가득하였다.

① 백동화를 주조하는 주전관
② 독립신문을 읽고 있는 독자
③ 원산 학사의 개교식에 참가하는 학생
④ 서울에서 인천으로 가는 기차를 타는 여행가

11 (가)에 들어갈 조선 시대의 중앙 통치 기구로 옳은 것은?

> ____(가)____의 관리에 임명되기 위해서는 당상관의 경우 이조나 대사간을 거쳐야 맡을 수 있었고, 인망이 마치 신선과 같으므로 세속 사람들이 '은대(銀臺) 학사'라고 불렀다.

① 예문관
② 승문원
③ 승정원
④ 교서관

12 조선 후기의 국학 연구에 대한 설명으로 옳지 않은 것은?

① 신경준은 『언문지』를 저술하여 우리말의 음운 체계를 연구하였다.
② 이중환이 현지 답사를 바탕으로 인문 지리서인 『택리지』를 저술하였다.
③ 이의봉이 우리나라와 여러 언어의 어휘를 정리한 『고금석림』을 편찬하였다.
④ 이종휘는 『동사』에서 단군 – 부여 – 고구려의 흐름에 중점을 두었다.

13 다음 사건이 일어난 왕 대의 사실로 옳은 것은?

> 왜선 300여 척이 전라도 진포에 침입했을 때 조정에서 최무선의 화약을 시험해 보고자 하였다. 최무선은 부원수에 임명되어 심덕부, 나세와 함께 배를 타고 화구(火具)를 싣고 바로 진포에 이르렀다. 왜구는 화약이 있는 줄 모르고 배를 한곳에 집결하여 힘을 다하여 싸우려고 하자, 최무선이 화포를 발사해 그 배들을 다 태워 버렸다.

① 원의 수시력을 채택하였다.

② 기철 등의 부원 세력이 제거되었다.

③ 최영이 홍산 전투에서 외적을 물리쳤다.

④ 성균관을 순수 유학 교육 기관으로 개편하였다.

14 다음은 발해사의 전개 과정이다. 시기순으로 바르게 나열한 것은?

> ㉠ 수도를 동경 용원부에서 상경 용천부로 옮겼다.
> ㉡ 장문휴의 수군으로 하여금 산둥 반도의 등주성을 공격하도록 하였다.
> ㉢ 대부분의 모든 말갈족을 복속시키고 랴오둥 지역으로 진출하였다.
> ㉣ 당나라에 의해 처음으로 발해 국왕으로 책봉되었다.

① ㉠ - ㉡ - ㉣ - ㉢

② ㉡ - ㉢ - ㉣ - ㉠

③ ㉡ - ㉣ - ㉠ - ㉢

④ ㉢ - ㉣ - ㉡ - ㉠

15 밑줄 친 '나'에 대한 설명으로 옳은 것은?

> 나는 어제 15일 아침 8시 엔도 정무총감의 초청을 받아 일본인의 안전한 귀국을 보장해 달라는 요청을 받았다. 나는 이에 대하여 다섯 가지 요구를 제출하였다.
> 1. 전국적으로 정치범, 경제범을 즉시 석방할 것
> 2. 서울의 3개월 분 식량을 확보할 것
> 3. 치안 유지와 건국 운동을 위한 정치 운동에 대하여 절대로 간섭하지 아니할 것
> 4. 학생과 청년을 조직·훈련하는 데 대하여 간섭하지 않을 것
> 5. 노동자와 농민을 건국 사업에 동원하는 데 있어 절대로 간섭하지 말 것

① 경교장에서 육군 소위 안두희에게 암살당하였다.

② 조선 인민 공화국의 주석으로 추대되었으나 거절하였다.

③ 김구와 함께 평양에서 열린 남북 지도자 회의에 참석하였다.

④ 조선 건국 준비 위원회를 조직하고 위원장으로 활동하였다.

16 다음은 어느 잡지의 창간사이다. (가) 잡지가 창간된 이후의 문화 동향으로 옳은 것은?

> 죄없고 허물없는 평화롭고 자유로운 하늘나라! 그것은 우리의 어린이의 나라입니다. 우리는 어느 때까지든지 이 하늘나라를 더럽히지 말아야 할 것이며, 이 세상에 사는 사람 사람이 모두, 이 깨끗한 나라에서 살게 되도록 우리의 나라를 넓혀가야 할 것입니다. 이 두 가지 일을 위하는 생각에서 넘쳐 나오는 모든 깨끗한 것을 거두어 모아 창간한 것이 이 (가) 입니다.

① 최남선 등이 조선 광문회를 조직하였다.

② 매일신문에 이광수의 「무정」이 연재되었다.

③ 「혈의 누」, 「금수회의록」 등의 신소설이 출간되었다.

④ 나운규가 민족의 비애를 담은 영화 '아리랑'을 발표하였다.

17 한국 고대 문화의 일본 전파와 관련된 설명으로 옳은 것을 모두 고른 것은?

> ㉠ 백제의 고안무는 일본에 유학을 전해주었다.
> ㉡ 고구려의 승려 혜관은 일본 삼론종의 시조가 되었다.
> ㉢ 백제의 노리사치계는 일본에 『천자문』과 『논어』를 전달하였다.
> ㉣ 통일 신라의 혜자는 일본 쇼토쿠 태자의 스승이 되었다.

① ㉠, ㉡   ② ㉠, ㉢
③ ㉡, ㉢   ④ ㉢, ㉣

18 고려 시대의 불교 문화재에 대한 설명으로 옳지 않은 것은?

① 경천사지 10층 석탑은 대리석으로 제작되었다.
② 영주 부석사 무량수전은 주심포 양식으로 지어졌다.
③ 평창 월정사 8각 9층 석탑은 송의 영향을 받아 만들어졌다.
④ 예산 수덕사 대웅전은 현존하는 우리나라 최고(最古)의 목조 건축물이다.

19 (가), (나) 인물에 대한 설명으로 옳은 것은?

> (가) 산포대를 조직하여 의병 활동을 전개하다가 국권 피탈 후 만주로 건너가 독립군 양성에 힘썼으며, 대한 독립군의 총사령관이 되었다.
> (나) 대한 제국 육군 무관 학교에 입학하였으며, 애국 계몽 운동을 전개하다가 만주로 건너가 북로 군정서군의 총사령관이 되었다.

① (가) - 한국광복군의 참모장을 역임하였다.
② (나) - 임시 의정원의 초대 의장을 역임하였다.
③ (가) - 샌프란시스코에서 흥사단을 조직하였다.
④ (나) - 청산리 전투에서 일본군을 크게 물리쳤다.

20 밑줄 친 '국회'에 대한 설명으로 옳지 않은 것은?

> 유구한 역사와 전통에 빛나는 우리들 대한국민은 기미 삼일 운동으로 대한민국을 건립하여 세계에 선포한 위대한 독립정신을 계승하여 이제 민주독립국가를 재건함에 있어서 정의인도와 동포애로써 민족의 단결을 공고히 하며 …… 밖으로는 항구적(恒久的)인 국제평화의 유지에 노력하여 우리들과 우리들의 자손의 안전과 자유와 행복을 영원히 확보할 것을 결의하고 우리들의 정상 또는 자유로이 선거된 대표로서 구성된 국회에서 단기 4281년 7월 12일 이 헌법을 제정한다.

① 국회 의원의 임기는 2년이었다.
② 귀속 재산 처리법을 제정하였다.
③ 치안과 행정을 담당하는 치안대를 설치하였다.
④ 이승만을 대통령, 이시영을 부통령으로 선출하였다.

정답·해설 _약점 보완 해설집 p.58

모바일 자동 채점 + 성적 분석 서비스 바로 가기
QR코드를 이용해 모바일로 간편하게 채점하고 나의 실력이 어느 정도인지, 취약 부분이 어디인지 바로 파악해 보세요!

15회 핵심 키워드 마무리 체크

☑ 빈칸에 들어갈 알맞은 키워드를 골라 채워보세요.

홍경래의 난	봉사 10조	우왕	최우
흥사단	제헌 국회	주심포	김좌진
전주	이종휘	아리랑	여운형
태극 서관	혜관	김구	기사환국

선사~조선 후기

01 고구려의 승려 ____은 일본 삼론종의 시조가 되었다.

02 ____는 후백제의 도읍이었다.

03 최충헌은 _____를 올려 사회 개혁안을 제시하였다.

04 ____는 치안 유지를 위해 야별초를 설치하였다.

05 ____ 때 최영이 홍산 전투에서 외적을 물리쳤다.

06 영주 부석사 무량수전은 ____ 양식으로 지어졌다.

07 _____으로 인해 인현 왕후가 폐위되고 남인이 권력을 장악하였다.

08 ____는 『동사』에서 단군 – 부여 – 고구려의 흐름에 중점을 두었다.

09 _____에는 몰락 양반과 영세 농민, 광산 노동자 등이 가담하였다.

근대~현대

10 신민회는 _____을 운영하여 출판물을 간행하였다.

11 안창호는 샌프란시스코에서 ____을 조직하였다.

12 ____은 청산리 전투에서 일본군을 크게 물리쳤다.

13 1926년에는 나운규가 민족의 비애를 담은 영화 '____'을 발표하였다.

14 ____은 조선 건국 준비 위원회를 조직하고 위원장으로 활동하였다.

15 _____는 이승만을 대통령, 이시영을 부통령으로 선출하였다.

16 ____는 경교장에서 육군 소위 안두희에게 암살당하였다.

정답 | 01 혜관 02 전주 03 봉사 10조 04 최우 05 우왕 06 주심포 07 기사환국 08 이종휘 09 홍경래의 난 10 태극 서관 11 흥사단 12 김좌진 13 아리랑 14 여운형 15 제헌 국회 16 김구

16회 실전동형모의고사

제한시간 : 15분 **시작** 시 분 ~ **종료** 시 분 **점수 확인** 개/ 20개

01 (가), (나) 사이 시기의 사실로 옳은 것은?

(가) 최우가 왕에게 아뢰어 속히 대궐에서 내려와 서쪽 강화
도로 행차할 것을 청하였으나, 왕이 망설이고 결정하지
못하였다. 최우가 녹전거(祿轉車) 100여 대를 빼앗아
집안의 재물을 강화도로 옮기니, 서울이 흉흉하였다.

(나) 병인일에 왕이 옛 수도로 돌아와 사판궁에 거처를 정하
고 환도를 기념하여 죄인들을 사면하였다. …… 황제의
글에 "지금 죄인은 섬멸되었으니 경은 옛 수도에 편히
거주해야만 무사할 것이다." 라고 하였다.

① 고려가 강동성에서 거란족을 몰아냈다.

② 여 · 몽 연합군이 일본 원정에 실패하였다.

③ 귀주에서 박서가 몽골군에게 승리하였다.

④ 대장도감을 설치하여 대장경을 조판하였다.

02 다음 중 (가), (나) 나라에 대한 설명으로 옳은 것은?

(가) 국토의 면적은 사방 2천 리가 되며 가호의 수는 8만이
다. 토질은 오곡이 자라기에는 적당하지만, 오과(五果)
는 생산되지 않는다. 그 나라 사람들은 체격이 크고 성
질은 굳세고 용감하며, 근엄하여 다른 나라를 쳐들어가
거나 노략질하지 않는다.

(나) 그 나라의 대가들은 농사를 짓지 않으므로, 좌식자가
만 여명이나 되는데, 하호들이 먼 곳에서 양식 · 고기 ·
소금을 운반해다가 그들에게 공급한다.

① (가) - 서옥제라는 혼인 풍습이 있었다.

② (나) - 왕의 장례를 치를 때 옥갑을 사용하였다.

③ (가) - 집집마다 부경이라는 작은 창고가 있었다.

④ (나) - 왕과 신하들이 국동대혈에 모여 제사를 지냈다.

03 고려 시대의 지방 행정 조직에 대한 설명으로 옳지 않은 것은?

① 5도에는 상설 행정 기관을 두고 안찰사를 파견하였다.

② 양계에는 병마사를 파견하고, 국방상 요충지에는 진을 설
치하였다.

③ 3경은 처음에는 개경, 서경, 동경을 가리켰으나, 문종 때 동
경 대신 남경이 들어갔다.

④ 향 · 부곡 · 소는 지방관의 통제를 간접적으로 받았으나 실제
행정 사무는 향리가 담당하였다.

04 다음 중 (가)에 들어갈 단체로 올바른 것은?

성조께서 결정하신 처음에 그 터를 허락하셔서 나라의 기
초를 세우셨고, 500년 동안 상업을 진작하여 열심히 받들었
다. 요새 외국 상인은 발전하고 우리나라 상인의 생업은 쇠
락하여 심지어 점포 자리를 외국 사람에게 팔아 버리는 지
경에 이르렀다. …… 이름은 ☐☐(가)☐☐ (으)로 하고, 각 점포
가 함께 회의하여 점포의 경계를 정하되, 동쪽으로는 철물
교, 서쪽으로는 송교, 남쪽으로는 작은 광교, 북쪽으로 안헌
까지 외국인의 상업 행위를 허락하지 않는다.

① 황국 협회

② 농광 회사

③ 대동 상회

④ 황국 중앙 총상회

05 다음 사건을 계기로 발생한 민주화 운동에 대한 설명으로 옳은 것은?

> 지난 6월 9일 오후 교내 시위 도중 경찰이 쏜 최루탄 파편에 맞아 중상을 입고 입원중인 연세대생 이한열군은 4일째 의식을 회복하지 못한 채 중태다. 연세대 상경대 교수 일동은 '이한열군 사건에 당하여'라는 제목의 성명서를 작성하여 "이번 불상사에 대한 책임을 통감하여 학생 시위와 이 같은 불상사를 유발하는 오늘의 현실을 개탄한다." 면서 당국은 최루탄 난사를 포함한 과잉진압을 금지하고 이 같은 사태의 재발을 방지하기 위한 근본적인 대책을 수립하라고 요구하였다.

① 굴욕 외교 반대 범국민 투쟁 위원회를 결성하였다.

② 개헌 논의를 금지하는 긴급 조치 선포에 항의하였다.

③ 호헌 철폐와 독재 타도 등을 구호로 내세우며 전개되었다.

④ 마산에서 김주열 군의 시신이 발견되면서 시위가 전국적으로 확산되었다.

06 고려 시대의 조운 제도에 대한 설명으로 옳은 것을 모두 고른 것은?

> ㉠ 주교사 소속의 배를 조운에 이용하였다.
> ㉡ 북계와 동계에서는 조세를 현지 경비로 사용하였다.
> ㉢ 개경에 있는 풍저창에서는 주로 관리들의 녹봉을 지급하였다.
> ㉣ 지방에서 징수한 조세를 조창에 모은 뒤 경창으로 운반하였다.

① ㉠, ㉡　　　　② ㉠, ㉢

③ ㉡, ㉣　　　　④ ㉢, ㉣

07 밑줄 친 '나'의 활동으로 옳은 것은?

> 오늘날 만일 일본의 천황이 한국에 대한 통감의 시정방침이 실패했음을 알게 된다면, 오히려 나를 충성스러운 사람이라고 칭찬하고야 말 것이다. 그리고 나를 단지 통감을 죽인 자객으로 대우하지 않을 줄로 확신하는 바이다. …… 나는 결코 개인적으로 한 것이 아니라 의병으로서 한 것이며, 따라서 나는 전쟁에 나갔다가 포로가 되어 이곳에 온 것이라 믿고 있으므로, 생각건대 나를 국제 공법에 의해 처벌해 줄 것을 희망하는 바이다.

① 뤼순 감옥에서 『동양평화론』을 저술하였다.

② 북간도에 민족 교육 기관인 서전서숙을 설립하였다.

③ 을사오적 중 한 명인 이완용을 칼로 찔러 중상을 입혔다.

④ 상해 육삼정에서 일본 공사 아리요시의 암살을 시도하였다.

08 다음 주장을 한 인물에 대한 설명으로 옳은 것은?

> 열면 헬 수 없고 가없는 뜻이 대종(大宗)이 되고, 합하면 이문(二門) 일심(一心)의 법이 그 요체가 되어 있다. 그 이문 속에 만 가지 뜻이 다 포용되어 조금도 혼란됨이 없으며, 가없는 뜻이 일심과 하나가 되어 혼용된다. …… 펼친다고 번거로운 것이 아니고 합친다고 좁아지는 것도 아니다. 그리하여 수립하되 얻음이 없고 타파하되 잃음이 없다.

① 왕의 요청으로 안민가를 지었다.

② 무애가를 지어 불교 대중화에 노력하였다.

③ 「청방인문표」 등의 외교 문서를 작성하였다.

④ 김제 금산사를 중심으로 미륵 신앙을 전파하였다.

09 밑줄 친 '이곳'에서 전개된 민족 운동으로 옳은 것은?

> 서구 열강의 조계 지역이 많아 외교 활동에 유리한 이곳에 수립된 대한민국 임시 정부는 최초의 민주 공화제 정부로서, 삼권 분립의 원칙에 따라 입법 기관인 임시 의정원과 행정 기관인 국무원, 사법 기관인 법원으로 구성되었다.

① 이상설 등이 성명회를 조직하였다.

② 신규식 등의 주도로 동제사가 조직되었다.

③ 독립군 양성 기관인 숭무학교가 설립되었다.

④ 해조신문, 대동공보 등의 신문이 발행되었다.

10 밑줄 친 '왕'의 재위 시기의 사실로 옳은 것은?

> 대략적인 체계를 세웠을 때 정유년 난리를 만나 의사들이 여러 곳으로 흩어졌기 때문에 편찬은 할 수 없이 중단되었다. 그 후 왕이 또 허준에게 혼자서라도 편찬하라고 하면서 국가에 보관하였던 의학책 500여 권을 내주면서 참고하라고 하였다. …… 경술년에 비로소 이 사업이 끝나서 왕에게 바쳤다.

① 설점수세제를 처음 실시하였다.

② 백두산 정계비를 세워 국경을 확정하였다.

③ 포로 송환 교섭을 위해 사명 대사를 일본에 파견하였다.

④ 명의 요청으로 후금과의 전쟁에 지원 병력을 파견하였다.

11 다음은 우리나라 과학 기술과 관련된 역사적 사실들이다. 발생한 순서대로 바르게 나열한 것은?

> ㉠ 앙부일구와 자격루를 제작
> ㉡ 『기기도설』을 참고하여 거중기 제작
> ㉢ 물시계 담당 관청인 누각전 설치
> ㉣ 주자소에서 계미자 주조

① ㉠ – ㉢ – ㉡ – ㉣

② ㉣ – ㉢ – ㉠ – ㉡

③ ㉢ – ㉠ – ㉡ – ㉣

④ ㉢ – ㉣ – ㉠ – ㉡

12 (가), (나) 역사서에 대한 설명으로 옳은 것은?

> (가) 무릇 옛날 성인들이 바야흐로 예(禮)와 악(樂)으로 나라를 일으키고 인(仁)과 의(義)로 교화를 펼치고자 할 때면, 괴력난신에 대해서는 말하지 않았다. 그러하지만 제왕이 일어날 때는, 제왕이 되라는 하늘의 명을 받고 예언서를 받게 된다는 점에서 반드시 일반 사람과는 다른 일이 있는 법이다.
>
> (나) 성상 폐하께서 『고기(古記)』는 문자가 거칠고 잘못되거나 사적이 빠져 없어진 것이 많으므로, 군주의 선악이나 신하의 충성스러움과 사악함, 국가의 안위, 백성의 다스려짐과 어지러움 등을 모두 잘 드러내어 후세 사람들을 경계할 수 없다. 마땅히 뛰어난 인재를 얻어 모범이 될 역사서를 만들고, 만세에 전하여 해와 별처럼 빛나게 하자고 한다."라고 하셨습니다.

① (가) – 현존하는 우리나라의 가장 오래된 역사서이다.

② (가) – 「왕력」, 「흥법」, 「탑상」, 「의해」 등으로 구성되어 있다.

③ (나) – 고구려 계승 의식을 반영하고 고구려의 전통을 노래하였다.

④ (나) – 단군의 건국 이야기가 수록되어 있다.

13 다음 중 유네스코 세계 기록유산에 등재된 것을 모두 고른 것은?

> ㉠『목민심서』
> ㉡ 한국의 유교 책판
> ㉢『비변사등록』
> ㉣ 4·19 혁명 관련 기록물

① ㉠, ㉡   ② ㉠, ㉣

③ ㉡, ㉢   ④ ㉡, ㉣

15 다음은 고종 때 발표된 주요 내용을 순서대로 나열한 것이다. (가), (나) 시기에 해당하는 역사적 사실로 옳은 것은?

> 교육은 국가를 보전하는 근본이다. …… 이제 짐은 정부에 명하여 전국에 학교를 세우고 인재를 길러 그대 신민들의 학식으로써 국가 발전을 이루고자 한다.

↓

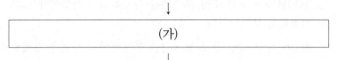

(가)

↓

> 대한국은 세계 만국에 공인되어온 바 자주 독립한 제국이니라

↓

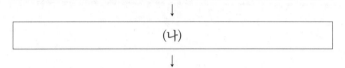

(나)

↓

> 장차 일본과 러시아가 전쟁을 할 때 우리나라는 관계하지 않고 중립을 지킨다.

① (가) - 공·사 노비법이 혁파되었다.

② (가) - 건양이라는 연호가 제정되고, 단발령이 시행되었다.

③ (나) - 고종이 러시아 공사관에서 경운궁으로 환궁하였다.

④ (나) - 일본이 미국과 밀약을 체결하여 한국에 대한 지배권을 인정받았다.

14 밑줄 친 '왕'에 대한 설명으로 옳은 것은?

> 왕이 말하길, "여러 사람들의 말이 단단하여 이를 깨뜨릴 수가 없구나. 너만 홀로 다른 말을 하니, 양 쪽 모두를 따를 수는 없다."하였다. 마침내 형리에게 이차돈의 목을 베게 하였다. 이차돈이 죽음에 임하여 말하였다. "나는 불법을 위하여 형벌을 당하는 것이니, 부처의 신령스러움이 있다면 내가 죽고서 반드시 이상한 일이 있을 것이다." 목을 베자, 잘린 곳에서 피가 솟았는데 그 빛깔이 우유처럼 희었다.

① '인평'이라는 연호를 사용하였다.

② 거칠부에게 『국사』를 편찬하도록 하였다.

③ 중국식 의관을 착용하고 아홀을 갖게 하였다.

④ 병부를 설치하고, 처음으로 상대등을 두었다.

16 다음 ㉠에 대한 설명으로 옳은 것은?

> 처음 ____㉠____ 을/를 세울 때 세상에서는 의심하였으나, 주세붕은 뜻을 더욱 가다듬어 많은 비웃음을 무릅쓰고 비방을 물리쳐 지금까지 누구도 하지 못했던 장한 일을 이루었습니다. 아마도 하늘이 ____㉠____ 을/를 세우는 가르침을 동방에 흥하게 하여 (우리나라가) 중국과 같아지도록 하려는 것인가 봅니다.

① 유학부와 기술학부로 구성되었다.

② 공자의 위패를 모신 대성전을 두었다.

③ 군현의 인구 비례로 정원을 배정하였다.

④ 국왕으로부터 편액과 함께 서적 등을 받기도 하였다.

17 일제가 실시한 시기별 식민지 경제 정책으로 옳지 않은 것은?

① 1910년대 – 지세령을 공포하여 토지 소유권을 기준으로 지세를 부과하였다.

② 1920년대 – 조선 광업령을 제정하여 한국인의 광산 개발을 통제하였다.

③ 1930년대 – 조선 소작 조정령을 제정하여 소작인에게 조정 신청권을 부여하였다.

④ 1940년대 – 국민 근로 보국령을 공포하여 노동력을 강제로 동원하였다.

18 (가), (나) 사이 시기의 일본과의 관계에 대한 사실로 옳은 것은?

> (가) 좌랑 신기가 답서를 보내기를, "거제도에 있는 농토를 요청한 건에 대하여는, 거주민이 모두 다 개간했기 때문에 요청을 들어줄 수 없으며, 상선이 정박하는 장소에 대하여는, 삼가 나라에 보고를 드리어 과거에 지정되었던 내이포와 부산포 이외에 울산의 염포에서도 무역을 허가하기로 하였으니, 그리 알라."
>
> (나) 임신(壬申)에 약조를 추가하여 정하였다. 도주에게 내려준 세사미두 200섬 중에 100섬을 감하였다. 도주의 세견선 50척을 감하여 25척으로 한다. 그 중 대선(大船) 9척은 배마다 선부(船夫)를 40명으로 하고, 중선(中船) 8척은 배마다 선부를 30명으로 하고, 소선(小船) 8척은 배마다 선부를 20명으로 한다.

① 이종무가 쓰시마 섬을 정벌하였다.

② 3포 왜란을 계기로 일본과의 무역이 단절되었다.

③ 정미약조가 체결되어 일본인에 대한 통제가 강화되었다.

④ 기유약조를 체결하여 세견선의 규모를 1년에 20척으로 제한하였다.

19 다음 법령이 시행된 시기에 있었던 사실로 옳은 것은?

> 제2조 일본어를 상용하는 자의 보통 교육은 소학교령, 중학교령 및 고등 여학교령에 따른다.
>
> 제3조 일본어를 상용하지 않는 자가 보통 교육을 받는 학교는 보통학교, 고등 보통 학교 및 여자 고등 보통 학교로 한다.
>
> 제5조 보통 학교의 수업 연한은 6년으로 한다.
>
> 제12조 전문 교육은 전문 학교령에, 대학 교육 및 그 예비 교육은 대학령에 따른다.

① 사립 학교령이 공포되었다.

② 조선어 학회 사건이 발생하였다.

③ 서북 학회, 기호 흥학회 등의 학회가 설립되었다.

④ 조선일보의 주도로 문자 보급 운동이 전개되었다.

20 다음 성명서를 발표한 단체에 대한 설명으로 옳지 않은 것은?

> 지난 연말에 모스크바 3국 외상 회의의 결의라 하여 우리나라에 신탁 통치제를 시행하고 5년간의 기한부로 독립을 승인하겠다는 소식이 들리자, 전 국민은 물 끓듯 반대의 물의가 분분하며, 그 의사 표시로서 서울을 비롯하여 지방 각처와 각 정당 각 단체 각 계급 각층이 같은 애국열에 한데 뭉치어 시위 행진까지 하였던 것이다. 그러면 우리가 무엇을 반대함이며 무엇을 반대함이런가? 냉정히 검토해 보기로 하자. 우리의 반대하는 의사의 내용은 외래 세력의 우리 내정 간섭에 대한 배격이다. 연합국에 대해 장래 우리나라와의 우호 관계와 세계 평화를 위해 우리나라를 즉시 독립 국가로 승인해 달라는 요구이다.

① 대한민국 임시 정부의 승인을 요구하였다.

② 반탁 운동의 일환으로 전국 총파업을 모의하였다.

③ 이승만이 광복 후 미국에서 귀국하여 조직한 단체이다.

④ 독립 촉성 중앙 협의회와 통합되어 대한 독립 촉성 국민회로 재편되었다.

정답·해설 _약점 보완 해설집 p.62

모바일 자동 채점 + 성적 분석 서비스 바로 가기
QR코드를 이용해 모바일로 간편하게 채점하고 나의 실력이 어느 정도인지, 취약 부분이 어디인지 바로 파악해 보세요!

16회 핵심 키워드 마무리 체크

☑ 빈칸에 들어갈 알맞은 키워드를 골라 채워보세요.

서원	원효	동양평화론	법흥왕
고구려	광해군	양계	김주열
동제사	남경	백두산 정계비	연해주
삼국유사	문자 보급 운동	숭무학교	이재명

선사~조선 후기

01 _____에는 집집마다 부경이라는 작은 창고가 있었다.

02 신라의 _____은 병부를 설치하고, 처음으로 상대등을 두었다.

03 ____는 무애가를 지어 불교 대중화에 노력하였다.

04 고려 시대의 ____에는 병마사를 파견하고, 국방상 요충지에는 진을 설치하였다.

05 고려 시대의 3경은 처음에는 개경, 서경, 동경을 가리켰으나, 문종 때 동경 대신 ____이 들어갔다.

06 「_____」는 「왕력」, 「흥법」, 「탑상」, 「의해」 등으로 구성되어있다.

07 조선 시대의 ____은 국왕으로부터 편액과 함께 서적 등을 받기도 하였다.

08 _____ 때는 명의 요청으로 후금과의 전쟁에 지원 병력을 파견하였다.

09 숙종 때는 _____를 세워 국경을 확정하였다.

근대~현대

10 _____은 을사오적 중 한명인 이완용을 칼로 찔러 중상을 입혔다.

11 안중근은 뤼순 감옥에서 「_____」을 저술하였다.

12 _____에서는 이상설 등이 성명회를 조직하였다.

13 상하이에서는 신규식 등의 주도로 _____가 조직되었다.

14 멕시코에서는 독립군 양성 기관인 _____가 설립되었다.

15 제2차 조선 교육령 시행 시기에 조선일보의 주도로 _____이 전개되었다.

16 4·19 혁명은 마산에서 _____ 군의 시신이 발견되면서 시위가 전국적으로 확산되었다.

정답 | 01 고구려 02 법흥왕 03 원효 04 양계 05 남경 06 삼국유사 07 서원 08 광해군 09 백두산 정계비 10 이재명 11 동양평화론 12 연해주 13 동제사 14 숭무학교 15 문자 보급 운동 16 김주열

16회 실전동형모의고사 109

MEMO

MEMO

해커스공무원 실전동형모의고사 한국사 2 답안지

컴퓨터용 흑색사인펜만 사용

성명	
	[필적감정용 기재]
	*아래 예시문을 올바르게 적으시오
	본인은 OOO(응시자성명)임을 확인함
성	
책	기재 란

성명	
자필성명	본인 성명 기재
응시직렬	
응시지역	
시험장소	

응시번호

생년월일

※ 시험감독관 서명
(성명을 정자로 기재할 것)

감독관 확인란 사용

해커스공무원 실전동형모의고사 한국사 2 답안지

컴퓨터용 흑색사인펜만 사용

성명	
자필성명	본인 성명 기재
응시직렬	
응시지역	
시험장소	

[필적감정용 기재]
*아래 예시문을 옮겨 적으시오
본인은 OOO(응시자성명)임을 확인함

기재란

성	
책	

응시번호

생년월일

※ 시험감독관 서명
(성명을 정자로 기재할 것)

적색 볼펜만 사용

문번 / 회

01 02 03 04 05 06 07 08 09 10 11 12 13 14 15 16 17 18 19 20

① ② ③ ④

해커스공무원 실전동형모의고사 한국사 2 답안지

컴퓨터용 흑색사인펜만 사용

성명	
자필성명	본인 성명 기재
응시직렬	
응시지역	
시험장소	

[필적감정용 기재]
*아래 예시문을 옮겨 적으시오
본인은 OOO(응시자성명)임을 확인함

기재란

책형

응시번호

생년월일

※ 시험감독관 서명
(성명을 정자로 기재할 것)

책임자 확인용 서명

2024 최신개정판

해커스공무원
실전동형
모의고사
한국사 2

개정 8판 1쇄 발행 2024년 4월 4일

지은이	해커스 공무원시험연구소
펴낸곳	해커스패스
펴낸이	해커스공무원 출판팀

주소	서울특별시 강남구 강남대로 428 해커스공무원
고객센터	1588-4055
교재 관련 문의	gosi@hackerspass.com
	해커스공무원 사이트(gosi.Hackers.com) 교재 Q&A 게시판
	카카오톡 플러스 친구 [해커스공무원 노량진캠퍼스]
학원 강의 및 동영상강의	gosi.Hackers.com

ISBN	979-11-6999-900-7 (13910)
Serial Number	08-01-01

공무원 교육 1위,
해커스공무원 gosi.Hackers.com

해커스공무원

· 시험에 나올 시대별 핵심 키워드를 정리한 **시대별 막판 암기 점검 자료**
· '회독'의 방법과 공부 습관을 제시하는 **해커스 회독증강 콘텐츠**(교재 내 할인쿠폰 수록)
· 정확한 성적 분석으로 약점 극복이 가능한 **합격예측 온라인 모의고사**(교재 내 응시권 및 해설강의 수강권 수록)
· 내 점수와 석차를 확인하는 **모바일 자동 채점 및 성적 분석 서비스**
· **해커스공무원 학원 및 인강**(교재 내 인강 할인쿠폰 수록)

2024 최신개정판

해커스공무원

실전동형
모의고사
한국사 2

약점 보완 해설집

해커스공무원

해커스공무원
실전동형
모의고사
한국사 **2**

약점 보완 해설집

해커스공무원

▶ 정답

p.14

01	③ 선사 시대	11	① 고대
02	② 고려 시대	12	② 시대 통합
03	④ 조선 전기	13	③ 일제 강점기
04	③ 근대	14	③ 고대
05	② 시대 통합	15	④ 조선 후기
06	③ 고대	16	④ 고려 시대
07	③ 근대	17	③ 일제 강점기
08	② 고대	18	② 일제 강점기
09	④ 고려 시대	19	② 조선 전기
10	② 현대	20	③ 현대

▶ 취약시대 분석표

영역	세부 유형	문항 수
전근대	선사 시대	/1
	고대	/4
	고려 시대	/3
	조선 전기	/2
	조선 후기	/1
근현대	근대	/2
	일제 강점기	/3
	현대	/2
통합	시대 통합	/2
총계		/20

* 취약시대 분석표를 이용해 1개라도 틀린 문제가 있는 시대는 그 시대의 문제만 골라 해설을 다시 한번 꼼꼼히 학습하세요

---

01 선사 시대 | 구석기 시대
난이도 하 ●○○

자료분석

아슐리안형 주먹 도끼 → 구석기 시대

정답설명

③ 구석기 시대에는 대체로 동굴이나 바위 그늘에서 살거나 강가에 막집을 짓고 살았다.

오답분석

① 청동기 시대: 비파형동검을 사용하였던 시대는 청동기 시대이다. 비파형동검은 중국 요령 지방에 주로 분포하기 때문에 '요령식 동검'이라고도 한다.

② 신석기 시대: 무당과 주술을 믿는 신앙인 샤머니즘 등의 원시 신앙이 등장한 것은 신석기 시대이다.

④ 신석기 시대: 가락바퀴와 뼈바늘을 이용하여 옷이나 그물을 만들어 생활한 것은 신석기 시대이다.

02 고려 시대 | 충선왕의 정책
난이도 중 ●●○

자료분석

종친으로서 동성과 혼인하는 자는 논죄 + 재상지종 → 충선왕의 정책

정답설명

② 충선왕은 국가의 재정을 늘리기 위해 국가가 소금을 전매하는 각염법을 시행하였다.

오답분석

① 공양왕: 과전법을 실시한 왕은 공양왕이다. 과전법은 권문세족의 경제 기반을 약화시키고 신진 사대부들의 경제적 기반을 마련하기 위해 시행된 제도이다.

③ 충숙왕: 찰리변위도감을 설치하여 사회·경제적 개혁을 추진한 왕은 충숙왕이다.

④ 공민왕: 신돈을 등용하여 개혁을 추진한 왕은 공민왕이다. 공민왕은 신돈의

건의에 따라 전민변정도감을 설치하여 권문세족에게 빼앗긴 토지를 원래 주인에게 돌려주는 등의 개혁을 추진하였다.

03 조선 전기 | 향교
난이도 중 ●●○

자료분석

역을 피하는 곳으로 삼음 + 훈도·교수 → (가) 조선 시대의 향교

정답설명

④ 조선 시대의 향교에서는 매년 두 차례 시험을 실시하여 성적 우수자는 소과(생원·진사시)의 초시를 면제해주었다.

오답분석

① 서원: 국가의 사액을 받으면 면세의 특권이 주어진 교육 기관은 서원이다.

② 4부 학당, 서원: 공자의 사당인 문묘가 없는 것은 4부 학당과 서원이다. 한편, 향교에는 공자의 사당인 문묘가 있었다.

③ 조선 시대의 향교에 8세 이상의 남성이면 입학할 수 있었던 것은 맞으나, 이는 양인에만 해당되며 천민은 향교에 입학할 수 없었다.

04 근대 | 영선사
난이도 중 ●●○

자료분석

무기 제조법을 배워오는 일 + 사신의 호칭 → (가) 영선사

정답설명

③ 영선사는 사전 지식 부족과 정부의 예산 부족, 임오군란의 발발로 인해 1년 만에 귀국하였다.

오답분석

① 조사 시찰단: 암행어사의 형태로 비밀리에 파견된 것은 조사 시찰단이다. 조

사 시찰단은 국내 반대 여론으로 인해 암행어사의 형태로 비밀리에 일본에 파견되어 각종 산업 시설을 시찰하였다.

② 보빙사: 조·미 수호 통상 조약 체결 이후 푸트 미국 공사의 조선 부임에 답례하여 파견된 것은 보빙사이다.

④ 1차 수신사: 김기수가 파견되었던 것은 1차 수신사이다. 김기수는 1차 수신사로 파견되어 일본의 각종 신식 제도와 문물을 시찰하고 돌아와 『일동기유』를 저술하였다.

🔖 **이것도 알면 합격!**

사절단 파견

일본	• 수신사: 1차(1876), 2차(1880), 3차(1882) 파견, 강화도 조약 체결 이후 일본 문물의 시찰을 위해 파견 • 조사 시찰단(1881): 박정양·홍영식 등 파견, 일본의 산업 시찰 목적, 국내 반대 여론으로 비밀리에 출·입국
청	영선사(1881): 김윤식 등 파견, 근대 무기 제조법 시찰, 톈진 기기국에서 무기 제조 기술과 군사 훈련법 등을 습득, 귀국 후 서울에 기기창이 설립됨(1883)
미국	보빙사(1883): 민영익·홍영식·유길준 등 파견

---

05 시대 통합 | **조선 시대의 화폐 유통** 난이도 중 ●●○

정답설명

② 조선 시대에 처음으로 동전이 주조된 것은 세종 때이다. 그러나 세종 때 주조된 조선통보는 제대로 유통되지 못하였고, 인조 때 다시 조선통보가 상평청과 개성 등에서 주조되었으나 제대로 유통되지 못하였다.

오답분석

① 조선 후기에는 동전의 유통이 증가하였으나, 18세기 전반부터 지주나 대상인들이 화폐를 고리대나 재산 축적에 이용하면서 시중에 동전이 부족해지는 현상인 전황이 발생하였다.

③ 조선 세조 때 유사시 화살촉으로도 사용할 수 있는 팔방통보를 주조하여 유통시키고자 하였으나 실패하였다.

④ 조선 후기에 상품 화폐 경제가 발달하면서 상인들이 물품을 대규모로 거래할 때 어음, 환 등의 신용 화폐를 이용하였다.

---

06 고대 | **단양 적성비** 난이도 중 ●●○

자료분석

적성 출신의 야이차 → 단양 적성비

정답설명

③ 단양 적성비는 신라 진흥왕이 고구려의 영토였던 단양의 적성 지역을 점령하고 세운 비석으로, 여기에는 점령에 도움을 준 주민 야이차를 포상하는 내용이 기록되어있다.

오답분석

① 북한산비, 황초령비: 조선 후기 김정희가 『금석과안록』을 통해 진흥왕이 세운 것임을 고증한 비석은 북한산비, 황초령비이다.

② 충주(중원) 고구려비: 신라의 왕을 동이 매금으로 칭한 비석은 충주(중원) 고구려비이다.

④ 단양 적성비는 신라 진흥왕이 국경 지역을 돌아보고 세운 순수비에 포함되

지 않는다. 진흥왕 순수비로는 북한산비, 창녕비, 황초령비, 마운령비가 있다.

---

07 근대 | **대한매일신보** 난이도 하 ●○○

자료분석

영국인 베델이 신문사를 창설 → 대한매일신보

정답설명

③ 대한매일신보는 을사늑약의 불법성을 폭로하고 을사늑약이 무효임을 선언하는 고종의 친서를 게재하였다.

오답분석

① 한성주보: 우리나라 신문 최초로 상업 광고를 게재한 신문은 한성주보이다.

② 한성순보: 박문국에서 10일에 한번씩 발간되었으며, 관보적 성격을 띤 신문은 한성순보이다.

④ 독립신문: 우리나라 최초의 민간 신문으로 근대적 지식 보급과 국권·민권 사상을 고취한 신문은 독립신문이다.

---

08 고대 | **고구려 부흥 운동** 난이도 하 ●○○

정답설명

② 옳은 것을 모두 고르면 ㉠, ㉢이다.

㉠ 검모잠이 한성(황해도 재령)을 중심으로, 고연무가 압록강 이북 오골성을 중심으로 고구려 부흥 운동을 전개하였다.

㉢ 고구려 부흥 운동 당시에 보장왕의 서자인 안승을 왕으로 추대하였다.

오답분석

㉡ 백제 부흥 운동: 복신과 도침이 주류성을 중심으로 사비성의 당군을 공격한 것은 백제 부흥 운동이다.

㉣ 백제 부흥 운동: 흑치상지가 임존성에서 소정방이 이끄는 당군을 격퇴한 것은 백제 부흥 운동이다.

---

09 고려 시대 | **『제왕운기』** 난이도 중 ●●○

자료분석

이승휴가 지어서 바침 → 『제왕운기』

정답설명

④ 『제왕운기』는 고려 후기에 이승휴가 편찬한 것으로, 우리나라의 역사를 단군에서부터 서술하면서 우리 역사를 중국사와 대등하게 파악하는 자주성을 나타내었다.

오답분석

① 『삼국사기』: 열전에 김유신 등 신라인이 편중된 역사서는 김부식의 『삼국사기』이다.

② 『삼국유사』: 민간 설화와 신라의 향가 14수가 수록된 역사서는 일연의 『삼국유사』이다.

③ 『사략』: 성리학적 유교 사관이 반영되어 대의명분을 강조한 역사서는 이제현의 『사략』이다.

10   현대 | 7·4 남북 공동 성명   난이도 중 ●●○

자료분석

통일은 자주적으로 해결 + 평화적 방법으로 실현 → 7·4 남북 공동 성명

정답설명

② 7·4 남북 공동 성명 발표 직후 남한에서는 10월 유신을 단행하여 유신 체제를 수립하고, 북한에서는 사회주의 헌법 제정을 단행하여 7·4 남북 공동 성명을 정치 권력 강화에 이용하였다.

오답분석

① 7·4 남북 공동 성명은 박정희 정부 때인 1972년에 발표되었다.

③ **남북 기본 합의서**: 남북 불가침을 위한 남북 군사 공동 위원회 설치를 명시한 문서는 노태우 정부 시기에 발표된 남북 기본 합의서이다.

④ 금강산 관광은 7·4 남북 공동 성명과 관련이 없다. 금강산 관광은 김대중 정부 시기에 대북 화해 협력 정책에 따라 처음 시작되었다.

11   고대 | 선종의 영향을 받은 문화재   난이도 중 ●●○

자료분석

불립문자 + 견성오도 → 선종

정답설명

① 쌍봉사 철감선사탑은 선종의 영향을 받아 만들어진 신라 하대의 대표적인 승탑이다. 신라 하대에는 선종이 확산됨에 따라 승려들의 사리를 봉안하는 승탑과 승려의 일대기를 비석에 새긴 탑비가 유행하였다.

오답분석

② 발해 이불 병좌상은 두 부처가 나란히 앉아있는 모습을 형상화한 불상으로, 고구려 불상 제작 양식을 계승하였다.

③ 법주사 쌍사자 석등은 보은 법주사의 대웅전과 팔상전 사이에 있는 석등이며, 성덕왕 대에 조성된 것으로 추정되고 있다.

④ 금동 미륵보살 반가 사유상은 삼국 시대에 제작된 불상이다.

12   시대 통합 | 간도   난이도 중 ●●○

자료분석

서쪽은 압록강이며 동쪽은 토문강이므로 분수령 위에다 돌을 새겨 표를 삼음 → 백두산 정계비 → 간도

정답설명

② 『조선국교제시말내탐서』는 독도와 울릉도가 조선 영토로 부속된 경위가 기록되어 있는 일본 측 문서로, 조선이 사람을 파견해 독도에 거류하게 하였다는 내용이 기록되어 있다.

오답분석

① 대한 제국으로부터 외교권을 박탈한 일본은 통감부를 설치한 후 간도에 통감부 간도 파출소를 설치(1907)하였다.

③ 1909년에 일제는 청과 간도 협약을 체결하여 간도를 청의 영토로 인정하였고, 그 대가로 청으로부터 남만주의 철도 부설권과 푸순 탄광 채굴권 등을 얻었다.

④ 조선 정부는 1883년에 어윤중을 서북 경략사로 간도에 파견하였으며, 1885년에는 이중하를 토문 감계사로 간도에 파견하였다.

13   일제 강점기 | 국민 대표 회의   난이도 중 ●●○

자료분석

독립운동의 신국면을 타개하려고 함 → 국민 대표 회의

정답설명

③ 국민 대표 회의는 독립운동의 새로운 방향을 모색하기 위하여 1923년 중국 상하이에서 개최되었지만, 임시 정부를 해산하고 새 정부를 만들자는 창조파와 임시 정부를 그대로 두고 개편하자는 개조파의 대립으로 결렬되었다.

오답분석

① 이승만을 탄핵하고 박은식을 대한민국 임시 정부의 제2대 대통령으로 선출한 것은 국민 대표 회의 해산 이후인 1925년의 사실이다.

② 대한민국 임시 정부가 충칭으로 이동한 것은 윤봉길의 훙커우 공원 의거로 인해 일제의 독립운동에 대한 탄압이 강화된 이후의 사실로, 국민 대표 회의와 관련이 없다.

④ 파리 강화 회의에 대표로 김규식을 파견하는 것이 논의된 것과 국민 대표 회의는 관련이 없다. 한편, 상하이의 신한 청년당은 제1차 세계 대전의 전후 처리를 위해 1919년에 개최된 파리 강화 회의에 김규식을 대표로 파견하여 독립 의지를 알렸다.

14   고대 | 고대의 고분   난이도 중 ●●○

정답설명

③ 옳은 것을 모두 고르면 ⓒ, ㉣이다.

ⓒ 신라의 돌무지덧널무덤은 지상이나 지하에 나무 널을 만들고 그것보다 큰 나무 덧널을 만든 다음 냇돌을 쌓고 흙으로 덮은 무덤으로, 도굴이 어려워 많은 부장품이 발견되었다.

㉣ 백제 석촌동 고분은 계단식 돌무지무덤 형태로, 고구려의 초기 무덤 형태와 유사하여 백제 건국 세력이 고구려와 관계가 있음을 보여 준다.

오답분석

㉠ 백제 송산리 6호분에는 둘레돌이 없다. 한편, 왕릉 주위 둘레돌에 12지 신상을 조각한 것은 통일 신라 시대의 굴식 돌방무덤으로 김유신 묘, 성덕왕릉 등이 있다.

ⓒ 굴식 돌방 무덤이며, 모줄임 천장 구조로 축조된 발해의 무덤은 정혜 공주 묘이다. 한편, 정효 공주 묘는 벽돌 무덤 양식에 평행 고임 천장 구조로 축조되었다.

15   조선 후기 | 조선 후기의 사회 모습   난이도 중 ●●○

자료분석

토호들의 향전이 고질적인 폐단을 이룸 → 조선 후기 향촌 사회의 모습

정답설명

④ 양민의 대다수를 차지한 농민을 백정(白丁)이라 부른 시기는 고려 시대이다. 조선 시대의 백정은 도축업에 종사한 계층을 지칭하였다.

오답분석

① 조선 후기에 양반의 권위가 약화되자 양반 사족(구향)들은 자신들의 지위를 유지하기 위해 문중 중심의 서원과 사우를 세우고, 동족 마을을 형성하였다.

② 향회는 양반 사족의 이익을 대변하고 수령을 감찰하는 역할을 담당하였으나, 조선 후기에는 수령의 부세 자문 기관으로 전락하였다.

③ 조선 후기에 농업 기술의 발달로 일부 농민이 부농층으로 성장하였으나, 많은 농민들은 토지를 잃고 광산이나 도시로 나아가 임노동자로 변모하였다.

---

16 고려 시대 | **고려 시대의 관학 진흥책** 난이도 중 ●●○

자료분석

최충 + 문헌공도 + 관학 교육이 위축됨 → 고려 시대의 관학 진흥책

정답설명

④ 고려 예종 때 최충의 9재 학당을 모방하여 국자감에 과거를 준비하기 위한 전문 강좌인 7재를 설치함으로써 관학을 부흥시키고자 하였다.

오답분석

모두 고려 시대의 관학 진흥책과 관련이 없다.

① 일종의 천거제인 현량과를 실시하여 관리를 선발한 것은 조선 중종 때의 사실이다. 한편, 현량과는 학문과 덕행이 뛰어난 인재를 천거한 후 대책만으로 시험하여 관리로 등용한 제도이다.

② 수도에 중등 교육 기관인 4부 학당(중학, 동학, 남학, 서학)을 설치한 것은 조선 시대의 사실이다.

③ 만권당은 충선왕이 원의 수도인 연경에 설치한 학문 연구소로, 관학 진흥책과는 관련이 없다. 충선왕은 왕위를 충숙왕에게 물려주고, 원의 연경(베이징)에 만권당을 설치하여 이제현 등에게 경서를 연구하게 하였다.

---

17 일제 강점기 | **한국광복군** 난이도 중 ●●○

자료분석

대한민국 임시 정부의 군사 조직법에 의해 조직 + 중화민국 영토 내에서 창설 → (가) 한국광복군

정답설명

③ 함경남도 갑산군 보천보 일대에서 경찰 주재소와 면사무소 등을 파괴한 단체는 동북 항일 연군이다.

오답분석

① 한국광복군은 초기에 재정적 어려움으로 인하여 중국 정부의 원조를 받아야 했기 때문에 중국 군사 위원회의 지휘와 간섭을 받았다.

② 한국광복군은 미국 전략 정보국(OSS)의 도움을 받아 국내 정진군을 편성하고, 국내 진공을 준비하였으나 일제의 패망으로 무산되었다.

④ 한국광복군은 인도, 미얀마 등지에 연합군의 일원으로 파견되어 영국군과 연합 작전을 수행하였다.

---

18 일제 강점기 | **일제의 식민지 정책** 난이도 중 ●●○

정답설명

② 시기순으로 바르게 나열하면 ⓒ 조선식산은행 설립(1918) → ㉠ 회사 설립 신고제 전환(1920) → ⓔ 황국 신민 서사 제정(1937) → ⓛ 학도 지원병제 실시(1943)이다.

ⓒ **조선식산은행 설립**: 조선식산은행은 일제가 1918년에 농공은행을 통합하여 설립한 은행으로, 조선 총독부의 중추 금융 기관의 역할을 담당하였다.

㉠ **회사 설립 신고제 전환**: 일본 기업의 조선 진출을 원활하게 하기 위해 회사령을 폐지(1920)하고 회사 설립을 신고제로 전환하였다.

ⓔ **황국 신민 서사 제정**: 일제는 일본 천황에게 충성을 다짐하는 내용의 황국 신민 서사를 제정(1937)하여 조선인에게 암송하도록 강요하였다.

ⓛ **학도 지원병제 실시**: 태평양 전쟁으로 병력을 동원할 필요성이 심화되자, 일제는 1943년에 학도 지원병제를 실시하여 조선의 학생들을 전쟁에 동원하였다.

---

19 조선 전기 | **김종직** 난이도 중 ●●○

자료분석

정몽주의 학문을 계승 + 연산조의 사화(무오사화)에 연루됨 → 김종직

정답설명

② 김종직은 『조의제문』을 지어 세조의 왕위 찬탈을 비판하였다. 이후 김종직의 『조의제문』으로 인하여 연산군 때 무오사화가 일어났다.

오답분석

① **이이**: 성리학 초심자들을 가르치기 위한 아동 수신서인 『격몽요결』을 저술한 인물은 이이이다.

③ **서경덕**: 우주를 존재와 비존재, 생성과 소멸의 연속성을 가진 무한하고 영원한 기(氣)와 허(虛)로 인식하는 태허설을 주장한 인물은 서경덕이다.

④ **조광조**: 중국의 『여씨향약』을 소개하여 성리학적 생활 규범을 향촌 사회에 정착시키고자 한 인물은 조광조이다.

---

20 현대 | **시기별 교육 정책** 난이도 중 ●●○

정답설명

③ 고교 평준화 정책을 시작(1974)한 것은 박정희 정부 시기의 사실이다. 박정희 정부는 고교 평준화 정책을 실시하여 고등학교 간 교육 격차를 완화하고, 고교 입시 과열로 인한 교육 문제와 부작용을 해결하고자 하였다.

오답분석

① 이승만 정부 시기인 1950년에 초등학교(당시 국민학교) 의무 교육제가 시행되었다. 의무 교육은 1948년 제정된 제헌 헌법에 처음 명시되었으며, 1950년에 초등학교 의무 교육이 본격적으로 실시되었다.

② 박정희 정부 시기인 1969년에 입시 경쟁의 과열을 막기 위해 중학교 무시험 진학 제도가 시작되었다.

④ 김영삼 정부 시기인 1993년에 대학 수학 능력 시험이 시작되었다.

▶ 정답

p.20

01	② 고려 시대	11	④ 일제 강점기
02	② 근대	12	② 근대
03	② 고대	13	③ 고대
04	② 고대	14	③ 고려 시대
05	③ 조선 전기	15	② 조선 전기
06	② 근대	16	④ 일제 강점기
07	③ 조선 후기	17	① 선사 시대
08	③ 조선 전기	18	④ 고려 시대
09	③ 고려 시대	19	② 현대
10	② 현대	20	② 근대

▶ 취약시대 분석표

영역	세부 유형	문항 수
전근대	선사 시대	/1
	고대	/3
	고려 시대	/4
	조선 전기	/3
	조선 후기	/1
근현대	근대	/4
	일제 강점기	/2
	현대	/2
통합	시대 통합	/0
총계		/20

* 취약시대 분석표를 이용해 1개라도 틀린 문제가 있는 시대는 그 시대의 문제만 골라 해설을 다시 한번 꼼꼼히 학습하세요

---

01 고려 시대 | 예종 재위 시기의 사실　　난이도 중 ●●○

자료분석

도사 + 복원관을 처음 세움 → (가) 고려 예종

정답설명

② 고려 예종 때는 유학 진흥을 위해 청연각, 보문각 등 왕실 도서관 겸 학문 연구소를 설치하였다.

오답분석

① 고려 현종: 불교를 중시하여 고려 성종 때 폐지된 연등회와 팔관회를 부활시킨 것은 고려 현종 때이다.

③ 고려 인종: 국학의 교육 과정을 국자학, 태학, 사문학, 율학, 서학, 산학의 경사 6학으로 확립하여 관학 교육을 강화한 것은 고려 인종 때이다.

④ 충렬왕: 양현고의 부실을 보강하고자 안향의 건의를 받아들여 교육 기금인 섬학전을 설치한 것은 충렬왕 때이다.

---

02 근대 | 근대 개혁 정책　　난이도 하 ●○○

정답설명

② 옳은 것을 모두 고르면 ㉠, ㉢이다.

㉠ 제1차 갑오개혁 때 신식 화폐 발행 장정을 제정하여 은본위 화폐 제도를 시행하였다. 이외에도 제1차 갑오개혁 때는 경제 개혁의 일환으로 조세의 금납제를 시행하였으며, 도량형을 개정·통일하였다.

㉢ 제2차 갑오개혁 때 교육의 중요성을 강조한 교육 입국 조서를 발표하여 근대적 교육 제도를 마련하였으며, 한성 사범 학교를 설립하였다.

오답분석

㉡ 광무개혁: 지방 행정 체제가 23부에서 13도로 개편된 것은 광무개혁 때이다.

㉣ 지조법을 개혁하여 관리의 부정을 막고 백성을 보호하며 재정을 확보하고자 한 것은 갑신정변 때 발표된 14개조 혁신 정강의 내용으로, 광무개혁과는 관련이 없다.

---

03 고대 | 최치원　　난이도 하 ●○○

자료분석

황소에게 고함 → 「토황소격문」 → 최치원

정답설명

② 최치원은 신라의 역사를 연표 형식으로 정리한 『제왕연대력』을 저술하였다.

오답분석

① 위홍, 대구 화상: 진성 여왕의 명을 받아 향가집인 『삼대목』을 편찬한 인물은 각간 위홍과 대구 화상이다.

③ 최승우: 6두품 출신으로 후백제 견훤의 책사로 활약한 인물은 최승우이다.

④ 장보고: 당나라에서 서주 무령군 소장으로 복무한 인물은 장보고이다.

---

04 고대 | 소수림왕 재위 시기의 사실　　난이도 하 ●○○

자료분석

순도 + 이불란사를 창건 → 소수림왕

정답설명

② 소수림왕 때는 율령을 반포하여 통치 체제를 정비하였고, 유학 교육을 강화하기 위하여 국립 대학인 태학을 설립하였다.

오답분석

① 고국원왕: 전연 모용황의 공격을 받아 수도가 함락된 것은 고국원왕 때이다. 고국원왕 때 요동 지방을 놓고 중국의 전연과 공방전을 벌이다가 모용황의 침공으로 수도가 함락되었으며, 미천왕릉이 도굴되어 미천왕의 시신을 빼앗겼다.

③ 광개토 대왕: 후연을 공격하여 요동 지역에 진출한 것은 광개토 대왕 때이다.

④ 영양왕: 고구려의 담징이 일본에 종이와 먹의 제작 방법을 전해준 것은 영양왕 때이다.

05 조선 전기 | 조선 전기에 편찬된 서적 난이도 중 ●●○

정답설명
③ 조선 전기 세종 때 동양 의학을 집대성하여 편찬한 의학 백과사전은 『의방유취』이다. 『방약합편』은 조선 후기 고종 때 의학자 황도연의 유언에 따라 그 아들인 황필수가 편찬한 의학서이다.

오답분석
① 조선 전기 성종 때 정읍사, 처용가 등이 한글로 수록된 『악학궤범』이 편찬되었다.
② 조선 전기 세조 때 강희안이 원예서인 『양화소록』을 저술하여 다양한 화초 재배 방법을 소개하였다.
④ 조선 전기 세종 때 우리나라의 한자음을 바로잡아 통일된 표준음을 정하려는 목적으로 신숙주, 박팽년 등이 『동국정운』을 편찬하였다.

06 근대 | 조·일 통상 장정 개정(1883) 난이도 중 ●●○

자료분석
일본 상선은 톤세로 톤당 225문 납부(관세 규정) + 일본국 관리와 백성도 일체 그 혜택을 받음(최혜국 대우) → 조·일 통상 장정 개정(1883)

정답설명
② 1883년에 개정된 조·일 통상 장정에서 곡물 유출을 막는 방곡령 규정이 합의되었다.

오답분석
① 군산이 개항된 것은 대한 제국 시기인 1899년으로, 조·일 통상 장정과 관련이 없다.
③ 강화도 조약(조·일 수호 조규): 일본국 항해자가 조선 연해의 자유로운 측량을 인정한다는 내용이 있는 것은 강화도 조약(조·일 수호 조규)이다.
④ 조·일 수호 조규 부록: 일본 상인의 활동 범위(간행이정)를 개항장 사방 10리로 한정한 것은 조·일 수호 조규 부록이다.

07 조선 후기 | 영조의 업적 난이도 중 ●●○

자료분석
준천사를 설치 + 신문고를 다시 설치 → 영조

정답설명
③ 영조는 이조 전랑의 권한을 축소하기 위해 이조 전랑의 3사 관리 추천 관행(통청권)과, 후임자 추천권(자대권)을 폐지하였다.

오답분석
① 숙종: 대동법을 전국적으로 확대 실시한 왕은 숙종이다. 대동법은 광해군 때 경기도에서 처음 실시되었으며, 이후 숙종 때 평안도·함경도·제주도를 제외한 전국으로 확산되었다.
② 정조: 대청 및 대일 관계의 교섭 문서를 정리한 『동문휘고』와 호조의 사례를 정리한 『탁지지』 등을 편찬한 왕은 정조이다.
④ 정조: 수령이 군현 단위의 향약을 직접 주관하게 하여 지방 사족의 영향력을 줄이고 수령의 권한을 강화한 왕은 정조이다.

08 조선 전기 | 무오사화 난이도 중 ●●○

자료분석
초나라 회왕(의제) + 글을 지어 조문함 → 「조의제문」 → 무오사화

정답설명
③ 무오사화는 김일손이 「조의제문」을 「사초」에 기록한 것을 훈구 세력이 문제 삼아 일으킨 사건으로, 무오사화의 결과 김일손을 비롯한 다수의 사림이 정계에서 제거되었다.

오답분석
① 을사사화: 윤원형 세력(소윤)이 윤임 세력(대윤)을 축출한 것은 명종 때 발생한 을사사화이다.
② 정철의 건저 사건: 동인이 남인과 북인으로 갈린 계기가 된 것은 정철의 건저 사건이다. 서인인 정철이 건저 문제(세자 책봉 문제)로 선조의 미움을 받아 탄핵되었을 때, 정철에 대한 처벌 문제를 둘러싸고 동인은 온건파인 남인과 강경파인 북인으로 분화하였다.
④ 갑자사화: 폐비 윤씨 사사 사건에 관련된 김굉필 등의 사림 세력들이 피해를 입은 사건은 갑자사화이다.

09 고려 시대 | 지눌 난이도 중 ●●○

자료분석
예불과 독경을 하고 노동에 힘을 쏟자 → 『권수정혜결사문』 → 지눌

정답설명
③ 지눌은 수행법으로 선과 교학이 근본에 있어 둘이 아니라는 정혜쌍수와 내가 곧 부처라는 깨달음과 꾸준한 수행을 아울러 강조한 돈오점수를 주장하였다.

오답분석
① 의천(고려): 교종을 중심으로 선종을 통합하기 위해 국청사를 창건하고 해동 천태종을 창시한 인물은 고려의 승려 의천이다.
② 원측(통일 신라): 당의 현장으로부터 유식학을 배우고, 중국 서명사에서 서명학파를 형성한 인물은 통일 신라의 승려 원측이다.
④ 의상(통일 신라): 인간의 현실적인 문제점을 해결해주는 관음 보살을 신봉하는 관음 신앙을 이끈 인물은 통일 신라의 승려 의상이다.

10 현대 | 김영삼 정부 시기의 경제 상황 난이도 중 ●●○

자료분석
문민 정부 → 김영삼 정부

정답설명
② 김영삼 정부 시기인 1993년에는 모든 금융 거래에 거래 당사자의 본명을 쓰도록 한 제도인 금융 실명제를 실시하였다.

오답분석
① 이승만 정부: 미국의 경제 원조로 제분·제당·면방직의 삼백 산업이 발달한 것은 이승만 정부 때이다.
③ 노무현 정부: 한국과 칠레 사이에 자유 무역 협정이 체결된 것은 노무현 정

부 때이다.

④ 박정희 정부: 제1차 경제 개발 5개년 계획을 추진하여 경공업과 사회 간접 자본 확충을 위한 비료·시멘트 등의 산업을 육성한 것은 박정희 정부 때이다.

---

11 일제 강점기 | 형평 운동
난이도 중 ●●○

자료분석
백정의 칭호가 없어지고 평민이 된 우리들 + 40여 만의 단결 → 형평 운동

정답설명
④ 형평 운동을 주도한 조선 형평사는 사회주의와 연계하여 각종 파업과 소작 쟁의에 참여하는 등 다른 사회 운동 단체와 함께 적극적인 활동을 전개하였다.

오답분석
① 형평 운동은 갑오개혁(1894) 직후가 아닌, 일제 강점기인 1920년대에 경남 진주에서 시작되었다.

② 형평 운동은 1920년대 초에 일본에서 천민 신분이던 부락민들이 수평사(水平社)를 조직하여 전개한 수평 운동의 영향을 받아 전개된 것이다.

③ 일진회는 1904년부터 1910년까지 존속되었던 친일 단체로, 형평 운동이 전개되기 이전에 해체되었다.

---

12 근대 | 서재필
난이도 중 ●●○

자료분석
남녀 상하 귀천이 모두 보게 함 + 구절을 띄어 씀 → (가) 독립신문 → 서재필

정답설명
② 서재필은 근대적 자주 독립 국가의 건설을 목표로 독립 협회를 설립하여 민중 계몽 운동과 자주 국권 운동을 전개하였다.

오답분석
① 이완용 등: 을미사변 이후 신변의 위협을 느낀 고종이 러시아 공사관으로 거처를 옮긴 아관 파천을 주도한 인물은 이완용, 이범진 등의 친러파 관료들이다.

③ 박용만, 이승만 등: 미주 지역의 여러 독립 운동 단체를 통합한 대한인 국민회를 조직한 인물은 박용만, 이승만 등이다.

④ 홍영식: 초대 우정국 총판에 임명된 인물은 홍영식이다.

---

13 고대 | 신라의 경제 정책과 활동
난이도 중 ●●○

정답설명
③ 시기순으로 나열하면 ⓒ 동시전 설치(지증왕, 6세기 초) → ⓛ 중국과 직접 교역(진흥왕, 6세기 중반) → ㉠ 남시 설치(효소왕, 7세기 말) → ㉣ 녹읍 부활(경덕왕, 8세기 중반)이 된다.

ⓒ 동시전 설치: 신라는 지증왕 때 시장인 동시를 개설하고, 시장을 감독하는 관청인 동시전을 설치하였다(509).

ⓛ 중국과 직접 교역: 신라는 6세기 중반 진흥왕 때 한강 유역을 확보한 이후

에는 당항성을 통해 중국과 직접 교역하였다.

㉠ 남시 설치: 신라는 통일 이후 경주의 인구가 증가하고, 상품 생산이 늘어남에 따라 효소왕 때 수도에 서시와 남시를 추가로 설치하였다(695).

㉣ 녹읍 부활: 신라는 경덕왕 때 귀족들의 반발로 녹읍을 부활시켰다(757).

---

14 고려 시대 | 무신 집권기에 발생한 봉기
난이도 중 ●●○

자료분석
(가) 정중부 집권(1170) ~ 경대승 집권(1179)
(나) 경대승 집권(1179) ~ 이의민 집권(1183)
(다) 이의민 집권(1183) ~ 최충헌 집권(1196)
(라) 최충헌 집권(1196) ~ 최우 집권(1219)

정답설명
③ (다) 시기인 1193년에 김사미는 운문(청도)에서 효심은 초전(울산)을 중심으로 신라의 부흥을 표방하며 봉기하였다.

오답분석
① (라) 시기: 최광수가 서경에서 고구려 부흥을 표방하며 봉기한 것은 최충헌 집권기인 1217년으로, (라) 시기의 사실이다.

② (라) 시기: 개경에서 최충헌의 사노비였던 만적이 노비들을 모아 반란을 모의한 것은 최충헌 집권기인 1198년으로, (라) 시기의 사실이다.

④ (가) 시기: 망이·망소이가 공주 명학소에서 봉기한 것은 정중부 집권기인 1176년으로, (가) 시기의 사실이다.

---

15 조선 전기 | 사림
난이도 중 ●●○

자료분석
기묘년 + 현량과 + 중종이 크게 노하여 (가)들에게 죄를 가함 → (가) 사림

정답설명
② 사림은 성리학적 관념인 도덕과 의리를 바탕으로 한 왕도 정치를 강조하였다.

오답분석
모두 훈구에 대한 설명이다.

① 훈구는 계유정난 때 세조가 즉위하는데 공을 세워 권력을 장악하였다.

③ 훈구는 주로 대지주층이었으며 관학파의 학문을 계승하였다. 한편, 사림은 주로 중소 지주층이었다.

④ 훈구는 부국강병을 위해 성리학 이외에 학문에도 관대하여 민생 안정에 도움이 되는 것은 어느 정도 수용하였다. 한편, 사림은 경학을 중시하여 성리학 이외의 학문을 배척하였다.

🖋 이것도 알면 합격!

사림

기원	고려 말 온건파 사대부가 사림파 형성
경제적 기반	영남·기호 지방의 중소 지주
정치적 성향	향촌 자치를 내세우며 도덕과 의리를 바탕으로 하는 왕도 정치 강조
학문	경학 중시, 성리학 이외의 사상 배척

16 일제 강점기 | 1910년대의 국내 비밀 결사 난이도 중 ●●○

자료분석

(가) 대구에서 박상진, 김좌진 등이 조직 → 대한 광복회
(나) 임병찬 + 국권 피탈의 부당성 지적 → 독립 의군부
(다) 숭실 학교 재학생과 졸업생이 주축 + 대조선 국민군단의 국내 지부
　→ 조선 국민회

정답설명

④ 대한 광복회, 독립 의군부, 조선 국민회 모두 1910년대 국내에서 결성된 비밀 결사 단체이다.

오답분석

① 독립 의군부: 고종의 비밀 지령을 받아 조직된 단체는 독립 의군부이다.
② 대한 광복회: 공화 정체의 근대 국가 수립을 목표로 삼았던 단체는 대한 광복회이다. 한편, 독립 의군부는 왕정의 복고를 목적으로 하는 복벽주의를 표방하였다.
③ (다)는 조선 국민회이다. 한편, 송죽회는 평양 숭의 여학교 교사와 학생들을 중심으로 1913년에 평양에서 조직된 비밀 결사 단체로, 여성 계몽 운동을 전개하였고, 해외 독립운동에 자금을 지원하였다.

이것도 알면 합격!

1910년대 기타 항일 비밀 결사 단체

송죽회	• 평양 숭의 여학교 교사와 학생들을 중심으로 조직 • 여성 계몽 운동을 전개하였고, 해외 독립운동에 자금 지원
조선 국권 회복단	• 이시영 등이 시회(詩會)를 가장하여 조직한 비밀 결사 단체 • 3·1 운동 참여, 임시 정부에 군자금 송금, 파리 강화 회의에 독립 청원서를 제출하는 것에도 참여
대한 광복단	• 채기중 등이 경북 풍기에서 결성한 비밀 결사(풍기 광복단) • 독립군 양성을 위한 무기 구입, 군자금 모금 등의 활동 전개

17 선사 시대 | 초기 국가의 사회 풍속 난이도 하 ●○○

정답설명

① 옳은 것을 모두 고르면 ㉠, ㉡이다.
㉠ 고구려에서는 형이 죽으면 동생이 형수를 취하는 혼인 풍습인 형사취수혼이 행해졌다.
㉡ 삼한의 제천 행사는 5월에 거행되었던 수릿날과 10월에 거행되었던 계절제로 구성되어 있었다.

오답분석

㉢ 옥저: 무덤에 시신을 안치할 때 목곽 입구에 죽은 자의 식량으로 쌀 항아리를 매달아 놓았던 국가는 옥저이다.
㉣ 동예: 매년 10월에 무천이라는 제천 행사를 열었고, 각 부족의 영역을 엄격히 지켜 만약 다른 부족의 생활권을 침범하면 책화라 하여 노비나 소, 말로 변상하도록 한 국가는 동예이다.

18 고려 시대 | 묘청의 서경 천도 운동 난이도 중 ●●○

자료분석

㉠ 묘청, ㉡ 대화궁, ㉢ 묘청의 난

정답설명

④ 국호를 장안으로 하고, 연호를 경운이라 하여 일어난 반란은 통일 신라 시대에 일어난 김헌창의 난이다. 묘청은 국호를 대위국으로 하고, 연호를 천개로 하여 반란을 일으켰다.

오답분석

① 묘청은 고려 인종에게 칭제건원(황제를 칭하고 독자적인 연호 사용)과 금나라의 정벌을 주장하였다.
② 대화궁은 묘청이 주장한 풍수지리 사상(서경 길지설)에 근거하여 서경의 임원역에 건립된 궁궐이다.
③ 신채호는 『조선사연구초』에서 묘청의 난을 '조선 역사 일천년래 제일대사건'이라고 평가하였다.

19 현대 | 좌·우 합작 위원회 난이도 중 ●●○

자료분석

좌익이 제시한 5가지 조건 + 우익 대표의 답변 → 좌·우 합작 위원회

정답설명

② 좌·우 합작 위원회는 몰수, 유조건 몰수, 체감매상(遞減買上) 등에 의한 토지 무상 분배를 주장하였다. 한편, 토지의 유상 몰수와 유상 분배는 이승만 정부가 시행한 농지 개혁법의 내용이다.

오답분석

① 좌·우 합작 위원회는 미·소 공동 위원회의 속개를 요청하는 공동 성명을 발표할 것을 합의하였다.
③ 좌·우 합작 위원회는 중도 좌파인 여운형과 중도 우파인 김규식의 주도로 결성되었다.
④ 좌·우 합작 위원회는 모스크바 3국 외상 회의의 결정 사항을 수용하여 통일 임시 정부 수립을 위한 활동을 벌였다.

20 근대 | 근대의 주요 장소와 역사적 사실 난이도 중 ●●○

정답설명

② 전화기가 처음으로 설치된 곳은 경운궁(덕수궁)이다.

오답분석

① 종묘는 고종이 제2차 갑오개혁 때 문무백관을 거느리고 나아가 독립 서고문을 바치고 갑오개혁의 목표를 명문화한 홍범 14조를 반포한 곳이다.
③ 경운궁(덕수궁)은 아관파천 이후 고종이 환궁하여 대한 제국을 선포하면서 정궁으로 삼은 곳이다.
④ 환구단(원구단)은 고종이 국호를 대한 제국, 연호를 광무로 하여 황제 즉위식을 거행한 곳이다.

▶ 정답
p.26

01	① 고대	11	② 조선 전기
02	④ 조선 전기	12	③ 조선 후기
03	③ 고대	13	② 고려 시대
04	④ 현대	14	④ 조선 전기
05	④ 고대	15	② 일제 강점기
06	④ 근대	16	④ 근대
07	② 고려 시대	17	④ 현대
08	② 조선 전기	18	③ 시대 통합
09	② 고려 시대	19	② 근대
10	③ 고대	20	③ 고대

▶ 취약시대 분석표

영역	세부 유형	문항 수
전근대	선사 시대	/0
	고대	/5
	고려 시대	/3
	조선 전기	/4
	조선 후기	/1
근현대	근대	/3
	일제 강점기	/1
	현대	/2
통합	시대 통합	/1
총계		/20

* 취약시대 분석표를 이용해 1개라도 틀린 문제가 있는 시대는 그 시대의 문제만 골라 해설을 다시 한번 꼼꼼히 학습하세요

---

01 고대 | 의자왕 재위 시기의 사실 난이도 중 ●●○

자료분석

무왕의 맏아들 + 해동증자 → (가) 의자왕

정답설명

① 의자왕 때 윤충이 신라의 대야성(현재의 합천)을 함락시키고, 성주인 품석과 그의 아내를 죽였다.

오답분석

② **동성왕**: 신라 이벌찬 비지의 딸과 결혼하여 결혼 동맹을 체결(493)한 것은 동성왕 때이다.

③ 백제·왜 연합군이 나·당 연합군과 백강 전투를 벌인 것은 백제가 멸망한 이후인 663년이다.

④ **고이왕**: 왕과 귀족들이 모여 정사를 보는 관청인 남당을 설치한 것은 고이왕(234~286) 때이다.

---

02 조선 전기 | 조식 난이도 중 ●●○

자료분석

서리가 나라를 마음대로 했던 것 → 서리 망국론 → 조식

정답설명

④ 현명한 신하가 군주에게 성학을 가르쳐 그 기질을 변화시켜야 한다고 주장한 인물은 이이이다.

오답분석

① 조식의 학풍을 따르는 문인들은 주로 북인이 되었다.

② 조식은 경과 의를 근본으로 하는 실천적 성리학풍을 창도하였다. 조식은 마음이 밝은 것을 '경(敬)'이라 하고 밖으로 과단성 있는 것을 '의(義)'라 정의하며 학문의 실천성을 강조하였다.

③ 임진왜란 때 조식의 문하에서 곽재우, 정인홍 등의 의병장이 많이 배출되었다.

---

03 고대 | 흥덕왕의 사치 금지령 발표 이전의 사실 난이도 중 ●●○

자료분석

사치와 호화를 다투게 됨 + 일정한 형벌 → 흥덕왕의 사치 금지령(834)

정답설명

③ 신라와 발해 간에 등제 서열 사건이 일어난 것은 사치 금지령 발표(834) 이후인 906년의 사실이다. 등제 서열 사건이란 발해의 관리 오소도가 당나라 빈공과에 합격한 자신의 아들 오광찬의 석차를 신라의 최언위보다 높여줄 것을 요청하였지만 당나라에서 거절한 사건이다.

오답분석

모두 흥덕왕의 사치 금지령 발표 이전의 사실이다.

① 성덕 대왕 신종이 완성된 것은 771년으로, 혜공왕 때의 사실이다.

② 대조영이 고구려 유민과 말갈족을 규합하여 지린성의 동모산 기슭에 진국을 건국한 것은 698년의 사실이다.

④ 신라에서 급찬 숭정을 발해에 사신으로 보낸 것은 812년으로, 헌덕왕 때의 사실이다.

---

04 현대 | 현대사의 전개 난이도 중 ●●○

정답설명

④ 시기순으로 나열하면 (라) 소급 입법 개헌(4차 개헌, 1960) → (다) 국가 재건 최고 회의 구성(1961) → (나) 김종필·오히라 비밀 회담(1962) → (가) 브라운 각서 체결(1966)이다.

(라) **소급 입법 개헌**: 장면 내각 정부는 3·15 부정 선거 및 부정 축재자를 소급하여 처벌하기 위해 소급 입법 개헌(4차 개헌, 1960)을 통과시켰다.

(다) **국가 재건 최고 회의 구성**: 5·16 군사 정변으로 정권을 장악한 박정희 등의 군부 세력은 군사 혁명 위원회를 재편하여 국가 재건 최고 회의를 구성(1961)하였다.

(나) **김종필·오히라 비밀 회담**: 중앙 정보부장 김종필과 일본 외무 장관 오히

라가 대일 청구권 문제, 재일 동포의 법적 지위 문제 등에 대한 비밀 회담을 전개하였다(1962).

(가) 브라운 각서 체결: 박정희 정부는 미국의 요청으로 베트남에 추가 파병하는 대신 한국군의 현대화 및 경제 발전을 위한 원조를 제공받기로 명시한 브라운 각서를 체결하였다(1966).

---

05 고대 | 궁예와 견훤   난이도 하 ●○○

자료분석

(가) 견으로 성씨를 삼음 + 아버지는 아자개 → 견훤
(나) 아버지는 제47대 헌안왕 + 선종(善宗) → 궁예

정답설명

④ 궁예는 국정을 총괄하는 기관인 광평성을 비롯한 여러 관서를 설치하였고, 9관등제를 마련하였다.

오답분석

① 궁예: 무태, 수덕만세, 정개 등의 연호를 사용한 인물은 궁예이다.
② 궁예: 부석사에 있는 신라 왕의 화상을 훼손하여 반신라적 감정을 드러낸 인물은 궁예이다.
③ 견훤: 후당, 오월과도 통교하는 등 중국과 적극적으로 교류한 인물은 견훤이다.

---

06 근대 | 화폐 정리 사업   난이도 중 ●●○

자료분석

구 백동화 + 새로운 화폐와 교환 → 화폐 정리 사업

정답설명

④ 화폐 정리 사업의 추진 결과 대한 제국의 백동화가 일본 제일은행에서 발행한 제일은행권으로 교환됨으로써, 일본 제일은행이 대한 제국의 화폐 발행을 담당하는 중앙은행의 역할을 하게 되었다.

오답분석

① 화폐 정리 사업은 전환국이 아닌 탁지부의 주도로 시행되었다.
② 은화를 발행하여 본위화로 삼고자 한 것은 제1차 갑오개혁 때 발표된 신식 화폐 발행 장정의 내용이다. 화폐 정리 사업은 은이 아닌 금 본위 화폐 제도에 입각하여 추진되었다.
③ 화폐 정리 사업 때 한국인들이 소유한 화폐 중 상당수는 을종이나 병종으로 분류되어 국내 상공업자들의 화폐 자산은 감소하였다.

---

07 고려 시대 | 초조대장경과 재조대장경   난이도 중 ●●○

자료분석

(가) 몽골이 환란을 일으킴 + (가)의 판본이 불에 탐 → 초조대장경
(나) 시중 최항(최우의 아들) + (나)를 판각함 → 재조대장경

정답설명

② 초조대장경은 거란의 침입을 불법의 힘으로 극복하기 위해 현종 때부터 제작이 시작되었다.

오답분석

① **재조대장경:** 강화의 대장도감과 진주의 분사대장도감에서 제작된 것은 재조대장경이다.
③ 대구 부인사에 보관되어 있던 것은 초조대장경이며, 초조대장경은 왜구가 아닌 몽골의 침입으로 소실되었다.
④ **교장:** 고려와 송·요·일본의 불경 주석서를 모아 교장도감에서 제작된 것은 교장이다.

---

08 조선 전기 | 조선 시대의 언론 기관   난이도 중 ●●○

정답설명

② 대언사라고도 불리며 왕명의 출납을 담당한 기관은 승정원이다. 한편, 사간원은 간원·미원이라고도 불리며 왕에게 간쟁과 논박을 하며 정사를 비판하는 역할을 하였다.

오답분석

① 조선 시대의 사헌부는 발해의 감찰 기구인 중정대와 비슷한 역할을 하여 중앙 관리와 지방 수령 등의 비리를 감찰하였다.
③ 홍문관은 옥당, 옥서 등으로 일컬어졌으며, 홍문관의 장(長)은 정2품의 대제학이었다.
④ 사헌부는 백부(柏府)·상대(霜臺)·오대(烏臺)라는 별칭이 있었다.

이것도 알면 합격!

조선 시대의 삼사

구성	• 사헌부: 중앙과 지방의 모든 관원에 대한 감찰 • 사간원: 왕에게 간쟁과 논박을 하며 정사 비판 • 홍문관: 문필 활동을 하면서 언론 기능 담당
특징	• 권력의 독점과 부정을 방지 • 양사(사헌부, 사간원)의 대간은 5품 이하 관리를 임명할 때 가부를 승인하는 서경권 행사

---

09 고려 시대 | 충렬왕 재위 시기의 사실   난이도 중 ●●○

자료분석

도병마사를 도평의사사로 고침 → 충렬왕

정답설명

② 충렬왕 때는 원이 자비령 이북 지역을 통치하기 위해 평양에 설치한 동녕부와 목마장을 운영하기 위해 제주에 설치한 탐라총관부가 고려에 반환되었다.

오답분석

① **충혜왕:** 개혁 기구인 편민조례추변도감이 설치된 것은 충혜왕 때이다.
③ **공민왕:** 쌍성총관부를 공격하여 철령 이북 땅을 수복한 것은 공민왕 때이다. 공민왕은 원의 직할지였던 쌍성총관부를 공격하여 원에 빼앗겼던 철령 이북 지역을 무력으로 수복하였다.
④ **충선왕:** 사림원을 설치하여 신진 관료를 중심으로 개혁을 단행한 것은 충선왕 때이다.

10 고대 | 진덕 여왕 재위 시기의 사실　　난이도 중 ●●○

자료분석

중국의 의관을 입기 시작함 + 처음으로 '영휘'라는 연호를 씀 → 진덕 여왕

정답설명

③ 진덕 여왕 때 국가 재정 업무를 담당하던 품주를 고쳐 왕명 출납과 국가 기밀을 관장하는 집사부와 재정을 관장하는 창부를 설치하였다.

오답분석

① 신문왕: 김흠돌의 반란이 일어난 것은 신문왕 때이다. 신문왕은 장인인 김흠돌의 반란을 진압하는 동시에 귀족 세력을 숙청하여 왕권을 강화하였다.

② 무열왕: 사정부를 처음으로 설치하여 관리들이 비리를 감찰한 것은 무열왕 때이다.

④ 신문왕: 문무 관리들에게 관등에 따라 차등 있게 토지의 수조권만을 인정하는 관료전을 지급하기 시작한 것은 신문왕 때이다.

11 조선 전기 | 향약　　난이도 하 ●○○

자료분석

도약정, 부약정 및 직월·사화를 선출 → 향약

정답설명

② 향약은 향촌의 전통적 공동 조직과 미풍양속을 계승하면서 삼강오륜을 중심으로 한 유교 윤리를 바탕으로 재구성한 것이다.

오답분석

① 향약에는 여성을 비롯하여 양반부터 노비에 이르는 모든 향촌 주민이 편성되었다.

③ 유향소: 수령을 보좌하고 향리를 규찰하였으며 경재소의 통제를 받은 것은 유향소이다.

④ 서원: 선현에 대한 제사와 인재 교육, 향음주례 등의 역할을 담당하였던 것은 서원이다.

12 조선 후기 | 이인좌의 난과 신유박해 사이의 사실　　난이도 중 ●●○

자료분석

(가) 역적의 괴수 이인좌를 참함 → 이인좌의 난(1728)
(나) 이승훈, 정약용의 죄가 무거움 + 사학이라는 것은 반드시 나라에 화를 가져옴 → 신유박해(1801)

정답설명

③ (가), (나) 사이 시기인 1776년에 정조가 자신의 권력과 정책을 뒷받침할 수 있는 인재를 양성하기 위해 궁궐 내에 규장각을 설치하였다.

오답분석

① (가) 이전: 김육 등의 건의로 시헌력을 채택한 것은 효종 때인 1653년으로, (가) 시기 이전의 사실이다.

② (나) 이후: 몰락 양반인 최제우가 동학을 창시한 것은 철종 때인 1860년으로, (나) 시기 이후의 사실이다.

④ (가) 이전: 정봉수가 용골산성에서 의병을 일으켜 후금군에게 항전한 것은 인조 때인 1627년으로, (가) 시기 이전의 사실이다.

13 고려 시대 | 고려 시대의 대외 무역　　난이도 하 ●○○

자료분석

(가) 대성악 유입 → 송
(나) 원에 의해 두 차례 실시된 원정에 동원 → 일본

정답설명

② 고려가 주로 모피와 말 등을 수입하고, 농기구와 곡식 등을 수출한 국가는 북방의 거란과 여진이다.

오답분석

① 고려 전기에는 서해안의 해로를 통해 송과 가장 활발하게 무역 활동을 전개하여 인삼, 종이, 먹 등을 수출하였고, 왕실과 귀족의 수요품인 비단, 약재, 서적, 차 등을 수입하였다.

③, ④ 고려는 일본과 11세기 후반부터 본격적으로 교역하여 수은과 유황 등을 수입하였고, 곡식, 인삼, 서적 등을 수출하였다.

14 조선 전기 | 동인의 남·북 분당　　난이도 중 ●●○

자료분석

• 정여립의 역모 + 정철이 위관 → 정여립 모반 사건(기축옥사)
• 정철이 세자 책봉 문제로 처벌을 받음 → 건저의 사건

정답설명

④ 동인은 광해군을 세자로 책봉하기를 건의(건저의 사건)한 정철에 대한 처벌 문제를 둘러싸고 온건파인 남인과 강경파인 북인으로 나뉘어졌다.

오답분석

① 숙종 때 경신환국 이후 서인은 남인에 대한 처벌을 둘러싸고 송시열 중심의 노론과 윤증 중심의 소론으로 분화되었다.

② 시파와 벽파의 갈등은 사도 세자의 죽음(임오화변)에 대한 입장 차이로 정조 때 발생하였다.

③ 선조 때 사림은 이조 전랑의 임명 문제와 척신 정치의 잔재 청산 문제를 둘러싸고 심의겸을 중심으로 한 서인과 김효원을 중심으로 한 동인으로 분화되었다.

15 일제 강점기 | 대일 선전 포고 이후의 사실　　난이도 상 ●●●

자료분석

하나의 전투 단위로서 추축국에 선전함 → 대일 선전 포고(1941)

정답설명

② 대일 선전 포고 이후인 1945년에 대한 애국 청년단의 조문기 등이 경성 부민관에서 열린 아세아 민족 분격 대회장에 폭탄을 투척한 부민관 의거가 일어났다.

모두 대일 선전 포고 이전의 사실이다.

① 지주 문재철과 그를 비호하는 일제에 대항하여 암태도의 소작인들이 암태도 소작 쟁의를 일으킨 것은 1923년이다.

③ 의열단원인 나석주가 동양 척식 주식회사와 조선식산은행에 폭탄을 투척한 것은 1926년이다.

④ 일본인 감독이 조선인 노동자를 폭행한 사건을 계기로 임금 인상, 노동 조건의 개선 등을 요구하며 원산 노동자 총파업이 일어난 것은 1929년이다.

16 근대 | 이만손과 유길준 난이도 중 ●●○

자료분석

(가) 『사의조선책략』이 유포된 것을 보고 머리카락이 곤두섬 → 영남 만인소 → 이만손
(나) 중립이 우리나라를 지키는 방책 → 조선 중립화론 → 유길준

정답설명

④ 미국에 보빙사로 파견된 유길준은 유럽 각국을 순방한 후 귀국하여 서양 각국의 지리, 역사, 정치와 교육, 행정, 문화 등을 일목요연하게 정리한 『서유견문』을 저술하였다.

오답분석

① **최익현**: 왜양 일체론을 바탕으로 5불가소를 주장하며 개항 반대 운동을 전개한 인물은 최익현이다.

② **이항로**: 『화서아언』에서 프랑스와의 통상을 반대하고, 서양 세력과 끝까지 항전해야 한다고 주장한 인물은 이항로이다.

③ **박영효**: 김홍집과 연립 내각을 구성하여 제2차 갑오개혁을 단행한 인물은 박영효이다.

17 현대 | 광복 직후의 정치 단체 난이도 중 ●●○

정답설명

④ 바르게 연결한 것은 ㉠ 남조선 신민당, ㉡ 국민당, ㉢ 한국 민주당이다.

㉠ 남조선 신민당은 백남운을 중심으로 중산층 이상의 공산주의 지식인들이 조직한 정당으로, 연합성 신민주주의 등 민족 통일 전선을 주장하였다.

㉡ 국민당은 안재홍이 점차 좌경화되어가는 조선 건국 준비 위원회에 불만을 품고 부위원장직을 사퇴한 뒤 창당한 정당이다.

㉢ 한국 민주당은 조선 건국 준비 위원회에 불참한 송진우, 김성수 등 민족주의 계열을 중심으로 조직된 정당이다. 한국 민주당은 미 군정청과 긴밀한 관계를 유지하며 우익 진영의 대표 정당으로 발전하였다.

오답분석

• **조선 인민당**: 여운형 등 중도 좌파 세력을 중심으로 결성된 정당으로, 진보적 민주주의를 표방하면서 좌·우 합작을 추진하였다.

• **민족 자주 연맹**: 여러 정치 단체가 합동하여 조직한 중도적 조직으로, 김규식을 중심으로 좌·우 합작 노선을 전개하였다.

• **독립 촉성 중앙 협의회**: 이승만을 중심으로 결성된 정치 단체로, 좌·우익을 아우르고자 하였으나 친일 인사의 참여로 좌익 계열이 이탈하였다.

18 시대 통합 | 비변사 난이도 중 ●●○

자료분석

온갖 사무를 총괄 + 총괄하는 것이 변경의 일만이 아님 → ㉠ 비변사

정답설명

③ 비변사에서는 회의한 내용과 활동 사항을 정리한 『비변사등록』이 만들어졌으며, 현재는 광해군 대부터 고종 대까지의 기록이 남아 있다.

오답분석

① 비변사는 임진왜란 이후 국가 운영을 담당하는 핵심적인 기구였지만, 흥선 대원군 집권 시기에 기능이 약화되어 사실상 폐지되었다.

② 비변사는 삼포왜란이 아닌 명종 때 일어난 을묘왜변을 계기로 상설 기구화되었다. 한편, 비변사는 중종 때 삼포왜란을 계기로 여진족과 왜구의 침입을 대비하기 위한 임시 기구로 처음 설치되었다.

④ 세도 정치 시기에 소수 외척 가문에 권력이 집중되면서 고위 관료의 회의 기구였던 비변사는 권력이 더욱 강화되었다.

19 근대 | 아관파천 이후의 사실 난이도 중 ●●○

자료분석

대군주 폐하와 세자 전하가 러시아 공사관에 들어감 → 아관파천(1896)

정답설명

② 옳은 것을 모두 고르면 ㉠, ㉢이다.

㉠ 독립 협회는 아관파천 이후인 1898년에 관민 공동회를 개최하였다.

㉢ 러시아는 아관파천 이후인 1903년에 압록강 벌채 사업을 보호한다는 구실로 용암포를 강제 점령하고 조차지로 인정해 줄 것을 요구하였다.

오답분석

㉡ 청·일 전쟁에서 승리한 일본이 청나라와 시모노세키 조약을 체결한 것은 아관파천 이전인 1895년의 사실이다.

㉣ 조선 정부가 교정청을 설치하여 동학 농민군의 요구 사항을 수용하고 자주적 개혁을 추진한 것은 아관파천 이전인 1894년의 사실이다.

20 고대 | 살수 대첩 난이도 중 ●●○

자료분석

만족함을 알고 그만함이 어떠하겠는가 → 「여수장우중문시」 → 살수 대첩

정답설명

③ 수 양제가 100만 대군을 이끌고 고구려에 침입해오자 을지문덕은 살수에서 수나라 군대를 크게 격파하였다(살수 대첩).

오답분석

① 살수 대첩은 영양왕 때 일어났다.

② 온달이 죽령 이북의 땅을 되찾기 위해 신라를 압박한 것은 영양왕 때인 590년으로, 살수 대첩과 관련 없다.

④ **안시성 전투**: 안시성에서 군·민이 협력하여 당 태종이 이끄는 당군을 격파한 것은 안시성 전투이다(645).

▶ 정답

p.32

01	③ 고대	11	② 시대 통합
02	③ 고려 시대	12	② 고려 시대
03	② 근대	13	③ 고려 시대
04	③ 일제 강점기	14	③ 조선 전기
05	④ 고대	15	③ 근대
06	① 일제 강점기	16	③ 현대
07	② 조선 후기	17	② 조선 후기
08	③ 일제 강점기	18	④ 고대
09	② 근대	19	② 일제 강점기
10	④ 조선 후기	20	① 선사 시대

▶ 취약시대 분석표

영역	세부 유형	문항 수
전근대	선사 시대	/1
	고대	/3
	고려 시대	/3
	조선 전기	/1
	조선 후기	/3
근현대	근대	/3
	일제 강점기	/4
	현대	/1
통합	시대 통합	/1
총계		/20

* 취약시대 분석표를 이용해 1개라도 틀린 문제가 있는 시대는 그 시대의 문제만 골라 해설을 다시 한번 꼼꼼히 학습하세요

01 　고대 | 지증왕
난이도 중 ●●○

자료분석

순장을 금함 + 소를 몰아 밭갈이를 함 → 지증왕

정답설명

③ 지증왕은 아라가야가 있던 곳으로 추정되는 아시촌에 최초의 소경을 설치하였다.

오답분석

① 선덕 여왕: 천문 관측 시설인 첨성대를 건립한 왕은 선덕 여왕이다.

② 법흥왕: 금관가야를 병합하여 영토를 확장한 왕은 법흥왕이다.

④ 소지 마립간: 국가 송문서를 송달하기 위해 사방에 일종의 통신 기관인 우역을 처음 설치한 왕은 소지 마립간이다.

02 　고려 시대 | 성리학
난이도 하 ●○○

자료분석

현실 생활에서 윤리를 실천하는 것 + 효도 + 충성 + 예 + 신의 → 성리학

정답설명

③ 『동명왕편』과 『제왕운기』는 민족적 자주 의식을 바탕으로 편찬된 고려의 역사서이다. 한편 성리학적 유교 사관에 입각하여 편찬된 고려 말의 역사서로는 『본조편년강목』, 『사략』 등이 있다.

오답분석

① 성리학은 공민왕 때 성장한 개혁 세력인 신진 사대부의 학문적·사상적 기반이었다.

② 충렬왕 때 안향이 고려에 처음으로 성리학을 소개하였다.

④ 이제현이 원의 만권당에서 원나라 학자들과 교류하면서 성리학에 대한 심도 있는 이해가 가능해져 성리학이 전파될 수 있는 토대가 마련되었다.

03 　근대 | 갑신정변과 급진 개화파
난이도 중 ●●○

자료분석

남(일본)에게 의뢰하려 함 + 3일 만에 깨어짐 → ㉠ 갑신정변, ㉡ 급진 개화파

정답설명

② 갑신정변의 결과 청과 일본 사이에 톈진 조약이 체결되어 청과 일본은 조선에 대한 파병권을 동등하게 획득하였다.

오답분석

① 임오군란: 흥선 대원군이 재집권하는 결과를 가져온 사건은 임오군란이다. 임오군란을 수습하기 위해 재집권하게 된 흥선 대원군은 정부의 개화 정책을 중단하였다.

③ 갑신정변을 일으킨 급진 개화파는 민주 공화정이 아닌, 입헌 군주제에 입각한 내각제 정부를 수립하고자 하였다.

④ 온건 개화파: 중체서용을 바탕으로 한 중국의 양무운동과 같은 개혁을 추진하려 한 것은 온건 개화파이다. 한편, 문명 개화론을 주장한 급진 개화파는 일본의 메이지유신을 본받고자 하였다.

04 　일제 강점기 | 국외 민족 운동
난이도 중 ●●○

정답설명

③ 일본 도쿄에서는 조선인 유학생들을 중심으로 조선 청년 독립단이 조직되었으며, 이들은 2·8 독립 선언을 발표하여 3·1 운동에 영향을 주었다.

오답분석

① 북만주: 독립운동 기지인 한흥동이 건설된 지역은 북만주 밀산부이다.

② 연해주: 이상설, 유인석, 이범윤 등이 항일 의병 부대인 13도 의군을 결성한 지역은 연해주이다.

④ 남만주: 한인 자치 기관인 경학사와 부민단이 만들어진 지역은 남만주이다.

이것도 알면 합격!

연해주 지역의 민족 운동

13도 의군(1910)	구한말 의병장을 중심으로 결성, 망명 정부 수립 시도
성명회(1910)	한·일 합병의 부당함을 각국 정부에 호소
권업회(1911)	권업신문 발간, 한민 학교, 대전 학교 설립
대한 광복군 정부 (1914)	이상설, 이동휘를 정·부통령으로 하여 수립, 사관 학교 건립, 임시 정부의 탄생 계기가 됨.

05 고대 | 녹읍   난이도 하 ●○○

자료분석
경덕왕 때 녹봉을 없애고 다시 지급 + 거로현을 국학생의 (가)로 삼음 → (가) 녹읍

정답설명
④ 녹읍은 토지에 대한 조세를 수취할 수 있는 수조권과 함께 해당 지역의 노동력을 징발할 수 있는 권리가 부여되었다.

오답분석
① 관료전: 신문왕 때 지급되기 시작한 것은 관료전이다. 신문왕 때는 문무 관료들에게 관등에 따라 차등적으로 수조권만을 인정하는 관료전을 처음으로 지급하였다.
② 녹과전: 경기 8현에 한정하여 지급된 것은 고려 시대의 녹과전이다. 녹과전은 고려 시대에 무신 집권기를 거치면서 전시과 체제가 붕괴되자, 관리들의 생계 유지를 위해 현직 관리에게 경기 8현에 한정하여 지급한 토지이다.
③ 녹읍은 관직의 복무 대가로 귀족들에게 지급된 토지로, 일반 백성들에게는 지급되지 않았다. 한편, 모든 토지가 왕의 소유라는 왕토 사상에 근거하여 일반 백성들에게도 지급된 것은 정전이다.

06 일제 강점기 | 중국 관내의 독립운동 단체   난이도 상 ●●●

정답설명
① 순서대로 나열하면 (가)는 조선 민족 전선 연맹, (나)는 화북 지역, (다)는 팔로군이다.
(가) 조선 민족 전선 연맹: 중·일 전쟁 이후 조선 민족 혁명당의 주도로 통합에 찬성하는 민족주의 좌파 단체들이 연합하여 조선 민족 전선 연맹을 조직하였으며, 산하의 군사 조직으로 조선 의용대를 두었다.
(나) 화북 지역: 정보 수집, 포로 심문, 후방 교란 등 조선 의용대의 소극적인 활동에 불만을 품은 조선 의용대원 일부는 화북 지역으로 이동하였고, 이들은 1942년에 조선 독립 동맹 산하 군대인 조선 의용군으로 개편되었다.
(다) 팔로군: 조선 의용군은 1940년대 초반 태항산 지역에서 중국 팔로군과 협동 작전을 벌이며 항일 전투를 수행하였다.

오답분석
• 조선 독립 동맹: 조선 독립 동맹은 화북 조선 청년 연합회가 확대·개편되어 조직된 독립운동 단체이다(1942).
• 충칭: 조선 의용대 중에서 충칭으로 이동한 세력은 한국광복군에 합류하였다.
• 중국 호로군: 중국 호로군과 연합하여 항일 투쟁을 전개한 독립운동 단체는 지청천이 이끄는 한국 독립군이다.

07 조선 후기 | 임술 농민 봉기   난이도 하 ●○○

자료분석
남쪽에서 일어나는 난 + 궁민(생활이 어렵고 궁한 백성)이 일으킴 → 임술 농민 봉기

정답설명
② 임술 농민 봉기는 경상도 단성에서 시작되어 진주 민란을 계기로 전국적으로 확산되었다.

오답분석
① 고부 민란: 고부 군수 조병갑의 수탈에 반발하여 일어난 것은 고부 민란이다.
③ 임술 농민 봉기가 일어나자 정부에서는 삼정이정청을 설치하여 부세 제도를 개혁하고자 하였으나, 삼정이정청이 얼마 지나지 않아 폐지되면서 근본적 해결책 마련에는 실패하였다.
④ 동학 농민 운동: 토지를 골고루 나누어 경작하게 할 것을 주장한 것은 동학 농민 운동 때 농민군이 주장한 폐정 개혁안 12개조의 내용이다.

08 일제 강점기 | 조선어 학회   난이도 중 ●●○

자료분석
우리말 사전 편찬 → 조선어 학회

정답설명
③ 조선어 학회는 한글 강습 교재를 만들고 한글 강습회를 열어 문맹 퇴치 운동에 적극 참여하였다.

오답분석
① 국문 연구소: 지석영, 주시경 등이 중심이 되어 활동한 것은 국문 연구소이다.
② 조선어 연구회: 잡지 『한글』을 간행하고, 한글 창제 기념일인 '가갸날'을 제정하여 한글 보급과 대중화에 기여한 단체는 조선어 연구회이다.
④ 대한민국 임시 정부: 국제 연맹 회의에 우리 민족의 독립을 호소하기 위해 사료 편찬소를 두고 『한·일 관계 사료집』을 간행한 단체는 대한민국 임시 정부이다.

09 근대 | 을미개혁   난이도 중 ●●○

자료분석
연호 개정 + 단발령 → 김홍집 내각 → 을미개혁

정답설명
② 을미개혁 때는 기존에 사용하던 태음력 대신 태양력을 사용하도록 하였으며, 종두법(우두법)을 시행하였다.

오답분석
① 광무개혁: 국제 무역, 보부상의 활동, 기타 상행위에 관한 업무를 관장하는 상무사가 조직된 것(1899)은 광무개혁 때의 사실이다.
③ 제1차 갑오개혁: 연좌법을 폐지하여 죄인 자신 외에는 처벌하지 않도록 하는 등 봉건적인 악습을 타파한 것은 제1차 갑오개혁 때의 사실이다.
④ 헌의 6조: 국가 재정을 탁지부에서 전관하고, 예산과 결산의 내역을 국민에게 공표하도록 하였던 것은 관민 공동회에서 채택된 헌의 6조의 내용이다.

10 조선 후기 | **조선 후기의 문화**   난이도 중 ●●○

자료분석

허생 → 박지원의 「허생전」 → 조선 후기의 문화

정답설명

④ 술을 의인화하여 소인배들의 득세와 뛰어난 인물들이 오히려 소외되는 현실을 풍자한 「국순전」이 편찬된 것은 고려 시대이다.

오답분석

① 조선 후기에는 일정한 형식에 구애 받지 않는 사설시조가 유행하여 서민들의 감정을 사실적으로 묘사하였으며, 사회적 불만을 드러내기도 하였다.

② 조선 후기에는 산대라는 무대에서 공연되던 가면극인 산대놀이가 민중 오락으로 정착되어 도시의 상인이나 중간층의 지원으로 성행하게 되었다.

③ 조선 후기에는 서양화의 수채화 기법을 동양화에 접목하고 원근법 등의 서양화 기법이 반영되었는데, 대표적으로 강세황의 영통동구도가 있다.

11 시대 통합 | **원산**   난이도 중 ●●○

자료분석

조선인 노동자를 구타한 사건이 발생 + 일제 강점기 최대 규모의 노동 쟁의 → 원산 노동자 총파업 → 원산

정답설명

② 원산에서는 덕원 부사 정현석과 덕원·원산 주민들이 합심하여 우리나라 최초의 근대적 사립 학교인 원산 학사가 설립되었다.

오답분석

① 평양: 고구려가 멸망한 뒤 당나라에 의해 안동 도호부가 설치된 곳은 평양이다.

③ 논산: 동학 농민 운동 당시에 전봉준이 이끄는 남접과 손병희가 이끄는 북접이 집결한 곳은 논산이다.

④ 개성: 고려 시대에 거란 침입에 대비하여 나성을 축조하여 수비를 강화한 곳은 개성이다.

12 고려 시대 | **숙종 대의 사실**   난이도 중 ●●○

자료분석

김위제 + 남경으로 천도 → 숙종

정답설명

② 옳은 것을 모두 고르면 ㉠, ㉢이다.

㉠ 고려 숙종 때 평양(서경)에 기자를 숭배하는 기자 사당을 세워 국가에서 제사를 지내기 시작하였다.

㉢ 고려 숙종 때는 의천의 건의를 받아들여 화폐 주조를 담당하는 관청인 주전도감을 설치하고 해동통보, 삼한통보 등의 화폐를 주조하였다.

오답분석

㉡ 충렬왕: 경사교수도감을 설치하여 7품 이하의 관리들에게 경학과 사학을 가르치게 한 것은 고려 충렬왕 때이다.

㉢ 고려 정종: 승려의 장학금 마련을 위해 만든 장학 재단인 광학보를 설치한 것은 고려 정종(3대) 때이다.

13 고려 시대 | **고려의 중앙 통치 기구**   난이도 하 ●○○

정답설명

③ 고려 시대에 백관을 규찰하고 탄핵하는 언관의 역할을 담당한 기구는 어사대이다. 삼사는 화폐와 곡식의 출납을 담당한 회계 기구였다.

오답분석

① 중서문하성은 국가 정책을 심의·결정하는 2품 이상의 재신과 간쟁, 봉박, 서경 등으로 정치의 잘못을 비판하는 3품 이하의 낭사로 구성되었다.

② 상서성에는 6부(이부·병부·호부·형부·예부·공부)가 소속되어 있었으며, 각 부는 중서문하성에서 결정된 국가 정책을 분담하여 시행하였다.

④ 중추원은 추부라고도 불렸으며 추밀과 승선으로 구성되어 군사 기밀과 왕명의 출납을 관장하였다.

14 조선 전기 | **조광조**   난이도 중 ●●○

자료분석

소격서가 요사하고 허망함 + 통렬히 혁파해야 함 → (가) 조광조

정답설명

③ 조광조는 중종반정 공신들의 가짜 훈작을 삭제하자는 위훈 삭제를 주장하며 훈구를 견제하고 신진 사림 세력을 중심으로 정치 세력을 재편하려 하였으나, 실패하였다.

오답분석

① 이황: 「성학십도」를 지어 왕(선조)에게 바친 인물은 이황이다. 이황은 「성학십도」에서 성리학의 주요 원리를 10개의 도식(그림)으로 설명하고, 군주 스스로 성학을 따를 것을 강조하였다.

② 정도전: 「불씨잡변」을 저술하여 불교를 비판한 인물은 정도전이다.

④ 이황: 기대승과 4단 7정에 대한 논쟁을 벌인 인물은 이황이다. 4단 7정에 대한 논쟁은 4단과 7정이 '이에 속하는가, 기에 속하는가'와 '이가 발동할 수 있는가, 없는가'에 대한 논쟁이다.

15 근대 | **근대의 교육 기관**   난이도 중 ●●○

정답설명

③ 옳은 것을 모두 고르면 ㉠, ㉡, ㉣이다.

㉠ 동문학은 묄렌도르프가 조선 정부의 지원을 받아 설립한 외국어 교육 기관(통역관 양성소)으로, 영어와 일어 등을 가르쳤다.

㉡ 연무 공원은 조선 정부가 설립한 근대식 사관 양성 학교로, 신식 군대와 장교의 양성을 목적으로 하였다.

㉣ 경신 학교는 미국 선교사 언더우드가 세운 개신교 계통의 학교이다.

오답분석

㉢ 우리나라 최초의 여성 교육 기관은 1886년에 미국 선교사 스크랜튼이 설립한 이화 학당이다. 한편, 정신 여학교는 미국 선교사 앨러스가 1887년에 설립한 사립 여학교이다.

16 현대 | 반민족 행위 처벌법 난이도 중 ●●○

자료분석

한·일 합병에 적극 협력한 자 + 일본 치하 독립운동자나 그 가족을 악의로 살상·박해한 자는 처벌 → 반민족 행위 처벌법

정답설명

③ 반민족 행위 처벌법은 이승만 정부가 반민특위의 활동에 미온적인 태도를 보이면서, 법률의 시효 기간이 1950년 9월에서 1949년 8월로 단축되었다.

오답분석

① 반민족 행위 처벌법은 1948년 9월에 제헌 국회에서 제정되었다.

② 반민족 행위 처벌법이 제정되고, 이 법령에 따라 반민족 행위 특별 조사 위원회(반민특위)가 설치되었다.

④ 반민족 행위 처벌법은 반민족 행위자에 대한 단죄를 통해 일제의 잔재를 청산함으로써 우리 민족의 정기와 사회 정의를 바로 세우려는 목적에서 제정되었다.

17 조선 후기 | 정조의 정책 난이도 상 ●●●

자료분석

패관 소품의 문체를 사람들이 모두 모방 → 문체 반정 → 정조

정답설명

② 정조는 각 당파의 주장이 옳은지 그른지를 명백히 가리며, 각 붕당의 입장을 떠나 능력 있는 관리를 중용하는 적극적인 탕평책인 준론 탕평을 실시하였다.

오답분석

① 영조: 양인의 수를 확보하기 위해 아버지가 노비더라도 어머니가 양인이면 그 자녀를 양인으로 삼는 노비종모법을 확정한 왕은 영조이다.

③ 순조: 공노비 혁파에 따른 재정적 결손을 장용영의 군비로 보충하고자 한 왕은 순조이다.

④ 숙종: 상평통보를 법화로 채택하고 호조, 상평청, 훈련도감 등에서 주조하게 한 왕은 숙종이다.

18 고대 | 고구려의 대외 항쟁 난이도 중 ●●○

정답설명

④ 시기순으로 나열하면 ⓒ 영양왕의 요서 지역 선제 공격(598) → ⓛ 보장왕 즉위(642) → ㉠ 안시성 전투(645) → ㉣ 천리장성 축조 완료(647)가 된다.

ⓒ **영양왕의 요서 지역 선제 공격**: 영양왕은 수나라가 세력을 확대하며 고구려를 위협하자 말갈군 1만여 명을 동원하여 요서 지방을 선제 공격하였다(598).

ⓛ **보장왕 즉위**: 연개소문은 정변을 일으켜 영류왕을 죽이고 반대 세력을 숙청하였다. 이후 그는 보장왕을 왕으로 세운 다음 권력을 장악하였다(642).

㉠ **안시성 전투**: 당 태종이 직접 군대를 이끌고 고구려를 침략하자, 안시성에서 군·민이 협력하여 당군을 격파하였다(안시성 전투, 645).

㉣ **천리장성 축조 완료**: 고구려는 영류왕 때인 631년부터 천리장성을 축조하기 시작하여 보장왕 때인 647년에 부여성부터 비사성에 이르는 천리장성 축조를 완료하였다.

고구려 대외 항쟁의 전개

고구려 영양왕의 수나라 요서 지방 선제 공격(598) → 수 문제의 고구려 침입(태풍으로 실패) → 수 양제의 고구려 침입 → 을지문덕이 살수에서 수나라 군대 격파(살수 대첩, 612) → 거듭된 전쟁으로 인한 국력 소모와 내란으로 수 멸망(618) → 당 건국 → 당의 침입에 대비하여 천리장성 축조 시작(631) → 연개소문이 정권 장악 이후 대당 강경책을 추진하여 당을 자극 → 당 태종의 고구려 침입 → 안시성에서 군·민이 당군 격파(안시성 전투, 645)

19 일제 강점기 | 1920년대의 사회·문화 난이도 중 ●●○

자료분석

양복 + 단발머리 유행 → 1920년대의 사회·문화

정답설명

② 명동 성당은 1898년에 완성된 고딕 양식의 건축물이고, 정동 교회는 1897년에 완공된 우리나라 최초의 개신교 교회 건물이다.

오답분석

① 1920년대 초반에 『백조』(1922), 『폐허』(1920) 등의 동인지가 간행되었다. 이 시기에 간행된 동인지는 예술성만 강조하고 현실 문제에 대해서는 소극적인 경향을 보였다.

③ 1920년대 이후 도시 인구가 늘어나면서 개량 한옥이나 소수 상류층을 위한 2층 양옥의 문화 주택이 등장하였다.

④ 1920년대에는 사회주의의 영향으로 식민지 현실 계급 모순을 비판하는 프로 문학(신경향파 문학)이 등장하였는데 우리나라에서는 김기진, 박영희 등이 결성한 카프(KAPF)를 중심으로 확산되었다.

20 선사 시대 | 고조선 난이도 중 ●●○

자료분석

(가) 준(왕)이 즉위 + 연·제·조의 백성들이 망명 → 진·한 교체기(기원전 3세기 말~기원전 2세기 초)
(나) 남려 등이 우거를 배반 + 창해군 → 기원전 128년

정답설명

① 진·한 교체기에 고조선에 망명해 온 위만은 준왕의 신임을 얻어 서쪽 변경을 수비하는 임무를 맡게 되었다. 이후 위만은 준왕을 몰아내고 왕위에 올랐다(기원전 194, 위만 조선).

오답분석

모두 (나) 이후의 사실이다.

② (나) 이후: 8조에 불과하던 법 조항이 60여 조로 늘어난 것은 고조선 멸망 이후로, (나) 이후의 사실이다.

③ (나) 이후: 위만 조선의 우거왕이 군대를 보내 요동도위 섭하를 살해한 것(기원전 109)은 (나) 이후의 사실이다.

④ (나) 이후: 위만 조선이 한의 침략에 맞서 패수에서 대승을 거둔 것(기원전 109)은 (나) 이후의 사실이다.

정답

p.38

01	④ 선사 시대	11	② 조선 후기
02	① 고대	12	④ 근대
03	③ 고려 시대	13	④ 일제 강점기
04	② 일제 강점기	14	① 조선 전기
05	② 고대	15	③ 조선 후기
06	④ 고대	16	① 고려 시대
07	③ 일제 강점기	17	③ 시대 통합
08	③ 고려 시대	18	② 시대 통합
09	④ 조선 후기	19	① 근대
10	④ 고대	20	③ 현대

취약시대 분석표

영역	세부 유형	문항 수
전근대	선사 시대	/1
	고대	/4
	고려 시대	/3
	조선 전기	/1
	조선 후기	/3
근현대	근대	/2
	일제 강점기	/3
	현대	/1
통합	시대 통합	/2
총계		/20

* 취약시대 분석표를 이용해 1개라도 틀린 문제가 있는 시대는 그 시대의 문제만 골라 해설을 다시 한번 꼼꼼히 학습하세요

---

01 선사 시대 | 선사 시대의 유적지
난이도 하 ●○○

정답설명

④ 옳은 것을 모두 고르면 ©, @이다.

© 서울 암사동 유적은 대표적인 신석기 시대 유적으로, 움집 터 중앙에서 조리 시설로 보이는 화덕 시설이 발견되었다.

@ 창원 다호리 유적은 대표적인 철기 시대 유적으로, 철기 시대에 중국과 교류했음을 보여주는 붓과 중국 한나라의 화폐인 오수전이 출토되었다.

오답분석

㉠ 연천 전곡리 유적: 아슐리안형 주먹 도끼가 출토된 유적지는 연천 전곡리 유적이다.

㉡ 청원 두루봉 동굴 유적: 흥수 아이라 불리는 인골 화석이 출토된 유적지는 청원 두루봉 동굴 유적이다.

---

02 고대 | 풍수지리 사상
난이도 중 ●●○

자료분석

도선이 산수의 순역을 계산 + 수덕이 순조로움 → 풍수지리 사상

정답설명

① 풍수지리 사상은 고려 중기 묘청이 주장한 서경 천도 운동의 이론적 바탕이 되었다.

오답분석

② 선종: 참선을 통한 개인의 깨달음을 중시한 것은 선종이다.

③ 교종: 전제 왕권을 강화해주는 이념적 배경이 된 것은 교종이다. 교종은 '왕즉불', 업설 등을 통해 전제 왕권을 강화하는 데 영향을 주었다.

④ 미륵 신앙: 미래의 부처인 미륵불이 출현하여 중생을 구재한다는 내용을 담고 있는 것은 미륵 신앙이다.

---

03 고려 시대 | 고려 시대의 평양
난이도 중 ●●○

자료분석

고려 + 서경이라 함 → (가) 평양

정답설명

③ 궁예가 후고구려의 국호를 마진으로 바꾸고 도읍으로 삼은 곳은 철원이다.

오답분석

① 평양(서경)은 고려 태조 왕건이 북진 정책의 근거지로 삼은 곳이다.

② 평양(서경)은 고려 명종 때 서경 유수 조위총이 무신 정권에 반대하며 난(1174, 조위총의 난)을 일으킨 곳이다.

④ 평양(서경)은 고려 인종 때 묘청의 건의로 대화궁을 짓고 그 안에 팔성당을 설치한 곳이다. 팔성당은 여덟 신(八聖)을 모시기 위한 사당이다.

---

04 일제 강점기 | 물산 장려 운동
난이도 중 ●●○

자료분석

조선의 물산을 장려 → 물산 장려 운동

정답설명

② 물산 장려 운동은 민족 산업의 육성을 위한 자급자족, 토산품 애용 운동과 함께 근검절약 실천, 금주·단연 운동 등의 형태로 확대되었다.

오답분석

① 동양 척식 주식회사의 폐지를 주장한 것은 신간회로, 물산 장려 운동과는 관련이 없다.

③ 물산 장려 운동에 대해 사회주의 세력은 물산 장려 운동이 자본가 계급만을 위한 운동이라고 비판하였다.

④ 물산 장려 운동은 조만식 등이 중심이 되어 대구가 아닌 평양에서 시작되었다.

05　고대 | 김유신　난이도 중 ●●○

자료분석

황산 벌판으로 진군 + 계백 → 황산벌 전투 → 김유신

정답설명

② 김유신은 선덕 여왕이 죽고 진덕 여왕이 즉위한 해에 김춘추와 함께 비담과 염종이 일으킨 반란을 진압하였다.

오답분석

① 을지문덕: 적장 우중문에게 5언시인 여수장우중문시를 보낸 인물은 을지문덕이다.

③ 김춘추: 당으로 건너가 나·당 군사 동맹을 성사시킨 인물은 김춘추이다. 김춘추는 백제를 견제하기 위해 고구려와 동맹을 체결하려 하였으나 실패하자, 당으로 건너가 나·당 동맹을 체결하였다.

④ 김인문: 당의 볼모가 되어 숙위 활동을 하다가 백제가 멸망할 때 당나라의 부사령관인 부대총관으로 신라에 돌아온 인물은 무열왕의 아들인 김인문이다.

06　고대 | 고대의 관등제　난이도 중 ●●○

정답설명

④ 고구려의 관등 중 조세 수취를 담당하던 행정적인 관리 출신이 중앙 집권화 과정에서 개편된 것은 사자(使者) 계열의 관등이다. 형(兄) 계열의 관등은 족장 세력이 개편된 것이다.

오답분석

① 백제는 관등에 따라 복색을 세 가지로 구분하였는데, 1품에서 6품까지는 자색 관복, 7품에서 11품까지는 비색 관복, 12품에서 16품까지는 청색 관복을 입었다.

② 신라에서는 골품제에 따라 진골 귀족 이상만이 제5관등인 대아찬에 오를 수 있었다.

③ 신라의 6두품 이하 계층은 관등 승진에서 일종의 특진 제도인 중위제를 적용받았다. 중위제는 비진골 출신들의 불만을 무마하기 위해 승진 한계 내에서 관등을 세분화한 제도로 6두품은 아찬에서 4중아찬까지, 5두품은 대나마에서 9중대나마까지 승진 가능하였다.

07　일제 강점기 | 조선 혁명군과 한국 독립군　난이도 하 ●○○

정답설명

③ 조선 혁명군은 중국 의용군과 연합하여 영릉가·흥경성·신개령 전투 등에서 대승하였다.

오답분석

① 한국 독립군: 지청천을 중심으로 북만주에서 활동한 것은 한국 독립군이다. 한편, 조선 혁명군은 양세봉을 중심으로 남만주에서 활동하였다.

② 조선 의용대: 조선 민족 전선 연맹이 중국 국민당의 지원을 받아 창설한 부대는 조선 의용대이다.

④ 조선 혁명군: 3부 통합 운동으로 성립된 국민부 산하의 군대는 조선 혁명군이다. 한편, 한국 독립군은 한국 독립당 산하의 군대였다.

08　고려 시대 | 균여　난이도 중 ●●○

자료분석

북악의 법통을 이음 + 분파가 한 길로 모이기를 바람 → 균여

정답설명

③ 균여는 화엄 사상 속에 법상종의 사상을 융합하여 교종 내의 대립을 해소시키기 위해 성상융회를 주창하였다. 성상융회란 공(空)을 뜻하는 성(性)과 색(色)을 뜻하는 상(相)을 원만하게 융합시킨다는 이론이다.

오답분석

① 지눌: 불교계를 개혁하기 위해 수선사 결사를 주도한 승려는 지눌이다.

② 각훈: 고승들의 전기를 정리한 『해동고승전』을 편찬한 승려는 각훈이다.

④ 의천: 고려와 송, 요의 불교 서적에 대한 목록인 『신편제종교장총록』을 편찬한 승려는 의천이다.

09　조선 후기 | 허균　난이도 중 ●●○

자료분석

하늘이 재능을 균등하게 부여 + 서얼이어서 어진 인재를 버림 → 「유재론」 → 허균

정답설명

④ 허균은 경제적으로 여유가 있는 호민이 나라의 중심이 되어야 한다는 「호민론」을 주장하였다. 허균은 「호민론」에서 백성을 원민·항민·호민의 세 부류로 나누었는데, 이 중 호민을 부당한 대우와 사회의 부조리에 도전하는 존재로 보고 호민의 중요성을 강조하였다.

오답분석

① 박지원: 「호질」 등의 한문 소설을 통해 양반의 위선과 무능을 풍자한 인물은 박지원이다.

② 홍만선: 일종의 농촌 생활 백과사전인 『산림경제』를 저술한 인물은 홍만선이다.

③ 허목: 『청사열전』을 지어 김시습 등 도가 관련 인물들의 행적을 정리한 인물은 허목이다.

10　고대 | 삼국의 통일 과정　난이도 중 ●●○

정답설명

④ 시기순으로 나열하면 ⓛ 백강 전투(663) → ⓖ 고구려 멸망(668) → ⓔ 매소성 전투(675) → ⓒ 기벌포 전투(676)가 된다.

ⓛ 백강 전투: 백제 부흥 운동군은 왜군과 연합하여 백강에서 나·당 연합군에 맞서 전투를 벌였으나 크게 패배하였다(663).

ⓖ 고구려 멸망: 나·당 연합군이 고구려의 평양성을 포위하자 보장왕이 항복하면서 고구려가 멸망하였다(668).

ⓔ 매소성 전투: 신라군은 당나라의 이근행이 이끄는 20만 대군을 매소성에서 크게 격파하여 나·당 전쟁의 주도권을 장악하였다(675).

ⓒ 기벌포 전투: 신라군은 설인귀가 이끄는 당의 수군을 기벌포(금강 하구)에서 섬멸하였다(676).

11 조선 후기 | 효종 재위 기간의 사실 난이도 중 ●●○

자료분석
소현 세자를 따라 인질로 심양에 감 → 봉림 대군 → 효종

정답설명
② 효종 때 하멜이 가져온 조총의 기술을 활용하여 서양식 무기를 제조하였으며, 이를 바탕으로 북벌 계획을 추진하였다.

오답분석
① 숙종: 허적의 서자인 허견의 역모 사건 등으로 인해 남인이 몰락하고 서인이 집권하게 된 것은 경신환국으로, 숙종 때의 일이다.
③ 정조: 이덕무, 박제가 등에 의해 각종 무예의 동작을 글과 그림으로 설명한 종합 무예서인 『무예도보통지』가 편찬된 것은 정조 때의 일이다.
④ 숙종: 안용복이 일본으로 건너가 울릉도와 독도가 우리나라 영토임을 확인받고 돌아온 것은 숙종 때의 일이다.

12 근대 | 병인양요 난이도 중 ●●○

자료분석
조선을 정복하러 감 + 프랑스 → 병인양요

정답설명
④ 병인양요 때 프랑스군이 강화도를 공격하자 정족산성에서 양헌수 부대가, 문수산성에서 한성근의 부대가 항전하여 프랑스군을 격퇴하였다.

오답분석
① 영국 함대가 거문도를 점령한 것(거문도 사건)은 병인양요와는 관련이 없다. 갑신정변 이후 청의 간섭이 심해지자 조선은 러시아와 접촉하였고, 이에 영국은 러시아의 남하를 견제하기 위해 거문도를 불법으로 점령하였다.
② 임오군란, 동학 농민 운동: 조선 정부가 청군의 출병을 요청한 것은 임오군란과 동학 농민 운동 때이다. 조선 정부는 청군에게 임오군란과 동학 농민 운동을 진압하기 위한 군사 지원을 목적으로 출병을 요청하였다.
③ 운요호 사건: 우리나라 최초의 근대적 조약인 강화도 조약(조·일 수호 조규)이 체결되는 계기가 된 것은 운요호 사건이다.

13 일제 강점기 | 한인 애국단 난이도 하 ●○○

자료분석
히로히토 일왕의 행렬 + 수류탄을 투척 → 이봉창 의거 → 한인 애국단

정답설명
④ 한인 애국단원 윤봉길의 상하이 훙커우 공원 의거를 계기로 중국 국민당 정부가 중국 관내의 무장 투쟁을 승인하고 대한민국 임시 정부에 대한 지원을 강화하였다.

오답분석
① 한인 애국단은 대한민국 임시 정부가 충칭으로 이동하기 전인 1931년에 김구의 주도 하에 상하이에서 조직되었다.
② 의열단: 신채호의 『조선혁명선언』을 활동 지침으로 삼아 의열 투쟁을 전개한 단체는 의열단이다.
③ 의열단: 중국 국민당 정부의 지원 아래에 조선 혁명 간부 학교를 설립하여 군사 훈련을 실시한 단체는 의열단이다.

14 조선 전기 | 15세기의 지도와 지리서 난이도 상 ●●●

정답설명
① 바르게 나열하면 ㉠ 『신찬팔도지리지』, ㉡ 동국지도이다.
㉠ 『신찬팔도지리지』는 15세기 세종 때 편찬된 인문 지리서로, 전국 8도의 지리·역사·정치·사회·경제·산업·군사·교통 등이 수록되었던 것으로 추정된다.
㉡ 동국지도는 15세기 세조 때 양성지와 정척이 제작한 최초의 실측 지도로, 압록강 이북까지 상세히 기록되어 있다.

오답분석
• 『동국지리지』(17세기): 『동국지리지』는 17세기 광해군 때 한백겸이 저술한 역사 지리서로, 우리나라의 역사 지리를 치밀하게 고증하여 고구려의 발상지와 삼한의 위치를 고증하였다.
• 『동국여지승람』(15세기): 『동국여지승람』은 15세기 성종 때 편찬된 지리서로 군현의 연혁, 지세, 인물, 풍속 등이 자세히 수록되어있다(1481).
• 『신증동국여지승람』(16세기): 『신증동국여지승람』은 중종 때 편찬된 관찬 지리서로, 『동국여지승람』을 증보한 것이다.
• 혼일강리역대국도지도(15세기): 혼일강리역대국도지도는 태종 때 김사형과 이회, 이무가 제작한 현존하는 동양 최고(最古)의 세계 지도이다(1402).
• 요계관방지도(18세기): 요계관방지도는 18세기 숙종 때 이이명이 군사적 목적으로 제작한 관방 지도이다(1706).
• 조선방역지도(16세기): 조선방역지도는 16세기 명종 때 제작된 지도로, 8도별로 색깔을 달리하여 표시하였으며, 만주와 대마도를 우리 영토로 표기하였다.

15 조선 후기 | 예송 논쟁 난이도 중 ●●○

자료분석
(가) 효종이 승하 + 기년복을 입게 함 → 기해예송
(나) 효종의 왕비의 국상 + 기년복을 입게 함 →갑인예송

정답설명
③ 기해예송에서 서인은 효종이 적자로서 왕위를 계승하였지만 장자가 아니라는 '체이부정'을 명분으로 내세워 자의 대비가 기년복(1년복)을 입어야 한다고 주장하였다.

오답분석
① 기해예송 때 남인은 왕실의 예는 사대부와 같지 않다고 강조하며 자의 대비의 복상 기간으로 3년설을 주장하였다.
② 갑인예송에서 남인의 주장(1년설)이 채택됨으로써 서인의 세력이 약화되었다.
④ 두 차례의 예송 논쟁에서 서인은 신권 강화의 입장을 보인 반면, 남인은 왕권 강화의 입장을 보였다.

16 고려 시대 | 문종의 업적 난이도 중 ●●○

자료분석

이자연의 세 딸이 모두 (가)와 혼인함 + (가)의 넷째 아들이 의천 → (가) 고려 문종

정답설명

① 고려 문종은 불교를 장려하여 화엄종의 본찰로서 흥왕사를 건립하였다.

오답분석

② 고려 광종: 쌍기의 건의를 받아들여 과거제를 시행한 왕은 고려 광종이다. 광종은 과거 제도를 시행하여 유학을 공부한 신진 인사를 등용하였고, 이를 통해 기존의 공신 세력과 신진 인사들 사이의 세력 교체를 도모하여 왕권을 강화시켰다.

③ 고려 성종: 국자감을 설치·정비하고, 유학 교육의 진흥에 노력한 왕은 고려 성종이다.

④ 고려 광종: 주현공부법을 실시하여 국가 재정을 확보하고자 한 왕은 고려 광종이다.

17 시대 통합 | 김구 난이도 중 ●●○

자료분석

3000만 동포와 손을 잡고 + 단독 정부를 세우는 데 협력하지 않음 → 「삼천만 동포에게 읍고함」 → 김구

정답설명

③ 김구는 대한민국 임시 정부의 초대 경무국장으로 활동하였다.

오답분석

① 김규식: 통일 임시 정부가 수립될 때까지 사용될 법령 초안을 작성하기 위해 미 군정의 주도로 설립된 남조선 과도 입법 의원의 의장으로 선출된 인물은 김규식이다.

② 이승만: 미국 워싱턴에 구미 위원부를 설립하여 대미 외교 활동을 전개한 인물은 이승만이다.

④ 김규식: 파리 강화 회의에 파견되어 독립 청원서를 제출한 인물은 김규식이다.

18 시대 통합 | 조선 시대의 노비 난이도 중 ●●○

정답설명

② 옳은 것을 모두 고르면 ㉠, ㉣이다.

㉠ 노비들은 조선 후기에 정비된 지방군인 속오군에 편성되었다. 속오군은 양반에서 노비까지 전 계층을 포함하여 구성된 양천 혼성군으로, 평상시에는 생업에 종사하다가 유사시에 전투에 동원되었다.

㉣ 조선 시대에 공노비는 유외잡직이라 불리는 하급 기술직에 임명될 수 있었다.

오답분석

㉡ 노비 세습제가 철폐된 것은 고종 때인 1886년이다. 순조 때는 공노비 6만 6천여 명이 양인으로 해방되었다.

㉢ 조선 시대의 노비는 부모 중 어느 한쪽이라도 노비이면, 자식도 노비가 되는 일천즉천의 원칙을 적용 받았다. 한편, 조선 후기 영조 때에는 노비의 신분과 소속을 모친에 따라 정해지도록 한 노비종모법을 시행하였다.

19 근대 | 한·일 신협약(정미 7조약) 난이도 중 ●●○

자료분석

시정 개선에 관하여 통감의 지도를 받을 것 + 통감이 추천하는 일본인을 대한 제국의 관리로 임명할 것 → 한·일 신협약(정미 7조약)

정답설명

① 한·일 신협약(정미 7조약)과 함께 대한 제국의 군대 해산을 명시한 비밀 각서가 체결되어, 시위대와 진위대가 강제 해산당했다.

오답분석

② 기유 각서: 일본이 대한 제국의 사법권과 감옥 사무 처리권을 박탈한 것은 기유 각서이다.

③ 한·일 의정서: 일본이 군사상 필요한 지역을 마음대로 사용할 수 있게 된 조약은 한·일 의정서이다.

④ 제1차 한·일 협약: 재정 고문으로 메가타, 외교 고문으로 스티븐스가 임명되는 근거가 된 조약은 제1차 한·일 협약이다.

20 현대 | 남북 기본 합의서 난이도 중 ●●○

자료분석

쌍방 사이의 관계가 나라와 나라 사이의 관계가 아님 + 잠정적으로 형성되는 특수한 관계 → 남북 기본 합의서

정답설명

③ 남북 기본 합의서에서 남북은 남북 화해 및 불가침 등을 이행하기 위해 남북 군사 공동 위원회, 화해 공동 위원회 등을 설치하기로 합의하였다.

오답분석

① 6·15 남북 공동 선언: 제1차 남북 정상 회담의 결과로 발표된 것은 김대중 정부 때의 6·15 남북 공동 선언이다.

② 7·4 남북 공동 성명: 합의된 내용을 추진하고, 남북 관계를 개선·발전 시키기 위해 남북 조절 위원회를 구성한 것은 박정희 정부 때 발표된 7·4 남북 공동 성명이다.

④ 6·15 남북 공동 선언: 개성 공단 조성에 대한 합의가 이루어진 것은 6·15 남북 공동 선언이다. 6·15 남북 공동 선언에서 남북한은 경제 협력 사업의 하나로 개성 공단 조성에 합의하였다.

이것도 알면 합격!

노태우 정부 시기의 통일 노력

7·7 선언 (1988)	남북 관계를 선의의 동반자이며 함께 번영해야 할 민족 공동체 관계로 규정하고 모든 부분에서의 교류 표방
한민족 공동체 통일 방안 (1989)	자주·평화·민주의 3대 원칙 아래 과도적인 체제로 남북 연합을 구성하여 통일 헌법을 제정한 다음 총선거를 실시하여 통일 민주 공화국을 구성하자는 방안 제시
남북 기본 합의서 (1991)	상호 체제를 인정하고 상호 불가침, 교류와 협력 확대 등에 대해 합의

▶ 정답
p.44

01	③ 선사 시대	11	③ 근대
02	④ 고대	12	④ 일제 강점기
03	③ 조선 후기	13	④ 일제 강점기
04	④ 근대	14	③ 고려 시대
05	④ 고대	15	④ 조선 전기
06	④ 고대	16	③ 조선 후기
07	③ 고대	17	③ 현대
08	③ 고려 시대	18	③ 일제 강점기
09	② 고려 시대	19	② 일제 강점기
10	③ 고려 시대	20	① 현대

▶ 취약시대 분석표

영역	세부 유형	문항 수
전근대	선사 시대	/1
	고대	/4
	고려 시대	/4
	조선 전기	/1
	조선 후기	/2
근현대	근대	/2
	일제 강점기	/4
	현대	/2
통합	시대 통합	/0
총계		/20

* 취약시대 분석표를 이용해 1개라도 틀린 문제가 있는 시대는 그 시대의 문제만 골라 해설을 다시 한번 꼼꼼히 학습하세요

---

01 선사 시대 | 신석기 시대의 사회상
난이도 하 ●○○

자료분석
양양 오산리 + 봉산 지탑리 + 고성 문암리 → 신석기 시대

정답설명
③ 신석기 시대의 유적인 부산 동삼동 패총(조개 무덤) 등에서 발견된 조개껍데기 가면을 통해 조개를 식용뿐만 아니라 예술 활동에 사용하기도 하였음을 알 수 있다.

오답분석
① 구석기 시대: 찍개, 슴베찌르개 등의 도구를 사용하여 사냥과 채집을 한 것은 구석기 시대이다.
② 청동기 시대: 지배층의 무덤으로 고인돌이 축조되기 시작하였던 시대는 청동기 시대이다.
④ 청동기 시대: 곡식을 반달 돌칼로 추수하는 등 농경이 발전한 것은 청동기 시대이다.

02 고대 | 신라사의 전개
난이도 하 ●○○

정답설명
④ 시기순으로 바르게 나열하면 ㉣ 지방 행정 구역 정비·우산국 복속(지증왕, 505·512) → ㉡ 율령 반포·골품 제도 정비(법흥왕, 520) → ㉢ 마운령비, 황초령비 건립(진흥왕, 568) → ㉠ 비담의 반란(선덕 여왕, 647)이 된다.

㉣ 지방 행정 구역 정비·우산국 복속: 지증왕 때 지방 행정 구역을 주(州)와 군(郡)으로 정비하고(505), 이사부를 파견하여 우산국(울릉도)을 복속하였다(512).
㉡ 율령 반포·골품 제도 정비: 법흥왕 때 율령을 반포하고, 골품 제도를 정비하였다(520).
㉢ 마운령비, 황초령비 건립: 진흥왕 때 고구려의 영토인 함경도 지방까지 진출한 후 개척한 영토를 순행하고 이를 기념하기 위해 마운령비와 황초령비를 건립하였다(568).

㉠ 비담의 반란: 선덕 여왕 때 상대등 비담과 염종이 선덕 여왕에서 진덕 여왕으로의 왕위 계승에 반감을 갖고 반란을 일으켰다(647). 비담과 염종의 난은 진덕 여왕이 즉위한 해에 김춘추·김유신 등에 의해 진압되었다.

03 조선 후기 | 조선 후기의 사회·경제 상황
난이도 중 ●●○

정답설명
③ 조선 후기에 일부 농민들의 경제력이 향상된 것은 맞으나, 지주 전호제가 유명무실해지지는 않았다. 양반들은 양난 이후 토지 개간에 주력하고 농민의 토지를 사들여 농토의 소유를 늘려 나갔으며, 이를 지주 전호제로 경영하였는데, 이런 현상은 18세기에 일반화되었다.

오답분석
① 조선 후기에는 모내기법이 일반화되자 정조 때 저수지의 유지·관리를 위한 방법과 절차·규정을 정리한 『제언절목』이 반포되었다.
② 조선 후기에 포구 상업이 활성화되면서 강경포와 원산포 등이 전국적인 유통망을 연결하는 대표적인 상업의 중심지로 성장하였다.
④ 조선 후기에는 대외 무역의 발달로 중국을 자주 오가던 역관들이 무역에 참여하며 부를 축적하기도 하였다.

04 근대 | 조·청 상민 수륙 무역 장정
난이도 중 ●●○

자료분석
중국 상인이 조선 항구에서 고소할 경우 중국 상무위원에게 넘겨 판결 → 치외 법권 → 조·청 상민 수륙 무역 장정

정답설명
④ 조·청 상민 수륙 무역 장정에는 다른 나라의 압박을 받으면 거중조정한다는 조항을 명시하지 않았다. 한편, 거중조정 조항을 명시한 대표적인 조약으로는 조·미 수호 통상 조약이 있다.

오답분석

① 조·청 상민 수륙 무역 장정의 체결 결과 조선과 청나라 간의 무역량이 늘어 나게 되었으며, 이로 인해 청나라 상인과 일본 상인의 치열한 상권 경쟁이 일어났다.

② 조·청 상민 수륙 무역 장정의 체결 결과 외국 상인의 내지 통상이 허용되 면서, 개항장 객주의 활동이 위축되었다.

③ 조·청 상민 수륙 무역 장정에서는 한성 지역에 청 상인이 점포를 개설하는 것을 용인하였다.

---

05 | 고대 | 근초고왕의 업적 난이도 하 ●○○

자료분석

백제 + 마한의 나머지 세력 정복 + 동진, 왜와 교류 → (가) 근초고왕

정답설명

④ 백제 근초고왕은 박사 고흥으로 하여금 백제의 역사서인 『서기』를 편찬하게 하였다.

오답분석

① **무령왕**: 중국 남조의 양나라와 교류한 백제의 왕은 무령왕이다.

② **성왕**: 중앙 관청을 왕실 관련 업무 기관인 내관 12부와 중앙 정무 기관인 외 관 10부로 구성된 22부로 확대·정비한 백제의 왕은 성왕이다.

③ **고이왕**: 목지국을 병합하여 한강 유역을 완전히 장악한 백제의 왕은 고이왕 이다.

---

06 | 고대 | 의상 난이도 중 ●●○

자료분석

당나라에서 돌아옴 + 절의 이름을 낙산이라 함 → 의상

정답설명

④ 의상은 『화엄일승법계도』를 저술하여 모든 존재가 상호 의존적인 관계에 있 으면서 서로 조화를 이루고 있다는 화엄 사상을 정립하였다.

오답분석

① **원효**: 당시 존재하던 모든 불교 서적에 대한 폭넓은 이해를 바탕으로 『금강 삼매경론』을 저술한 승려는 통일 신라의 원효이다.

② **도의**: 중국에서 선종을 들여왔으며, 9산 선문 중 하나인 가지산문의 개조 (開祖)가 된 승려는 통일 신라의 도의이다.

③ **균여**: 어려운 불경을 향가로 쉽게 풀어 쓴 『보현십원가』를 지어 불교의 대중 화에 기여한 승려는 고려의 균여이다.

---

07 | 고대 | 통일 신라 주요 왕 대의 사실 난이도 중 ●●○

자료분석

㉠ 국학 설치 → 신문왕
㉡ 태학감으로 개칭 → 경덕왕
㉢ 국학으로 개칭 → 혜공왕

정답설명

③ 혜공왕은 김양상 일파와 대립하던 이찬 김지정이 일으킨 반란 과정에서 살 해당하였다.

오답분석

① 신문왕은 김흠돌의 난을 진압하여 왕권을 강화하였다. 한편, 웅천주 도독 김헌창이 자신의 아버지인 김주원이 왕이 되지 못한 것에 불만을 품고 반란 을 일으킨 것은 헌덕왕 때의 사실이다.

② **성덕왕**: 패강 일대에 수자리를 설치하여 발해를 견제한 것은 성덕왕이다.

④ 신문왕, 경덕왕, 혜공왕은 모두 신라 중대의 왕이다.

---

08 | 고려 시대 | 성종 난이도 중 ●●○

자료분석

처음으로 12목을 설치함 → 고려 성종

정답설명

③ 고려 성종은 유학 진흥책으로 문신 월과법을 시행하여 중앙과 지방의 관 리들에게 매월 시부(詩賦)를 지어 바치게 하였다. 이때, 중앙의 문관에게는 매달 시 3편과 부 1편을, 지방의 문관에게는 매년 시 30편과 부 1편을 지어 올리게 하였다.

오답분석

① **고려 문종**: 개경의 시전을 관할하기 위해 경시서를 설치한 왕은 고려 문종이다.

② **고려 숙종**: 서적 간행의 활성화를 위해 국자감에 서적포를 설치한 왕은 고 려 숙종이다.

④ **고려 현종**: 5도 양계의 지방 제도를 확립한 왕은 고려 현종이다. 현종은 전 국을 일반 행정 구역인 5도와 군사 행정 구역인 양계로 나누고, 5도 아래에 4도호부 8목을 설치하여 지방 제도를 정비하였다.

> ✏️ **이것도 알면 합격!**
>
> **고려 성종의 유학 장려 정책**
> • 국자감 설립(개경), 향교 설립(지방, 경학 박사와 의학 박사 파견)
> • 도서관 설치: 비서성(개경), 수서원(서경)
> • 문신 월과법 실시: 관리들에게 매달 시부를 지어 바치게 함

---

09 | 고려 시대 | 고려의 관리 등용 제도 난이도 중 ●●○

정답설명

② 옳은 것을 모두 고르면 ㉠, ㉢이다.

㉠ 고려 시대의 과거 시험에서는 문학적 재능을 시험하는 제술업이 유교 경 전을 해석하는 명경업보다 더 중시되었다.

㉢ 고려 시대에 왕족 및 공신의 후손, 5품 이상 관원의 자손은 음서의 혜택을 받아 관직에 진출 할 수 있었다.

오답분석

㉡ **조선 시대**: 음서로 관직에 진출한 경우 과거 시험(문과)에 합격하지 않으면 고관으로 승진하기 어려웠던 것은 조선 시대이다. 고려 시대의 음서 출신은 과거 시험 합격 여부와 관계없이 고위 관직으로 승진할 수 있었다.

㉢ 고려 시대의 무과는 예종 대를 제외하고는 거의 시행되지 못하였다.

10 고려 시대 | 공민왕 재위 시기의 사실   난이도 중 ●●○

자료분석

정방 + 이제 마땅히 없애고 + 이부와 병부(관제 복구) → 공민왕

정답설명

③ 공민왕은 고려의 내정 간섭을 하던 정동행성 이문소를 혁파하였다. 정동행성 이문소는 원나라와 관계된 범죄를 단속하는 사법 기관이었으나, 반원 세력을 탄압하는 기구로 변질되어 그 폐단이 심하였다. 이에 공민왕은 반원 개혁 정책을 실시하면서 정동행성 이문소를 폐지하였다.

오답분석

① **충목왕**: 정치도감을 설치하여 권문세족의 농장을 혁파하고 토지와 노비를 본 주인에게 돌려주어 부원 세력을 척결하고자 한 것은 충목왕 때이다.

② **정종**: 거란의 침입에 대비하기 위해 광군을 조직하고 그 지휘부로 광군사를 조직한 것은 정종(3대) 때이다.

④ **공양왕**: 군을 통솔하는 기관인 삼군도총제부를 설치한 것은 공양왕 때이다. 공양왕 때 혁명파 사대부가 기존의 5군제를 3군제로 재편하면서 삼군도총제부를 설치하여 병권을 장악하였다.

11 근대 | 제1차 갑오개혁   난이도 중 ●●○

자료분석

초정부적인 회의 기구 + 신분제 폐지 → 군국기무처 → 제1차 갑오개혁

정답설명

③ 제1차 갑오개혁 때 의정부 산하의 6조를 8아문으로 개편하였고, 경찰 업무 수행 기구로 경무청을 설치하였다.

오답분석

① **광무개혁**: 군 통수 기관으로 원수부를 설치한 것은 광무개혁 때이다. 광무개혁 때 황제권 강화를 위하여 황제 직속의 최고 군 통수 기관인 원수부를 설치하고, 황제가 육·해군을 통솔하도록 하였다.

② **을미개혁**: 중앙에 친위대, 지방에 진위대를 설치한 것은 을미개혁 때이다.

④ **제2차 갑오개혁**: 지방 재판소, 고등 재판소 등을 설치하여 사법권과 행정권을 분리시킨 것은 제2차 갑오개혁 때이다.

🖊️ 이것도 알면 **합격!**

제1차 갑오개혁의 주요 내용

정치	• 중국의 연호를 버리고 '개국' 연호 사용 • 궁내부(왕실 담당)와 의정부(정부 담당)로 사무 분리 • 6조를 8아문으로 개편 • 과거제 폐지, 신분의 구별 없이 인재 등용 • 경찰 업무 수행 기구로 경무청 설치
경제	• 탁지아문을 통해 재정에 관한 모든 사무 총괄 • 은본위 제도 채택, 조세 금납제 시행, 도량형 통일
사회	• 계급을 타파하고 공·사 노비 제도 폐지 • 조혼 금지, 과부의 재가 허용, 고문과 연좌제 폐지

12 일제 강점기 | 광주 학생 항일 운동   난이도 중 ●●○

자료분석

학생 대중아 궐기하자! → 광주 학생 항일 운동

정답설명

④ 일제가 경성 제국 대학을 설립하여 방해한 민족 운동은 민립 대학 설립 운동이다.

오답분석

① 광주 학생 항일 운동에서는 식민지 교육 철폐와 조선인 본위의 교육 제도 확립 등을 주장하였다.

② 신간회에서는 광주 학생 항일 운동을 지원하기 위해 현지에 진상 조사단을 파견하고, 민중 대회를 계획하였으나 실패하였다.

③ 이승만 정부 때 광주 학생 항일 운동을 기념하기 위해 11월 3일을 '학생의 날'로 지정하였다.

13 일제 강점기 | 신채호   난이도 중 ●●○

자료분석

민족을 빼면 역사가 없음 → 「독사신론」 → 신채호

정답설명

④ 신채호는 단군부터 삼국시대까지의 역사를 서술한 『조선상고사』를 저술하여 고대사 연구의 기틀을 마련하였다.

오답분석

① **이병도, 이윤재 등**: 실증 사학을 토대로 진단 학회를 조직한 인물은 이병도, 이윤재 등의 실증주의 사학자들이다.

② **박은식**: 국가의 구성 요소를 국혼(국어, 국문, 국사 등)과 국백(군대, 함선, 기계 등)으로 나누었던 인물은 박은식이다.

③ **정인보, 문일평 등**: 『여유당전서』를 발간하고 조선학 운동을 전개한 인물은 정인보, 문일평, 안재홍 등이다.

14 고려 시대 | 고려 시대의 향리   난이도 중 ●●○

자료분석

호장 + 향·부곡·진·역 → (가) 고려 시대의 향리

정답설명

③ 고려 시대의 향리는 과거에 응시하여 중앙 관직에 진출하는 것이 가능하였다.

오답분석

① 고려 시대의 향리는 중앙에서 임명된 사심관의 통제를 받았다. 고려 시대에는 중앙 고관을 자기 출신지의 사심관으로 임명하여 지방 향리 세력을 통제하였다.

② 고려 시대의 향리는 직역의 대가로 국가로부터 외역전을 지급받았다.

④ 고려 시대의 향리는 중앙으로부터 토성(土姓)을 분정 받아 자신의 근거지의 지역명을 본관으로 인정받기도 하였다.

15   조선 전기 | 명종 재위 시기의 사실   난이도 중 ●●○

자료분석

문정 왕후가 돌아가신 후에 국정을 전담 + 을사사화 → 명종

정답설명

④ 명종 때 외척 세력들에 인한 수탈이 심화되자 양주 백정 출신의 도적 임꺽정이 황해도 등에서 난을 일으켰다.

오답분석

① 숙종: 갑술환국이 일어난 것은 숙종 때이다. 갑술환국은 인현 왕후 복위 운동을 반대하던 남인이 실각하고 서인이 재집권하게 된 사건이다.

② 성종: 관수 관급제가 처음 시행된 것은 성종 때이다.

③ 태조: 천상열차분야지도가 제작된 것은 태조 때이다. 천상열차분야지도는 권근 등이 고구려 천문도의 탁본을 바탕으로 제작한 천문도이다.

16   조선 후기 | 『발해고』   난이도 중 ●●○

자료분석

김씨가 남쪽을 차지 + 대씨가 북쪽을 차지 + 남북국 → 『발해고』

정답설명

③ 조선 후기에 유득공이 저술한 『발해고』는 우리나라 고대사의 연구 시야를 만주 지방까지 확장하여 한반도 중심 사관을 극복하였다. 또한, 통일 신라와 발해의 역사를 체계화하여 남북국 시대라는 용어를 처음으로 사용하였다.

오답분석

① 『해동역사』: 한치윤이 500여 종의 중국 및 일본의 자료를 참고하여 저술한 책은 『해동역사』이다.

② 『동사강목』: 고조선부터 고려 말까지의 역사가 강목체로 서술된 책은 『동사강목』이다.

④ 『성호사설』: 천지·인사·만물·경사·시문의 5개 부문으로 나누어 서술된 책은 이익의 『성호사설』이다.

17   현대 | 사사오입 개헌   난이도 중 ●●○

자료분석

사사오입하면 135명이 개헌 정족 수가 된다고 주장 → 사사오입 개헌

정답설명

③ 사사오입 개헌(제2차 개헌)은 초대 대통령에 한하여 중임 제한을 철폐한다는 내용을 골자로 하였다.

오답분석

① 사사오입 개헌 이후 치러진 제3차 대선에서는 민주당의 장면이 부통령에 당선되었다.

② 발췌 개헌(제1차 개헌): 국회 간선제로는 재선이 어려워진 이승만 정부가 단행한 것은 발췌 개헌(1952)이다.

④ 유신 헌법(제7차 개헌): 장준하, 함석헌 등의 인사들이 개헌 청원 백만인 서명 운동 전개하며 반대한 것은 박정희 정부 시기에 제정된 유신 헌법이다.

18   일제 강점기 | 한국 독립당(1940)   난이도 중 ●●○

자료분석

구 한국 독립당과 조선 혁명당, 조선 국민당이 합병 → 한국 독립당(1940)

정답설명

③ 옳은 것을 모두 고르면 ㉡, ㉢이다.

㉡ 한국 독립당은 김구, 김규식을 중심으로 민족주의 계열의 독립운동 단체들을 통합하여 조직되었다.

㉢ 한국 독립당은 대한민국 임시 정부의 여당 역할을 하며 임시 정부의 활동을 주도하였다.

오답분석

㉠ 조선 혁명당: 산하에 조선 혁명군을 두었던 단체는 남만주에서 조직된 조선 혁명당이다.

㉣ 조선 민족 혁명당: 조선 민족 전선 연맹의 창설을 주도한 단체는 조선 민족 혁명당이다.

19   일제 강점기 | 서당 규칙 공포 이후의 사실   난이도 중 ●●○

자료분석

서당을 개설할 때는 신고 + 조선총독부 관보 → 서당 규칙(1918)

정답설명

② 일제가 신문지법을 제정하여 언론을 탄압한 것은 1907년으로, 서당 규칙 공포 이전의 사실이다.

오답분석

모두 서당 규칙 제정 이후의 사실이다.

① 일제는 1941년에 전국에 대화숙을 설치하여 사상범에게 전향을 강요하였다.

③ 일제는 1925년에 치안 유지법을 제정하여 사회 운동을 탄압하였다.

④ 일제는 1921년에 일본인 업자에 특혜를 주는 연초전매령을 공포하였다.

20   현대 | 맥아더 포고령 제1호 발표 시기   난이도 상 ●●●

자료분석

북위 38도 이남의 통치권은 나의 권한 하에서 시행함 → 맥아더 포고령 제1호(1945. 9.)
(가) 광복(1945. 8.) ~ 모스크바 3국 외상 회의(1945. 12.)
(나) 모스크바 3국 외상 회의(1945. 12.) ~ 제1차 미·소 공동 위원회(1946. 3.)
(다) 제1차 미·소 공동 위원회(1946. 3.) ~ 좌·우 합작 7원칙 발표(1946. 10.)
(라) 좌·우 합작 7원칙 발표(1946. 10.) ~ 제2차 미·소 공동 위원회(1947. 5.)

정답설명

① 맥아더 포고령 제1호가 발표된 것은 (가) 시기인 1945년 9월의 사실이다. 맥아더는 포고령 제1호를 발표하여 미군이 직접 남한을 통치하는 미 군정을 선포하였고, 친일파를 대거 고용하였으며, 한국 민주당을 비롯한 우익 세력을 지원하였다.

❯ 정답

01	③ 선사 시대	11	④ 조선 전기
02	③ 일제 강점기	12	② 고대
03	③ 시대 통합	13	③ 근대
04	③ 조선 후기	14	③ 조선 전기
05	③ 현대	15	③ 조선 후기
06	④ 고대	16	① 현대
07	④ 고대	17	③ 근대
08	④ 조선 후기	18	③ 현대
09	③ 고려 시대	19	② 선사 시대
10	③ 고려 시대	20	④ 고려 시대

p.50

❯ 취약시대 분석표

영역	세부 유형	문항 수
전근대	선사 시대	/2
	고대	/3
	고려 시대	/3
	조선 전기	/2
	조선 후기	/3
근현대	근대	/2
	일제 강점기	/1
	현대	/3
통합	시대 통합	/1
총계		/20

* 취약시대 분석표를 이용해 1개라도 틀린 문제가 있는 시대는 그 시대의 문제만 골라 해설을 다시 한번 꼼꼼히 학습하세요

---

01 선사 시대 | 청동기 시대의 생활상 난이도 하 ●○○

정답설명

③ 옳은 것을 모두 고르면 ⓒ, ⓔ이다.

ⓒ 청동기 시대에는 농업 생산력이 증가함에 따라 사유 재산 제도가 등장하였고, 이를 바탕으로 계급이 분화되었다.

ⓔ 청동기 시대에는 배산임수의 야산·구릉 지대에 집단 취락을 형성하였고, 취락 주위에 환호와 목책을 설치하여 외부 침입에 대비하였다.

오답분석

㉠ 독무덤과 널무덤이 유행한 시대는 철기 시대이다. 청동기 시대에는 주로 고인돌과 돌널무덤이 만들어졌다.

ⓒ 덧무늬 토기와 이른 민무늬 토기를 주로 사용한 시대는 신석기 시대이다. 한편, 청동기 시대에는 미송리식 토기, 송국리식 토기 등을 사용하였다.

---

02 일제 강점기 | 백남운 난이도 중 ●●○

자료분석

세계사적인 일원론적 역사 법칙 → 『조선사회경제사』 → 백남운

정답설명

③ 백남운은 유물 사관에 입각하여 한국사를 세계사적 보편성 위에 체계화함으로써 식민 사관의 정체성론을 비판하였다.

오답분석

① **정인보**: 「5천 년간 조선의 얼」이라는 글을 동아일보에 연재한 인물은 정인보이다.

② **문일평**: '조선심'을 강조하며 정약용 연구를 중심으로 조선학 운동을 전개한 인물은 문일평이다.

④ **박은식**: 한국의 독립운동 과정을 서술한 『한국독립운동지혈사』를 저술한 인물은 박은식이다.

---

03 시대 통합 | 시기별 군사 제도 난이도 중 ●●○

정답설명

③ 시기순으로 나열하면 ⓒ 9서당 10정(통일 신라) → ⓒ 10위와 지방군(발해) → ㉠ 2군 6위의 중앙군과 주현군·주진군의 지방군(고려) → ⓔ 5위와 진관 체제(조선 전기)가 된다.

ⓒ **통일 신라**: 통일 신라 신문왕(681~692) 때 군사 조직으로 9서당(중앙군)과 10정(지방군)을 편성하였다.

ⓒ **발해**: 발해는 중앙군으로 10위를 두고, 그 밑에 지방군이 있었다(발해 건국, 698).

㉠ **고려**: 고려에서는 중앙군으로 응양군과 용호군의 2군, 그리고 6위(좌우위, 신호위, 흥위위, 금오위, 천우위, 감문위)를 두었다.

ⓔ **조선 전기**: 조선 전기에는 의흥위(중위)·용양위(좌위)·호분위(우위)·충좌위(전위)·충무위(후위)의 5위로 구성된 중앙군이 있었고, 지방의 육군은 진관 체제로 편성하였다.

---

04 조선 후기 | 조선 후기의 미술 난이도 하 ●○○

정답설명

③ 조선 후기에 섬세하고 정교한 필치로 정조의 화성 행차와 관련된 행렬도, 병풍 등 궁중 풍속을 많이 남긴 인물은 김홍도이다. 한편, 신윤복은 감각적인 필치로 주로 도시인의 풍류 생활과 남녀 사이의 애정 등을 해학적으로 묘사하였다.

오답분석

① 조선 후기에는 서민들의 소박한 정서와 소망을 잘 나타낸 민화가 유행하였다.

② 강세황은 서양식 원근법과 명암법 등의 서양화 기법을 동양화에 반영하여 사물을 실감나게 표현하였는데, 대표 작품으로는 영통동구도가 있다.

④ 조선 후기에 이광사는 우리의 정서와 개성을 추구하는 단아한 글씨의 동국진체를 완성하였다.

③ 최고 교육 기관으로 주자감을 둔 나라는 발해이다. 통일 신라의 최고 교육 기관은 국학이다.

05 | 현대 | 제주 4·3 사건 | 난이도 중 ●●○

자료분석

제주 섬 + 민간인들을 살상 → 제주 4·3 사건

정답설명

③ 제주 4·3 사건(1948. 4. 3.)은 유엔 총회에서 대한민국을 한반도의 유일한 합법 정부로 승인하기(1948. 12.) 이전에 전개되었다.

오답분석

① 제주 4·3 사건 희생자들의 명예 회복을 위한 특별법이 2000년에 제정되었다.

② 제주 4·3 사건이 발생하자 미 군정은 이를 치안 상황으로 간주하고 경찰과 서북 청년회 등 우익 단체를 동원하여 무력으로 진압하고자 하였다.

④ 제주 4·3 사건으로 인해 제주도 3개 선거구 중 2개 선거구에서는 5·10 총 선거가 실시되지 못하였고, 1년 뒤에 선거가 실시되었다.

06 | 고대 | 장보고 | 난이도 중 ●●○

자료분석

적산 법화원을 처음 세움 → (가) 장보고

정답설명

④ 장보고는 외교 교섭을 위해 중국에는 견당 매물사, 일본에는 회역사라는 교역 사절을 파견하였다.

오답분석

① 장보고는 당에 유학하여 빈공과에 합격하지 않았으며, 당에 건너가 서주 무령군 소장을 지냈다. 한편, 당에 유학하여 빈공과에 합격한 인물로는 최치원, 최승우 등이 있다.

② 궁예: 기훤과 양길의 휘하에서 세력을 키운 인물은 궁예이다. 궁예는 신라 하대의 초적 세력인 기훤과 양길의 부하로 있다가 자립하여 송악에서 후고 구려를 건국하였다.

③ 견훤: 신라의 금성을 습격하여 경애왕을 살해한 인물은 견훤이다. 견훤은 신라에 침략하여 대야성을 점령하였고, 금성(경주)을 습격하여 경애왕을 살해하고 경순왕을 왕으로 세웠다.

07 | 고대 | 발해와 통일 신라 | 난이도 중 ●●○

자료분석

왕자 대봉예가 (가)이/가 (나)의 위에 있도록 허락해 주기를 청함 → 쟁장 사건 → (가) 발해, (나) 통일 신라

정답설명

④ 통일 신라는 집사부 아래에 13개의 관부를 병렬적으로 운영하고, 사정부·예작부·선부를 제외한 각 부에 여러 명의 장관을 두었다.

오답분석

① 각 지방에 감찰관인 외사정을 파견하여 지방관을 감찰한 나라는 통일 신라이다.

② 군사·행정상의 요충지에 5소경을 두고 장관으로 사신을 파견한 나라는 통일 신라이다.

08 | 조선 후기 | 정약용 | 난이도 중 ●●○

자료분석

백성들이 궁핍 + 목민관이란 자는 자기 몸을 살 찌움 + 심서라고 이름 붙임 → 『목민심서』 → 정약용

정답설명

④ 정약용은 역사 지리서인 『아방강역고』를 저술하여 백제의 첫 도읍지가 서울이라는 것과 발해의 중심지가 백두산 동쪽이라는 것 등을 고증하였다.

오답분석

① 이익: 역사에서 고금의 흥망성쇠가 시세에 따라 이루어진다고 파악한 인물은 이익이다.

② 홍대용: 『임하경륜』에서 성인 남자에게 2결의 토지를 나누어 주자고 주장한 인물은 홍대용이다.

③ 정도전, 조준 등: 급진적인 전제 개혁을 추진하였으며, 맹자의 역성 혁명론을 조선 건국에 적용한 인물은 정도전, 조준 등의 혁명파 사대부들이다.

이것도 알면 합격!

정약용의 저술

저술	내용
『목민심서』	지방 행정 조직 개혁, 목민관(지방관)의 자세 제시
『흠흠신서』	형옥 관련 법률 제시
『경세유표』	중앙 통치 체제 개혁, 정전제 주장
『기예론』	기술 교육과 기술 진흥 강조(북학파의 주장 지지)
『마과회통』	홍역에 관한 의서, 제너의 종두법 소개

09 | 고려 시대 | 원 간섭기의 사실 | 난이도 중 ●●○

자료분석

고을 사람들은 모두 응방에 예속되어 있음 → 원 간섭기

정답설명

③ 원 간섭기에 고려는 관제의 격을 낮추어 중추원은 밀직사로 개편하였다. 이 외에도 중서문하성과 상서성을 합쳐 첨의부로, 6부는 4사로 개편하였다.

오답분석

① 조선 시대: 농민들의 도망과 이탈 방지를 위해 5가구를 1통으로 편성하는 오가작통법을 실시한 것은 조선 시대의 사실이다.

② 조선 시대: 의흥삼군부를 신설한 것은 조선 시대의 사실이다. 의흥삼군부는 공양왕 때 설치한 삼군도총제부를 태조 이성계 때 개편하여 신설한 군사 기구이다.

④ 고려 시대에는 일부 고위 관료를 중심으로 본처 외에 여러 처와 첩을 두는 다처병첩이 이루어지기는 하였으나, 법적으로 허용되지는 않았다.

10 고려 시대 | 전시과 제도의 변천   난이도 중 ●●○

자료분석

⑦ 시정 전시과(경종 1년), ⓒ 개정 전시과(목종 1년), ⓒ 경정 전시과(문종 30년)

정답설명

③ 경정 전시과에서는 개정 전시과에 비해 토지 지급량이 축소되어 15과 이하의 관료에게는 시지가 지급되지 않았다.

오답분석

① 개정 전시과: 실무를 맡지 않은 일종의 명예직인 산관에게 토지를 지급하되 현직자에 비해 몇 과를 낮추어 토지를 지급한 것은 개정 전시과이다.

② 시정 전시과: 4색 공복을 기준으로 문반, 무반, 잡업 계층으로 구분하여 전시를 지급한 것은 시정 전시과이다.

④ 지급 대상을 현직 관료로 제한한 것은 경정 전시과에만 해당한다.

11 조선 전기 | 성종 대의 사실   난이도 중 ●●○

자료분석

서거정 등에게 『동국통감』을 찬수해 올리라고 명함 → 조선 성종

정답설명

④ 성종 때 성균관 내에 존경각이라는 도서관을 설치하여 여러 서적을 소장하게 하였다.

오답분석

① 세종: 백성과 더불어 즐거움을 함께 나눈다는 뜻을 가진 「여민락」이라는 음악이 만들어진 것은 세종 때이다.

② 세조: 함길도 토호인 이시애가 중앙 집권화 정책에 반발하여 난을 일으킨 것은 세조 때이다.

③ 태종: 호패법을 처음 시행한 것은 태종 때이다. 호패는 조세 징수와 군역 부과를 위해 16세 이상의 남자에게 지급한 일종의 신분증이다.

12 고대 | 설총   난이도 하 ●○○

자료분석

화왕(花王) → 「화왕계」 → 설총

정답설명

② 설총은 6두품 출신의 학자로 유교 경전에 조예가 깊었으며, 이두를 정리하여 한학의 보급에 공헌하였다.

오답분석

① 강수: 불교를 세외교(속세 바깥의 가르침)라고 비판한 인물은 6두품 출신의 학자인 강수이다.

③ 김대문: 『고승전』, 『화랑세기』, 『계림잡전』을 저술한 인물은 진골 귀족 출신인 김대문이다.

④ 최치원: 당에서 유학을 하고 돌아와 진성 여왕에게 정치·사회 개혁 방안을 담은 시무책 10여 조를 올린 인물은 최치원이다.

13 근대 | 국채 보상 운동   난이도 중 ●●○

자료분석

나라 빚이 1,300만 원 + 국고로는 보상하기 어려움 → 국채 보상 운동

정답설명

③ 옳은 것을 모두 고르면 ⓒ, ⓒ이다.

ⓒ 국채 보상 운동은 대구에서 서상돈, 김광제 등을 중심으로 시작되어 전국민적인 모금 운동으로 확산되었다.

ⓒ 국채 보상 운동은 언론 기관인 대한매일신보, 황성신문, 만세보 등의 후원을 받으며 전국적으로 확산되었다.

오답분석

⑦ 국채 보상 운동은 조선 총독부가 설치(1910)되기 이전인 1907년에 전개된 경제적 구국 운동으로, 통감부의 방해 공작으로 실패하였다.

ⓔ 민립 대학 설립 운동: "한민족 1천만이 한 사람 1원씩"이라는 구호로 모금 운동을 전개한 것은 민립 대학 설립 운동이다.

14 조선 전기 | 동인과 서인   난이도 중 ●●○

자료분석

(가) 김효원을 지지하는 세력 → 동인
(나) 심의겸을 지지하는 세력 → 서인

정답설명

③ 김효원 등 신진 사림 중심의 동인은 척신 정치의 잔재 청산 문제에 적극적이었다. 반면 서인은 척신 정치의 잔재 청산 문제에 소극적이었다.

오답분석

① 서인: 이이와 성혼의 문인들이 주류가 된 붕당은 서인이다.

② 동인: 경상도 일대의 재야 선비들이 주류가 된 붕당은 동인이다.

④ 북인: 광해군 집권 시기에 중립 외교를 적극적으로 주장한 것은 동인에서 분화된 북인이다.

15 조선 후기 | 조선 후기의 사회 모습   난이도 중 ●●○

자료분석

아전이 길에서 양반을 만나도 절을 하지 않음 → 조선 후기

정답설명

③ 조선 후기에는 사회적 혼란으로 인해 왕조의 교체를 예언하는 『정감록』과 미륵 신앙 등의 예언 사상이 널리 유행하였다.

오답분석

① 조선 후기에는 신분제의 동요로 반상제가 실질적 신분 제도로 통용되었으나, 법제적 신분제는 여전히 양인과 천민으로 구분하는 양천제였다.

② 조선 후기에는 향전이 전개되면서 기존 재지 사족의 힘은 약화되고, 새로 성장한 부농층을 포섭한 수령의 권한은 강화되었다.

④ 조선 후기에는 신분 질서의 동요에도 국가 재정을 확보하기 위해 향임직의 매매, 납속 등을 허용하였다.

④ **이승만**: 미국 대통령 월슨에게 국제 연맹이 대한민국을 위임 통치해 줄 것을 건의하는 위임 통치 청원서를 제출한 인물은 이승만이다.

16 현대 | 제5차 개헌안 적용 시기의 사실 · 난이도 상 ●●●

자료분석
단원제 국회 + 대통령 중심제 정부 형태 → 제5차 개헌안(1962~1969)

정답설명
① 5차 개헌안이 적용되던 시기인 1968년에 1·21 사태와 푸에블로호 사건 등 북한의 무력 도발이 일어나자, 박정희 정부는 이에 대응하기 위해 향토 예비군을 창설하였다.

오답분석
② **제7차 개헌안**: 국민의 기본권을 제한할 수 있는 긴급 조치 1호가 공포된 것은 1974년으로, 제7차 개헌안(유신 헌법)이 적용되던 시기(1972~1980)의 사실이다.
③ **제6차 개헌안**: 경부 고속 국도가 개통된 것은 1970년으로, 제6차 개헌안(3선 개헌)이 적용되던 시기(1969~1972)의 사실이다.
④ **제7차 개헌안**: 부산과 마산에서 유신 체제에 반대하는 부·마 민주 항쟁이 일어난 것은 1979년으로, 제7차 개헌안(유신 헌법)이 적용되던 시기(1972~1980)의 사실이다.

17 근대 | 대한 자강회 · 난이도 중 ●●○

자료분석
자강의 방법은 교육진작과 식산흥업에 있음 → 대한 자강회

정답설명
③ 대한 자강회는 전국에 25개의 지회를 두고 교육 문화 운동을 추진하였다.

오답분석
① **독립 협회**: 자유 민권 운동과 국민 참정권 운동을 전개한 단체는 독립 협회이다.
② 대한 자강회는 고종의 강제 퇴위 반대 운동을 전개하다가 한·일 병합 이전인 1907년에 해산되었다.
④ **신민회**: 유신(낡은 제도를 고쳐 새롭게 함)한 국민이 통일 연합하여 유신한 자유 문명국을 성립하자는 취지로 설립된 단체는 신민회이다.

18 현대 | 조소앙 · 난이도 중 ●●○

자료분석
삼균주의를 제창함 → 조소앙

정답설명
③ 조소앙은 무장 투쟁을 통해 민족의 독립을 쟁취할 것을 주장하는 대한 독립 선언서를 작성하였고, 박은식, 신채호, 안창호 등 만주와 연해주에서 활동하던 독립운동가 39인과 함께 이를 발표하였다.

오답분석
① **조봉암 등**: 진보당을 창당하여 당시 대통령이었던 이승만의 장기 집권에 저항한 인물은 조봉암 등이다.
② **여운형 등**: 일제의 패망과 광복에 대비하여 조선 건국 동맹을 조직한 인물은 여운형 등이다.

19 선사 시대 | 동예 · 난이도 하 ●○○

자료분석
10월 + 무천 + 책화 → 동예

정답설명
② 동예는 특산물로 단궁이라는 활과 작은 말인 과하마, 바다표범 가죽인 반어피 등이 유명하였다.

오답분석
① **삼한**: 신지와 읍차라는 군장이 있던 나라는 삼한이다. 동예는 읍군, 삼로, 후라는 군장이 통치하였다.
③ **부여, 고구려**: 남의 물건을 훔치면 물건 값의 12배를 배상하게 하는 1책 12법의 풍습이 있던 나라는 부여와 고구려이다.
④ **변한·진한**: 아이가 태어나면 돌로 머리를 눌러 납작하게 하는 편두의 풍습이 있던 나라는 삼한 중 변한과 진한이다.

20 고려 시대 | 고려 청자 · 난이도 중 ●●○

정답설명
④ 청자에 백토분을 칠하였으며, 소박하고 천진한 무늬가 주로 그려진 것은 분청사기로, 원 간섭기 이후 북방 가마 기술이 도입되면서 제작되었다. 11세기에는 주로 순수 비색 청자가 제작되었다.

오답분석
① 고려 청자는 자기를 만들 수 있는 흙과 연료가 풍부한 지역에서 생산되었는데, 특히 전라도 강진과 부안이 청자의 생산지로 유명하였다.
② 송나라의 사신 서긍은 고려를 방문한 뒤 저술한 『고려도경』에서 고려 청자의 아름다움을 극찬하였다.
③ 고려 청자는 실용품보다는 왕실 및 귀족들의 사치품으로 주로 사용되었다.

이것도 알면 합격!

고려의 청자

11세기 (순수 청자)	순수 비취색 청자, 다양한 형태, 고상한 무늬가 특징
12세기 (상감 청자)	• 상감법 개발: 자기 표면을 파내고 그 자리를 백토나 흑토로 메워 무늬를 내는 방법 • 원료와 연료가 풍부한 강진과 부안 지역에서 생산
원 간섭기	• 원으로부터 북방 가마 기술 도입 • 청자의 빛깔 퇴조, 소박한 분청사기로 변화

정답
p.56

01	④ 고대	11	② 근대
02	④ 조선 후기	12	③ 근대
03	④ 조선 전기	13	④ 현대
04	① 일제 강점기	14	③ 일제 강점기
05	③ 선사 시대	15	③ 시대 통합
06	③ 고대	16	③ 고려 시대
07	④ 고려 시대	17	① 고려 시대
08	④ 현대	18	③ 조선 후기
09	③ 고대	19	③ 현대
10	④ 시대 통합	20	① 시대 통합

취약시대 분석표

영역	세부 유형	문항 수
전근대	선사 시대	/1
	고대	/3
	고려 시대	/3
	조선 전기	/1
	조선 후기	/2
근현대	근대	/2
	일제 강점기	/2
	현대	/3
통합	시대 통합	/3
총계		/20

* 취약시대 분석표를 이용해 1개라도 틀린 문제가 있는 시대는 그 시대의 문제만 골라 해설을 다시 한번 꼼꼼히 학습하세요

---

01 고대 | 신라 촌락 문서
난이도 중 ●●○

자료분석

일본 도다이지 쇼소인에서 발견 + 서원경 부근의 4개 촌락 가운데 사해점 촌에 대한 기록 → 신라 촌락 문서

정답설명

④ 신라 촌락 문서에는 촌락의 호(戶) 수, 인구 수, 가축(소·말)의 수, 뽕나무·잣나무 등 나무의 수가 기록되어 있다.

오답분석

① 신라 촌락 문서에서는 호(戶)를 사람의 많고 적음에 따라 9등급, 인구는 남녀를 구분하여 각각 6등급으로 나누어 파악하였다.
② 신라 촌락 문서는 촌주가 매년 변동 사항을 조사하되 3년에 한번씩 작성하였다.
③ 신라 촌락 문서는 토지 면적의 증감은 기록되어 있지 않고, 토지의 종류와 총면적만 기록되어 있다.

02 조선 후기 | 양명학
난이도 중 ●●○

자료분석

인의를 해치고 천하를 어지럽히는 것 + 심즉리 → 양명학

정답설명

④ 양명학은 조선 후기에 노론 세력에 의해 수용되지 않았으며, 주로 정권에서 소외된 소론, 왕실의 종친, 서얼 출신 인사들 사이에서 가학(家學)의 형태로 계승되었다.

오답분석

① 양명학에서는 모든 사람의 보편적 마음인 양지를 실현하는 일인 치양지와 지행합일을 주장하며 실천성을 강조하였다.
② 이황은 『전습록논변』에서 양명학이 인의를 해치고 천하를 어지럽히는 이단

이라고 비판하였다.
③ 양명학은 박은식의 「유교구신론」에 영향을 끼쳤다. 「유교구신론」에서는 유교의 개량과 혁신을 강조하며 이를 위해 양명학을 보급해야 한다고 주장하였다.

03 조선 전기 | 태조 이성계 재위 시기의 사실
난이도 중 ●●○

자료분석

요동을 공격하고자 함 + 네 가지의 옳지 못한 점이 있음 → 4불가론 → (가) 태조 이성계

정답설명

④ 태조 이성계 재위 시기에는 제1차 왕자의 난이 발생하여 정도전 등이 제거되었다. 제1차 왕자의 난은 태조 이성계의 아들인 방원(이후 태종)이 이복 동생인 방석·방번과 정도전 등을 제거한 사건이다.

오답분석

① 정종: 사병을 혁파한 것은 정종 때이다. 정종 때 세자로 책봉된 이방원(태종)은 사병을 모두 혁파하고 중앙·지방의 군권을 삼군부로 집중시켰다.
② 정종: 도평의사사를 개편하여 조선 시대 최고 행정 기관인 의정부를 설치한 것은 정종 때이다.
③ 태종: 사간원을 독립시켜 대신들을 견제한 것은 태종 때이다.

04 일제 강점기 | 독립운동가의 활동
난이도 하 ●○○

정답설명

① (대한 국민) 노인 동맹단 소속의 강우규는 서울역에서 사이토 총독에게 폭탄을 던졌으나 실패하였다.

오답분석

② 박열: 일본에서 일본 황태자의 결혼식 때에 맞춰 일본 천황 및 황태자, 황실

요인들의 폭살을 시도한 인물은 박열이다.

③ **조명하:** 타이완에서 일본 왕족이며 육군 대장인 구니노미야를 찔러 암살을 시도한 인물은 조명하이다.

④ **윤봉길:** 홍커우 공원에서 열린 일본 천황의 생일과 상하이 사변 승전 기념식에 폭탄을 투척한 인물은 한인 애국단의 윤봉길이다.

---

05 선사 시대 | **위만 조선**   난이도 하 ●○○

자료분석

오랑캐 복장을 하고 동쪽으로 패수를 건너 와서 항복 → (가) 위만 → 위만 조선(기원전 194~기원전 108)

정답설명

③ 위만 조선은 지리적 이점을 이용하여 중국의 한이 한반도 남부의 진과 직접 교역하는 것을 막고, 중계 무역을 통해 이익을 독점하였다.

오답분석

모두 위만 조선이 세워지기 이전의 사실이다.

① 기원전 3세기 초에 고조선은 연나라 장수 진개의 침략을 받아 요동 지방을 상실하였다.

② 기원전 4세기경에 고조선은 요서 지방을 경계로 하여 연나라와 대립할 만큼 강성하였다.

④ 기원전 3세기경에 고조선에서 부왕, 준왕과 같은 강력한 왕이 등장하여 왕위를 세습하였다.

---

06 고대 | **부여 정림사지 5층 석탑**   난이도 중 ●●○

자료분석

소정방 + 탑을 깎아 특별한 공을 기록함 → 부여 정림사지 5층 석탑

정답설명

③ 부여 정림사지 5층 석탑은 목탑의 구조를 석재로 표현한 탑으로, 탑신에 백제를 정벌하였다는 당의 장수 소정방의 글이 남아 있어 평제탑(백제를 평정하고 세운 탑)이라 불리기도 하였다.

오답분석

① **익산 미륵사지 석탑:** 백제의 탑으로, 목탑의 모습을 많이 지니고 있어 목탑에서 석탑으로 넘어가는 과도기를 잘 보여주는 석탑이다.

② **경주 감은사지 3층 석탑:** 2층 기단 위에 3층의 탑신부를 쌓은 형태의 석탑으로, 통일 신라의 전형적인 석탑 양식이다.

④ **개성 경천사지 10층 석탑:** 고려 시대에 원의 영향을 받아 만들어진 석탑으로, 조선 세조 때 만들어진 원각사지 10층 석탑에 영향을 주었다.

---

07 고려 시대 | **현종 재위 시기의 사실**   난이도 중 ●●○

자료분석

강조가 왕을 폐위시킴 → 강조의 정변 → 목종을 폐위시키고 현종을 옹립 → 고려 현종

정답설명

④ 지방관이 없는 속군·속현과 향·소·부곡 등의 말단 지방 행정 단위에 감무라는 지방관을 파견하기 시작한 것은 고려 예종 때이다.

오답분석

① 고려 현종 때 태조부터 목종에 이르는 『7대실록』의 편찬을 시작하였고, 그 후에도 고려 왕조의 『실록』이 편찬되었으나 지금은 전하지 않는다.

② 고려 현종 때 부처의 힘으로 거란의 침입을 막기 위해 초조대장경의 조판을 시작하였다.

③ 고려 현종 때 각 군현의 인구 수를 고려하여 향리의 정원을 제한한 향리 정원제와 향리의 공복을 규격화한 향리 공복제를 마련하였다.

---

08 현대 | **유신 헌법**   난이도 중 ●●○

자료분석

헌법 일부 조항의 효력을 중지시키는 비상 조치를 국민 앞에 선포 → 유신 헌법(제7차 개헌)

정답설명

④ 유신 헌법에서는 대통령이 국회의원의 3분의 1을 직접 지명하도록 규정하여 대통령의 권한을 강화하였다.

오답분석

① **제1차 개헌(발췌 개헌):** 6·25 전쟁 중 임시 수도였던 부산에서 통과된 것은 제1차 개헌(발췌 개헌)이다.

② **제8차 개헌:** 대통령 임기를 7년으로 한 것은 제8차 개헌이다. 제7차 개헌(유신 헌법)에서는 대통령 임기를 6년으로 하고 중임 제한을 철폐하였다.

③ **제1차 개헌(발췌 개헌):** 여당의 주장과 야당의 주장을 발췌하여 제정한 것은 제1차 개헌(발췌 개헌)이다. 제1차 개헌은 대통령 직선제를 골자로 하는 여당 측의 주장과 내각 책임제를 골자로 하는 야당 측의 주장을 발췌한 것이다.

---

09 고대 | **백제 성왕**   난이도 하 ●○○

자료분석

백제의 왕이 관산성을 공격 → 백제 성왕

정답설명

③ 백제 성왕은 신라 진흥왕과 연합하여 고구려가 차지하고 있던 한강 유역을 수복하였다. 그러나 진흥왕의 배신으로 한강 유역을 상실하였고, 이에 성왕은 신라를 공격하였으나 관산성 전투에서 전사하였다.

오답분석

① **문주왕:** 웅진으로 천도를 단행한 왕은 백제 문주왕이다. 문주왕은 고구려 장수왕의 공격으로 수도 한성이 함락되고 아버지인 개로왕이 전사하자 뒤이어 즉위한 후 도읍을 웅진(현재의 공주)으로 옮겼다.

② **비유왕:** 신라의 눌지 마립간과 나·제 동맹을 체결하여 고구려의 남하 정책에 대항한 왕은 비유왕이다.

④ **무령왕:** 5경 박사 단양이와 고안무를 일본에 보내 유학을 전파한 왕은 백제 무령왕이다.

10 시대 통합 | 우리나라의 농서 | 난이도 중 ●●○

정답설명
④ 『금양잡록』은 강희맹이 경기 지역인 금양(경기도 시흥)에서 직접 농사 지은 경험을 토대로 저술한 농서로, 80여 종의 작물이 가진 특성과 재배법 등을 논하였다.

오답분석
① 『농가집성』: 신속이 벼농사 중심의 수전 농법을 소개한 농서는 『농가집성』 이다. 한편, 『농사직설』은 세종 때 정초, 변효문 등이 왕명에 의해 농민들의 실제 경험을 토대로 우리나라 풍토에 맞는 독자적인 농법을 정리한 책이다.
② 『산림경제』: 홍만선이 농업·임업·축산업·식품 가공법 등을 정리한 농서는 『산림경제』이다.
③ 『색경』: 박세당이 토질의 특징, 각종 작물의 재배법 등을 저술한 농서는 『색경』이다. 한편, 『감저신보』는 순조 때 김장순이 고구마의 재배 및 이용법 등을 정리한 책이다.

11 근대 | 신미양요 | 난이도 하 ●○○

자료분석
흥선 대원군 + 1871년에 발생 + 척화비 건립 → (가) 신미양요

정답설명
② 신미양요 때 어재연이 이끄는 조선 수비대가 광성보 등에서 격렬하게 항전하였지만 전력의 열세로 결국 어재연은 전사하였다.

오답분석
① 운요호 사건: 일본이 조선의 문호를 개방하기 위해 군함 운요호를 보내 강화도 초지진을 공격한 것은 운요호 사건이다.
③ 제너럴셔먼호 사건: 평양 군민들이 대동강에 나타난 미국 상선 제너럴셔먼호를 공격하여 침몰시킨 것은 제너럴셔먼호 사건이다.
④ 오페르트 도굴 사건: 조선에 통상을 요구하였다가 거절당한 외국 상인이 흥선 대원군의 아버지인 남연군의 묘를 도굴하려고 한 것은 오페르트 도굴 사건이다.

12 근대 | 동학 농민 운동의 전개 과정 | 난이도 중 ●●○

정답설명
③ 순서대로 나열하면 ② 황토현 전투 승리(1894. 4. 7.) → ⓒ 황룡촌 전투 승리(1894. 4. 23.) → ③ 폐정 개혁안 12개조 제시(1894. 5.) → ⓛ 청·일 전쟁 발발(1894. 6.)이 된다.
② 황토현 전투 승리: 동학 농민군은 농민군 진압을 위해 파견된 전라 감영군을 황토현에서 물리쳤다(1894. 4. 7.).
ⓒ 황룡촌 전투 승리: 동학 농민군은 홍계훈이 이끄는 경군을 황룡촌에서 격파하였다(1894. 4. 23.).
③ 폐정 개혁안 12개조 제시: 동학 농민군이 전주성을 점령한 이후 조선 정부와 동학 농민군 사이에 전주 화약이 체결되었으며, 이때 동학 농민군은 폐정 개혁안 12개조를 제시하였다(1894. 5.).
ⓛ 청·일 전쟁 발발: 전주 화약을 체결한 조선 정부는 청군과 일본군의 철수를 요구하였으나, 일본군은 오히려 경복궁을 점령하고 아산 앞바다의 풍도에 주둔하고 있던 청군을 공격하여 청·일 전쟁을 일으켰다(1894. 6.).

13 현대 | 현대사의 전개 | 난이도 상 ●●●

자료분석
(가) 광복(1945. 8.) ~ 모스크바 3국 외상 회의(1945. 12.)
(나) 모스크바 3국 외상 회의(1945. 12.) ~ 좌·우 합작 위원회 설립(1946. 7.)
(다) 좌·우 합작 위원회 설립(1946. 7.) ~ 유엔 총회 결의안 발표(1947. 11.)
(라) 유엔 총회 결의안 발표(1947. 11.) ~ 여수·순천 사건 발발(1948. 10.)

정답설명
④ 미국 공법 480호(PL 480)에 따라 미국에서 잉여 농산물이 도입된 것은 (라) 시기 이후인 1956년의 사실이다. 미국은 당시 자국 내의 잉여 농산물을 처리하고, 동시에 6·25 전쟁 이후 한반도의 공산화를 막기 위해 미국의 농산물을 원조의 형식으로 한국에 도입시켰다.

오답분석
① (가) 시기인 1945년 10월에는 미 군정이 소작료가 총 수확물의 1/3을 넘을 수 없도록 하는 '최고 소작료 결정의 건'을 공포하였다.
② (나) 시기인 1946년 3월에는 미 군정이 신한 공사를 설립하여 동양 척식 주식회사와 일본인이 남기고 간 귀속 재산을 관리하도록 하였다.
③ (다) 시기인 1946년 12월에는 미 군정의 주도로 남조선 과도 입법 의원이 창설되어 민선 의원 45명과 관선 의원 45명이 선출되었고, 의장으로는 김규식이 임명되었다.

14 일제 강점기 | 신간회 | 난이도 중 ●●○

자료분석
기회주의를 일체 부인 + 140여 개의 지회 → 신간회

정답설명
③ 신간회는 사회주의 단체인 정우회가 비타협적 민족주의 계열과의 연대를 주장한 정우회 선언을 계기로 창립되었다.

오답분석
① 6·10 만세 운동은 신간회 설립(1927) 이전인 1926년에 전개되었다.
② 신간회는 집행부의 우경화와 코민테른의 노선 변화에 따른 사회주의자들의 이탈로 해소되었으며, 보안법과는 관련이 없다.
④ 동아일보: 문맹 퇴치를 위해 농촌 계몽, 한글 계몽 등의 브나로드 운동을 전개한 것은 동아일보이다.

📖 이것도 알면 합격!

신간회의 활동

일제에 대한 저항	한국인 착취 기관 철폐, 조선인 본위 교육 주장
사회 운동 지원	원산 노동자 총파업 지원, 농민 운동 지원 등
학생 운동 후원	광주 학생 항일 운동에 대한 진상 조사단 파견
민중 계몽 운동	순회 강연단을 구성, 노동 야학 참여, 교양 강좌 설치

15 　시대 통합 | 우리나라의 문화재　난이도 중 ●●○

정답설명

③ 옳은 것을 모두 고르면 ⓒ, ⓔ이다.

ⓒ 조선 후기의 대표적인 불교 건축물인 보은 법주사 팔상전은 5층으로 구성되어있으며, 내부는 하나로 통하는 통층 구조로 되어있다.

ⓔ 덕수궁 석조전은 영국인 하딩이 설계하여 서양의 르네상스식 건축 양식으로 지어진 건축물이다.

오답분석

ⓖ 영광탑이 벽돌을 쌓아 만든 전탑으로 축조된 것은 맞으나, 이는 고구려가 아닌 당나라의 영향을 받은 것이다.

ⓔ 관촉사 석조 미륵보살 입상은 고려 시대의 대표적인 대형 석불로, 지역 특색이 반영되어 인체의 비율이 불균형한 것이 특징이다.

16 　고려 시대 | 요세　난이도 중 ●●○

자료분석

대중에게 참회 수행을 권함 + 결사 → 요세

정답설명

③ 요세는 강진의 만덕사(백련사)에서 자신의 행동에 대한 참회를 강조하는 법화 신앙을 바탕으로 한 천태종 계통의 백련 결사를 제창하였다.

오답분석

① 진표(통일 신라): 법상종 승려이며 『점찰경』에 의거한 참회 방법인 점찰법회를 정착시킨 인물은 통일 신라의 승려인 진표이다.

② 균여(고려): 귀법사의 초대 주지로, 북악파를 중심으로 남악파를 통합하여 화엄 사상을 정비한 인물은 고려의 승려 균여이다.

④ 겸익(백제): 인도에 가서 율장을 가지고 왔고, 이후 일본 계율종의 성립에도 영향을 준 인물은 백제의 승려 겸익이다.

17 　고려 시대 | 고려 후기의 경제 상황　난이도 중 ●●○

자료분석

경기체가 등장 + 가전체 소설 유행 → 고려 후기

정답설명

① 고려 후기의 경제 상황에 관한 설명으로 옳은 것은 ⓖ, ⓒ이다.

ⓖ 고려 후기에 문익점이 원으로부터 목화씨를 가져와 목화 재배가 이루어졌다.

ⓒ 고려 후기에 이암이 중국 원나라의 농서인 『농상집요』를 수입해 와 중국 화북 지방의 농법이 고려에 소개되었다.

오답분석

ⓒ 고려 시대에 시비법의 발달로 휴경지가 줄어들면서 생산력이 더욱 향상된 것은 맞지만, 휴경지가 완전히 소멸되지는 않았다.

ⓔ 조선 후기: 시전에서 담배인 남초를 거래한 것은 17세기 초 일본에서 담배가 전래된 이후인 조선 후기의 사실이다.

18 　조선 후기 | 호락 논쟁　난이도 중 ●●○

자료분석

(가) 사람과 동물의 본성이 같지 않음 → 인물성이론 → 호론
(나) 사람과 사물은 균등함 → 인물성동론 → 낙론

정답설명

③ 호론은 대의명분론을 바탕으로 청을 중화가 아닌 오랑캐로 인식하고, 청의 문물을 배척할 것을 주장하였다.

오답분석

① 낙론: 한양 인근에 사는 성리학자들이 주장한 것은 낙론이다. 한편, 호론은 주로 충청도 지역의 성리학자들을 중심으로 형성되었다.

② 호론: 한말 위정척사 사상으로 계승·발전된 것은 인물성이론을 주장한 호론이다. 한편, 낙론의 인물성동론은 한말 북학파의 과학 기술 존중과 이용후생 사상으로 이어졌다.

④ 호락 논쟁은 18세기 중엽 노론 내부에서 성리학에서 인간과 사물의 본성이 같은 지 혹은 다른 지를 두고 제기된 논쟁이었다.

19 　현대 | 전두환 정부 시기의 사실　난이도 중 ●●○

자료분석

보도 지침 + 컬러 TV 보급 + 프로 야구 출범 → (가) 전두환

정답설명

③ 전두환 정부 시기인 1980년대에 우리나라 경제는 저금리, 저유가, 저달러의 일명 3저 호황을 맞아 물가가 안정되고, 경제 성장을 계속해 나갈 수 있었다.

오답분석

① 노태우 정부: 서울 올림픽이 개최된 것은 노태우 정부 때이다.

② 박정희 정부: 우리나라가 베트남 전쟁에 군대를 파견한 것은 박정희 정부 때이다.

④ 박정희 정부: 마산과 익산을 수출 자유 무역 지역으로 선정하여 외자를 유치한 것은 박정희 정부 때이다.

20 　시대 통합 | 안동 지역의 역사　난이도 중 ●●○

자료분석

하회 마을 → ⓖ 안동

정답설명

① 우리나라 최초의 서원이자 사액 서원인 소수 서원(백운동 서원)이 세워진 지역은 경북 영주이다.

오답분석

② 안동은 고려 공민왕이 홍건적의 2차 침입 때 피신한 지역이다.

③ 안동은 고려군과 후백제군의 고창 전투가 일어났던 지역으로, 이 전투에서 고려군은 후백제군에게 승리하였다.

④ 안동은 현존하는 우리나라 최고(最古)의 목조 건물인 봉정사 극락전이 위치한 지역이다.

▶ 정답
p.62

01	③ 일제 강점기	11	④ 고려 시대
02	④ 고려 시대	12	③ 조선 전기
03	④ 일제 강점기	13	④ 근대
04	③ 선사 시대	14	① 고대
05	③ 고려 시대	15	④ 근대
06	③ 고대	16	② 고대
07	① 현대	17	③ 조선 후기
08	① 조선 전기	18	④ 조선 후기
09	④ 조선 전기	19	③ 시대 통합
10	④ 조선 후기	20	② 고대

▶ 취약시대 분석표

영역	세부 유형	문항 수
전근대	선사 시대	/1
	고대	/4
	고려 시대	/3
	조선 전기	/3
	조선 후기	/3
근현대	근대	/2
	일제 강점기	/2
	현대	/1
통합	시대 통합	/1
총계		/20

* 취약시대 분석표를 이용해 1개라도 틀린 문제가 있는 시대는 그 시대의 문제만 골라 해설을 다시 한번 꼼꼼히 학습하세요

---

01 일제 강점기 | 민립 대학 설립 운동
난이도 중 ●●○

자료분석
최고 학부의 존재가 가장 필요함 → 민립 대학 설립 운동

정답설명
③ 민립 대학 설립 운동은 이상재 등이 조직한 조선 민립 대학 기성회를 중심으로 '한민족 1천만이 한 사람 1원씩'이라는 구호 아래 대학 설립을 위한 모금 운동이 전개되었다.

오답분석
① 민립 대학 설립 운동이 시작된 것은 1920년대 초반의 사실로, 광주 학생 항일 운동(1929)과 관련이 없다.
② 제2차 조선 교육령의 공포 이후 민립 대학 설립 운동이 본격적으로 전개되었다. 제2차 조선 교육령에서 대학 설립에 대한 규정이 신설되자, 이에 이상재 등을 중심으로 민립 대학 설립 운동을 본격적으로 전개되었다.
④ 물산 장려 운동: 사회주의자들이 자본가들을 위한 운동이라고 비판한 운동은 물산 장려 운동이다.

02 고려 시대 | 후삼국 통일 과정
난이도 중 ●●○

정답설명
④ 순서대로 나열하면 ⓒ 공산 전투(927) → ⓛ 고창 전투(930) → ⓔ 견훤이 고려에 투항(935) → ⓙ 일리천 전투(936)가 된다.
ⓒ 공산 전투: 후백제의 견훤이 신라를 침공하여 경애왕을 살해하고 철수하던 중, 신라의 구원 요청을 받고 온 고려가 공산에서 후백제를 공격하였으나 오히려 크게 패하였다(927).
ⓛ 고창 전투: 고려가 고창(경북 안동)에서 후백제에게 승리하였고, 이를 계기로 고려가 후삼국의 주도권을 잡게 되었다(930).
ⓔ 견훤이 고려에 투항: 후백제 견훤이 아들 신검에게 왕위를 빼앗기고 금산사에 유폐되자, 견훤은 금산사를 탈출하여 고려에 투항하였다(935).

ⓙ 일리천 전투: 고려는 일리천 전투에서 신검의 후백제군을 격파하여 후백제를 멸망시키고 후삼국을 통일하였다(936).

03 일제 강점기 | 3·1 운동
난이도 중 ●●○

자료분석
조선의 독립국임과 조선인의 자주민임을 선언 → 3·1 독립 선언서(기미 독립 선언서) → 3·1 운동

정답설명
④ 성진회와 각 학교 독서회 등에 의해 전국적으로 확산된 민족 운동은 광주 학생 항일 운동이다.

오답분석
① 3·1 운동의 결과, 독립운동의 구심체 역할을 수행할 단체의 필요성이 대두되어 상하이에서 대한민국 임시 정부가 수립되었다.
② 3·1 운동은 초반에 비폭력 평화 시위의 양상으로 전개되었으나 농촌으로 확대 되어가며 점차 무력 투쟁으로 변모하였다.
③ 미국 윌슨 대통령의 민족 자결주의(민족 문제는 민족 스스로 결정해야 함)는 3·1 운동이 일어나는 데 큰 영향을 미쳤다.

04 선사 시대 | 삼한
난이도 하 ●○○

자료분석
신지 + 읍차 → 삼한

정답설명
③ 삼한은 제정 분리 사회로, 정치적 지배자인 군장 외에 제사장인 천군이 있어 종교와 농경에 대한 의례를 주관하였다.

오답분석

① **옥저**: 혼인 풍습으로 민며느리제가 있었던 나라는 옥저이다. 민며느리제는 남자 집에서 어린 여자 아이를 데려다가 키운 뒤 장성하면 여자 집에 예물을 치르고 혼인시키는 풍속이다.

② **고구려**: 귀족 회의인 제가 회의를 통해 국가의 중요한 일을 결정하였던 나라는 고구려이다.

④ **고구려**: 매년 10월에 일종의 추수 감사제인 동맹이라는 제천 행사를 개최한 나라는 고구려이다.

---

05   고려 시대 | 여진의 침입에 대한 대응   난이도 중 ●●○

자료분석

예종이 정벌하려 함 + 말을 타고 돌격(신기군) → (가) 여진

정답설명

③ 고려는 기병이 주축인 여진에 대응하기 위해 윤관의 건의에 따라 숙종 때 신보군(보병), 신기군(기병), 항마군(승병)으로 구성된 군대인 별무반을 조직하였다.

오답분석

① **거란**: 왕의 입조를 조건으로 고려 정부가 강화를 맺은 것은 거란이다. 거란이 강조의 정변을 구실로 고려에 2차 침입하자, 고려는 현종의 입조를 조건으로 거란과 강화를 맺었다.

② **몽골**: 다인철소 주민들이 충주에서 격퇴한 것은 몽골이다. 몽골의 6차 침입 때 충주의 다인철소 주민들이 몽골군을 격퇴하는 공을 세워 다인철소는 익안현으로 승격되었다.

④ **몽골**: 고려가 백성들을 섬이나 가까운 산성으로 피하게 하는 산성·해도 입보 정책을 펼쳐 침입에 대비한 것은 몽골이다.

---

06   고대 | 영양왕 재위 시기의 사실   난이도 중 ●●○

자료분석

수 문제 + 평양성으로 오다가 풍파를 만나 침몰 → 수 문제의 고구려 침입 → 영양왕(590~618)

정답설명

③ 영양왕 재위 시기인 608년에 신라 진평왕의 명을 받은 승려 원광이 수나라에 군사를 청하는 걸사표를 작성하였다.

오답분석

① **보장왕**: 황산벌 전투는 660년에 일어난 백제와 신라의 전투로, 보장왕 때의 사실이다.

② 고구려의 역사를 정리한 『유기』 100권은 고구려 초기의 역사서로, 영양왕 재위 이전에 편찬된 것으로 추정된다. 한편, 영양왕 때는 이문진이 『유기』 100권을 간추려 『신집』 5권을 편찬하였다.

④ **보장왕**: 신라 진덕 여왕이 오언태평송을 지어 당나라 고종에게 보낸 것은 650년으로 보장왕 때의 사실이다.

---

07   현대 | 모스크바 3국 외상 회의   난이도 중 ●●○

자료분석

문제의 5년 기한(신탁 통치) + 조선 공산당 중앙 위원회 → ㉠ 모스크바 3국 외상 회의

정답설명

① 모스크바 3국 외상 회의(1945. 12.)에서는 한국 임시 정부의 수립 방안을 구체화시키기 위해 미·소 공동 위원회를 개최할 것을 결정하였다.

오답분석

② **얄타 회담**: 소련이 일본과의 전쟁에 참전을 결의한 것은 얄타 회담이다(1945. 2.).

③ **포츠담 회담**: 독일에서 개최되었으며 카이로 회담의 결정 사항인 한국의 독립을 재확인한 것은 포츠담 회담이다(1945. 7.).

④ **카이로 회담**: '적당한 시기(in due course)'에 한국을 독립시킬 것을 결의한 것은 카이로 회담이다(1943. 11.).

🔖 **이것도 알면 합격!**

열강의 한반도 문제 논의

카이로 회담 (1943. 11.)	미국(루즈벨트), 영국(처칠), 중국(장제스)이 최초로 한국의 독립을 약속
얄타 회담 (1945. 2.)	미국(루즈벨트), 영국(처칠), 소련(스탈린)이 참가, 소련의 대일전 참전을 결정, 한국의 신탁 통치 문제 언급
포츠담 선언 (1945. 7.)	미국(트루먼), 영국(처칠 → 애틀리), 중국(장제스), 소련(스탈린)이 참가, 한국의 독립을 재확인

---

08   조선 전기 | 세조 재위 시기의 문화   난이도 중 ●●○

자료분석

계유정난을 통해 정권 장악 + 6조 직계제 → 세조

정답설명

① 세조 때는 후대 왕에게 본보기로 남겨 주기 위해 『실록』에서 역대 왕들의 훌륭한 언행을 뽑아 기록한 『국조보감』을 편찬하였다.

오답분석

② **성종**: 조선 세종 때 일본에 다녀온 신숙주가 일본의 사정을 자세하게 소개한 『해동제국기』를 편찬한 것은 성종 때이다.

③ **중종**: 연장자와 연소자, 친구 사이에서 지켜야 할 윤리를 강조한 『이륜행실도』가 편찬된 것은 중종 때이다.

④ **세종**: 우리나라 약초의 적절한 채취 시기를 월령으로 정리한 『향약채취월령』이 편찬된 것은 세종 때이다.

---

09   조선 전기 | 이황   난이도 중 ●●○

자료분석

그림과 설명을 만들어 열 폭의 종이 위에 풀어 놓음 → 『성학십도』 → 이황

④ 이황은 향촌 사회의 교화를 위해 중국의 여씨 향약을 토대로 경북 안동의 예안 지방에서 예안 향약을 만들어 보급하였다.

오답분석

① 이이: 『동호문답』을 저술하여 왕도 정치의 이상을 문답 형식으로 정리한 인물은 이이이다.

② 조광조: 도교 행사를 주관하는 소격서의 폐지를 주장한 인물은 조광조이다.

③ 주세붕: 안향을 제사 지내기 위해 우리나라 최초의 서원인 백운동 서원을 건립한 인물은 주세붕이다. 한편, 이황은 명종에게 건의하여 백운동 서원에 소수 서원이라는 편액을 하사받도록 하였다.

---

10 조선 후기 | 박제가　　　　　난이도 중 ●●○

자료분석

재물은 대체로 우물과 같은 것 + 퍼내면 차고 버려두면 말라 버림 → 우물론 → 박제가

정답설명

④ 박제가는 청과의 통상 강화를 주장하였고, 이를 위해서 무역선을 활용할 것과 청에서 행해지는 국제 무역에도 참여해야 한다고 주장하였다.

오답분석

① 이익: 『성호사설』에서 폐전론을 주장한 인물은 이익이다. 이익은 화폐 유통으로 농민의 파산이 가속화되고 풍속이 각박해졌으므로 화폐 유통을 금지해야 한다는 폐전론을 주장하였다.

② 홍대용: 『의산문답』에서 실옹과 허자의 문답 형식을 빌려 중국 중심의 세계관을 비판한 인물은 홍대용이다.

③ 서유구: 국영 농장인 둔전을 설치하고 부농층에게 관리 및 경영을 맡기는 둔전론을 주장한 인물은 서유구이다.

---

11 고려 시대 | 어사대　　　　　난이도 중 ●●○

자료분석

시정을 논하고 풍속을 교정함 + 관료에 대한 규찰과 탄핵하는 업무를 담당 → (가) 어사대

정답설명

④ 어사대는 중서문하성의 낭사와 함께 대간으로 불리며, 관리를 임명하거나 법령을 개정할 때 동의 또는 거부권을 행사하는 서경권을 행사하였다.

오답분석

① 중방, 교정도감: 무신 집권기 최고 권력 기구는 초기에는 중방, 최충헌 집권 이후에는 교정도감이다.

② 도병마사: 고려 말에 도평의사사로 개편된 기구는 도병마사이다. 국방과 군사 문제 등의 국가 중대사를 논의하던 기구인 도병마사는 충렬왕 때 도평의사사로 개편되어 최고 정무 기구가 되었다.

③ 사헌부: 사간원, 홍문관과 함께 삼사로 불린 기구는 조선 시대의 사헌부이다. 한편, 고려 시대의 삼사는 화폐와 곡식 등 국가 재정의 출납과 회계 등을 담당한 기구이다.

---

12 조선 전기 | 수령　　　　　난이도 중 ●●○

자료분석

칠사(七事)에 근거 → 수령 7사 → (가) 수령

정답설명

③ 옳은 것을 모두 고르면 ㉠, ㉡, ㉣이 된다.

㉠ 조선 시대의 수령에게는 임기제와 상피제가 적용되었다. 수령의 임기는 5년이었으며, 상피제로 인해 친족과 같은 관청에서 근무하거나 출신 지역에 부임할 수 없었다.

㉡ 조선 시대의 수령은 각 도에 파견된 관찰사의 지휘 및 감독을 받았다.

㉣ 수령은 국왕의 대리인으로 전국의 모든 군현에 파견되어 농업 발전, 교육 진흥, 부세 수취, 치안 확보 등의 업무를 수행하였다.

오답분석

㉢ 향리: 조선 시대에 지방 행정의 실무를 보좌한 것은 향리이다.

---

13 근대 | 보안회　　　　　난이도 하 ●○○

자료분석

황무지에 대한 권리를 청구 → 일본의 황무지 개간권 요구 저지 → 보안회

정답설명

④ 보안회는 송수만, 심상진 등의 유생과 관료 출신들이 중심이 되어 결성된 단체로, 보국안민을 내세우며 일본의 황무지 개간권 요구를 저지하였다.

오답분석

① 대한 자강회: 헌정 연구회를 계승하여 창립된 단체는 대한 자강회이다.

②, ③ 신민회: 대한매일신보를 기관지로 활용하였으며, 해외 독립군 기지 건설 운동을 전개한 단체는 신민회이다.

---

14 고대 | 마립간 시기의 신라　　　　　난이도 하 ●○○

자료분석

마립 + 임금의 명칭으로 삼음 → 마립간 시기

정답설명

① '건원(建元)'이라는 신라 최초의 연호를 사용한 것은 신라 법흥왕 때의 사실로, 법흥왕은 마립간이라는 칭호가 아닌 '왕'이라는 칭호를 사용하였다.

오답분석

② 소지 마립간: 경주에 시장이 처음 개설된 것은 신라 소지 마립간 시기의 사실이다.

③ 눌지 마립간: 왕위의 부자 상속제가 확립된 것은 신라 눌지 마립간 시기의 사실이다.

④ 내물 마립간: 고구려 광개토 대왕의 도움으로 왜구를 격퇴한 것은 신라 내물 마립간 시기의 사실이다.

15　근대 | 정미의병　난이도 하 ●○○

자료분석

관동 창의 대장 이인영 → 정미의병

정답설명

④ 정미의병은 한·일 신협약의 비밀 각서에 의해 해산된 군인들이 의병 활동에 합류하면서 전투력이 크게 강화되었다.

오답분석

① 을미의병: 고종의 해산 권고 조칙에 따라 해산한 의병은 을미의병(1895)이다.

② 을미의병: 의병에 참여했던 잔여 세력이 활빈당으로 계승·발전한 의병은 을미의병(1895)이다.

③ 을사의병: 충남 정산에서 전 참판 민종식이 을사늑약의 체결에 항거하여 홍주성을 점령한 의병은 을사의병(1905)이다.

16　고대 | 광개토 대왕　난이도 하 ●○○

자료분석

백잔(백제)을 토벌 + 백잔의 왕이 항복 → 광개토 대왕

정답설명

② 광개토 대왕은 '영락'이라는 독자적인 연호를 사용하여 고구려의 자주성을 대외적으로 표명하였다.

오답분석

① 소수림왕: 전진에서 온 승려 순도를 통해 불교를 수용한 왕은 소수림왕이다.

③ 영양왕: 역사서인 『신집』을 편찬한 왕은 영양왕이다. 『신집』 5권은 이문진이 왕명을 받아 『유기』 100권을 간추려 만든 역사서이다.

④ 유리왕: 졸본에서 국내성으로 도읍을 옮긴 왕은 유리왕이다. 고구려의 초기 수도인 졸본은 산악 지대로 식량 공급이 어려웠기 때문에 유리왕은 평야 지대인 국내성으로 수도를 옮겼다.

17　조선 후기 | 균역법　난이도 중 ●●○

자료분석

군포 + 이웃의 이웃이기 때문에 책임(인징) + 일가의 일가이기 때문에 징수를 당함(족징) → 군역의 폐단 → 균역법

정답설명

③ 균역법은 처음에 균역청을 설치하여 시행하였으나, 이후 선혜청이 통합하여 관리하였다.

오답분석

① 대동법: 처음에 경기도에서 시험적으로 시행된 것은 대동법이다. 대동법은 광해군 때 경기도에서 시험적으로 실시되고 숙종 때 전국으로 확대되었다.

② 대동법: 과세의 기준이 가호 단위에서 토지의 결수로 바뀐 것은 대동법이다.

④ 호포제: 평민에게만 징수하던 군포를 양반에게도 징수하게 된 것은 흥선 대원군이 시행한 호포제이다.

18　조선 후기 | 조선 후기 사상(私商)의 활동　난이도 중 ●●○

정답설명

④ 옳은 것을 모두 고르면 ©, @이다.

© 조선 후기에 사상은 평안도 의주의 중강, 의주 맞은 편의 중국 책문, 함경도의 경원에서 열린 후시에서 밀무역을 전개하였다.

@ 대표적인 선상인 경강 상인은 한강을 근거지로 정부의 세금과 지주의 소작료 등을 운송하며 거상으로 성장하였다.

오답분석

㉠ 송상: 인삼의 재배와 판매를 통해 부를 축적한 사상은 송상이다.

㉡ 경강 상인: 운송업 외에도 선박 건조업 등의 생산 분야에 진출한 사상은 경강 상인이다.

19　시대 통합 | 독도　난이도 중 ●●○

자료분석

우산과 울릉 + 왜가 말하는 송도 → 독도

정답설명

③ 이승만 정부는 1952년 '인접 해양의 주권에 관한 대통령 선언(평화선 선언)'을 발표하여 일본과의 어업 분쟁을 방지하고, 독도를 평화선 안에 포함하여 독도 영유권을 주장하였다.

오답분석

① 강화도: 신라 하대에 혈구진이 설치된 곳은 강화도이다.

② 흑산도: 신유박해로 인해 정약전이 유배를 가서 『자산어보』를 저술한 곳은 흑산도이다.

④ 거문도: 영국이 러시아의 남하를 견제하고자 불법으로 점거한 곳은 거문도이다.

20　고대 | 진대법　난이도 하 ●○○

자료분석

고구려 + 스스로 살아갈 수 없는 사람들을 구휼함 → 진대법

정답설명

② 진대법은 고국원왕이 아닌 고국천왕 때부터 실시된 빈민 구제 제도이다.

오답분석

① 진대법은 조선 시대의 상평·환곡 제도로 정비·발전되었다.

③ 진대법은 가구(家口)의 많고 적음에 따라 차등 있게 곡식을 대여해 준 제도다.

④ 진대법은 춘궁기인 3월에서 7월 사이에 관청에서 보유하고 있던 곡식을 빌려주고, 추수기인 10월에 다시 갚게 한 제도이다.

정답

p.68

01	④ 고대	11	④ 근대
02	③ 현대	12	④ 선사 시대
03	② 조선 후기	13	② 고대
04	③ 조선 후기	14	② 일제 강점기
05	④ 고려 시대	15	② 시대 통합
06	③ 현대	16	② 고대
07	① 근대	17	② 조선 후기
08	③ 고려 시대	18	③ 일제 강점기
09	② 조선 후기	19	③ 근대
10	② 조선 전기	20	② 조선 전기

취약시대 분석표

영역	세부 유형	문항 수
전근대	선사 시대	/1
	고대	/3
	고려 시대	/2
	조선 전기	/2
	조선 후기	/4
근현대	근대	/3
	일제 강점기	/2
	현대	/2
통합	시대 통합	/1
총계		/20

* 취약시대 분석표를 이용해 1개라도 틀린 문제가 있는 시대는 그 시대의 문제만 골라 해설을 다시 한번 꼼꼼히 학습하세요

---

01 고대 | 발해의 문화재
난이도 중 ●●○

자료분석

대조영이 나라를 엶 + 태조 8년에 그 나라 사람들이 귀부함 → (가) 발해

정답설명

④ 발해의 수도인 상경성 궁궐에서는 고구려의 주거 양식에 영향을 받은 것으로 보이는 온돌 시설이 발견되었다.

오답분석

① 연못과 인공섬을 갖춘 월지는 발해가 아닌 통일 신라의 문화재이다. 월지는 신라의 태자가 머무르는 동궁으로 사용되었다.

② 선종의 영향을 받아 만들어진 쌍봉사 철감선사탑은 통일 신라의 대표적인 팔각원당형 승탑이다.

③ 무덤 내부의 널방과 널길의 벽면에 무사, 악사, 시종 등의 인물들을 그린 벽화가 그려져 있는 것은 정효 공주 묘이다. 한편, 정혜 공주 묘에는 벽화가 그려져 있지 않다.

02 현대 | 대한민국 헌법 개정 과정
난이도 중 ●●○

정답설명

③ 순서대로 나열하면 ⓒ 제2차 개헌(사사오입 개헌, 1954) → ⓛ 제3차 개헌 (1960) → ㉣ 제6차 개헌(1969) → ㉠ 제9차 개헌(1987)이 된다.

ⓒ 제2차 개헌(사사오입 개헌, 1954): 이승만 정부는 대통령·부통령의 임기를 4년으로 하고 1차 중임만을 허용하되, 해당 헌법 공포 당시의 대통령(이승만)의 중임 제한은 철폐한다는 내용의 사사오입 개헌안을 통과시켰다.

ⓛ 제3차 개헌(1960): 4·19 혁명 이후 수립된 허정 과도 정부는 내각 책임제와 국회 양원제(민의원·참의원)를 골자로 하는 헌법을 개정하였고, 대통령은 양원 합동 회의에서 선거하고 재적 국회의 3분의 2 이상의 투표를 얻어 당선된다고 명시하였다.

㉣ 제6차 개헌(1969): 박정희 정부는 대통령의 3선 연임과 국회의원의 행정부 장·차관의 겸직을 허용하는 내용을 골자로 하는 제6차 개헌을 통과시켰다.

㉠ 제9차 개헌(1987): 6월 민주 항쟁의 결과 노태우는 대통령 직선제를 골자로 하는 6·29 선언을 발표하였고, 그 결과 5년 단임의 대통령 직선제를 주요 내용으로 하는 제9차 개헌이 실현되었다.

03 조선 후기 | 인조 재위 시기의 사실
난이도 하 ●○○

자료분석

세 번 절하고 아홉 번 고개를 조아림 → 삼전도의 굴욕(항복) → 인조

정답설명

② 인조 때 영정법을 제정하여 전세를 풍흉에 관계없이 토지 1결당 4~6두로 고정하였다.

오답분석

① 숙종: 임진왜란 당시 조선을 도와준 명의 신종과 마지막 명황제인 의종의 제사를 지내는 만동묘를 설치한 것은 숙종 때이다.

③ 정조: 수원에 성곽 도시인 화성을 건설한 것은 정조 때이다. 정조는 아버지인 사도 세자의 묘를 수원으로 이전하고, 화성을 건설하여 정치적, 군사적 기능을 부여하였다.

④ 순조: 주문모, 이승훈, 정약종 등의 수많은 천주교인들이 처형당한 것(신유박해)은 순조 때이다.

04 조선 후기 | 훈련도감
난이도 하 ●○○

자료분석

군사를 훈련 + 조총 쏘는 법과 창, 칼 쓰는 기술을 가르침 → (가) 훈련도감

정답설명

③ 훈련도감의 군인들은 장기간 근무를 하고 일정 급료를 받는 상비군으로, 일종의 직업 군인이었다.

오답분석

① **어영청 등**: 후금의 침입에 대비하기 위해 설치된 군영은 어영청, 총융청, 수어청 등이다.

② **5위**: 정군을 중심으로 갑사나 특수병으로 구성된 군사 조직은 조선 전기의 중앙군인 5위이다.

④ 제승방략 체제는 임진왜란 당시 효과를 거두지 못한 지방 방어 체계로 임진왜란 중 설치된 훈련도감과는 관련이 없다.

05 고려 시대 | **고려의 특수 행정 구역** 난이도 하 ●○○

정답설명

④ 향·부곡·소의 주민들은 거주 이전에 제한을 받아 거주 이전의 자유가 없었다.

오답분석

① 고려의 향, 부곡의 주민들은 주로 농업에 종사하였고, 소의 주민들은 주로 특정 공납품을 생산하는 수공업에 종사하였다.

② 고려 시대에 부곡의 주민들은 각급 관청의 경비 마련을 위해 지급된 토지인 공해전, 관립 학교에 지급된 학전 등을 경작하였다.

③ 고려 시대에 향·부곡·소는 거주민들이 공을 세우면 현으로 승격될 수 있었다.

06 현대 | **김대중 정부 시기의 사실** 난이도 중 ●●○

자료분석

남측의 연합제 안과 북측의 낮은 단계의 연방제 안이 공통성이 있다고 인정함 → 6·15 남북 공동 선언 → 김대중 정부

정답설명

③ 김대중 정부 시기에 저소득층·장애인·노인 복지를 향상시키기 위하여 국민 기초 생활 보장법을 제정하였다.

오답분석

① **김영삼 정부**: 일제 강점기에 우리나라를 지배하였던 식민 통치 기구인 조선 총독부 건물이 철거된 것은 1995년으로, 김영삼 정부 시기의 사실이다.

② **노태우 정부**: 북한과 함께 유엔에 동시 가입한 것은 1991년으로, 노태우 정부 시기의 사실이다.

④ **전두환 정부**: 분단 이후 최초로 이산가족 상봉이 이루어진 것은 1985년으로, 전두환 정부 시기의 사실이다.

07 근대 | **임오군란** 난이도 중 ●●○

자료분석

일본 공사관을 습격 + 일본 공사관에 군사 약간을 둠 → 임오군란

정답설명

① 한성 조약은 갑신정변의 결과 조선과 일본이 체결한 조약이다. 한편, 임오군란의 결과로 체결된 조약은 제물포 조약이다.

오답분석

② 임오군란을 수습하기 위해 재집권한 흥선 대원군은 정부의 개화 정책을 추진하는 핵심 기구였던 통리기무아문을 폐지하였다.

③ 임오군란의 결과 체결된 제물포 조약에 근거하여 사건을 수습하기 위해 박영효, 김옥균, 서광범 등이 수신사로 일본에 파견되었다.

④ 임오군란에는 구식 군인뿐만 아니라 일본으로의 쌀 유출과 흉년으로 인한 쌀값 폭등으로 생계의 위협을 받던 서울의 하층민들도 참여하였다.

08 고려 시대 | **고려 시대의 화폐의 유통** 난이도 중 ●●○

정답설명

③ 옳은 것을 모두 고르면 ⓛ, ©이다.
ⓛ 고려 시대의 원 간섭기에는 원의 지폐인 보초가 들어와 유통되기도 하였다.
© 고려 말 공양왕 때 은이 부족한 상황에서 지폐인 저화가 발행되었다.

오답분석

⊙ 고려 시대에는 다점·주점 등의 관영 상점에서만 화폐가 제한적으로 사용되었기 때문에 조세를 화폐로 징수하지 않았다.

@ 건원중보를 만들어 전국적으로 유통을 시도한 것은 성종 때이다. 한편, 숙종 때에는 해동통보, 삼한통보 등이 발행되었다.

09 조선 후기 | **정제두** 난이도 상 ●●●

자료분석

양심(養心)하는 방법 + 『하곡집』 → 정제두

정답설명

② 정제두는 양명학을 연구하여 백성이 도덕 실천의 주체라는 왕수인의 친민설을 지지하였으며, 강화학파를 형성하였다.

오답분석

① **박세당**: 양명학과 노장 사상의 영향을 받아 『사변록』을 저술하여 주자의 학설을 비판한 인물은 박세당이다.

③ **최한기**: 천문과 세계 각국의 지리·문화 등을 설명한 『지구전요』를 편찬한 인물은 최한기이다.

④ **이수광**: 조선·중국 등의 유교 문명 이외에도 유럽·회교·불교 문명권을 소개한 인물은 이수광이다. 이수광은 50여 개국의 정치·경제·문화 등을 폭넓게 다룬 『지봉유설』을 저술하였는데, 이 책에는 마테오 리치가 저술한 천주교 교리서인 『천주실의』의 내용도 실려있다.

10 조선 전기 | **『칠정산』** 난이도 중 ●●○

정답설명

② 들어갈 말을 바르게 배열하면 ⊙ 수시력, ⓛ 한양, © 회회력이다.

⊙, ⓛ, © 『칠정산』: 『칠정산』은 조선 세종 때 만들어진 역법서로, 중국의 수시력을 참고하여 「내편」을, 아라비아의 회회력을 참고하여 「외편」을 제작하였다. 『칠정산』은 우리나라 역사상 최초로 한양(서울)을 기준으로 천체 운동을 정확하게 계산한 역법서이다.

이것도 알면 합격!

조선 전기의 천문 역법

천문도	태조 때 권근 등이 고구려의 천문도를 바탕으로 하여 천상 열차분야지도를 제작
천체 관측	세종 때 혼천의, 간의 등을 제작하여 천체 관측
역법	『칠정산』 • 세종 때 만들어진 역법서로, 「내편」은 원의 수시력과 명의 대통력, 「외편」은 아라비아의 회회력을 참고하여 제작 • 우리나라 역사상 최초로 한양(서울)을 기준으로 천체 운동을 정확하게 계산

---

11 근대 | 보빙사 　　　　난이도 하 ●○○

자료분석

미국 공사 푸트가 내한하자 이에 대한 답례로 파견 → 보빙사

정답설명

④ 보빙사는 조선에서 최초로 서양 국가에 파견한 사절단으로, 조·미 수호 통상 조약 체결 이후 미국 공사의 파견에 대한 답례로 보내졌다.

오답분석

① 보빙사는 김홍집이 아닌 민영익을 전권대신으로 파견하고, 홍영식·서광범·유길준 등이 수행원으로 파견되었다.

② **영선사**: 귀국 후 기기창의 설립에 기여한 사절단은 청으로 파견된 영선사이다.

③ **2차 수신사**: 청나라의 황쭌셴이 저술한 『조선책략』을 국내에 소개한 것은 2차 수신사이다. 2차 수신사로 파견되었던 김홍집은 조선으로 돌아올 때 황쭌셴이 저술한 『조선책략』을 들여와 조선의 개화 정책에 영향을 끼쳤다.

---

12 선사 시대 | 철기 시대 　　　　난이도 하 ●○○

정답설명

④ 권력과 경제력을 가진 지배자인 군장이 부족의 풍요와 안녕을 기원하는 제사를 지내기 시작한 것은 청동기 시대이다.

오답분석

① 철기 시대에는 부뚜막 시설(온돌) 등이 등장하며 움집이 점차 사라졌고 지상 가옥에서 거주하는 것이 일반화되었다.

② 철기 시대에는 덧띠 토기, 검은 간 토기 등이 제작·사용되었다.

③ 철기 시대에는 한국식 동검이라 일컬어지는 세형동검이 제작되었다.

---

13 고대 | 장수왕 대의 사실 　　　　난이도 중 ●●○

자료분석

눌지왕 3년(419) + 아우 보해를 고구려로 보냄 → 장수왕

정답설명

② 장수왕 때는 남진 정책을 추진하기 위해 도읍을 국내성에서 평양성으로 옮겼다.

오답분석

① **미천왕**: 서안평을 공격·점령하여 영토를 확장한 것은 고구려 미천왕 대의 사실이다.

③ **보장왕**: 고구려가 연개소문의 건의에 따라 당나라로부터 도사(도교의 수도승)와 『도덕경』을 본격적으로 수용한 것은 보장왕 대의 사실이다.

④ **문자왕**: 부여를 복속하여 고구려 최대 영토를 확보한 것은 문자왕 대의 사실이다.

---

14 일제 강점기 | 안창호 　　　　난이도 중 ●●○

자료분석

공립 협회를 조직 + 대성 학교를 설립 → 안창호

정답설명

② 안창호는 대한민국 임시 정부의 활동 방향 등을 정하기 위해 열린 국민 대표 회의에서 임시 정부의 존속과 개편을 주장한 개조파로 활동하였다.

오답분석

① **안재홍**: 미 군정에서 민정 장관을 역임한 인물은 민족주의 사학을 계승한 신민족주의 사학자 안재홍이다.

③ **박용만**: 하와이에서 대조선 국민군단을 창설하여 독립군을 양성한 인물은 박용만이다.

④ **이동휘**: 러시아 볼셰비키 정권의 원조를 받아 러시아의 하바로프스크에서 사회주의 독립운동 단체인 한인 사회당을 결성한 인물은 이동휘이다.

---

15 시대 통합 | 강화도 지역의 역사 　　　　난이도 중 ●●○

자료분석

해구, 혈구 + 광성보 + 외규장각 → (가) 강화도

정답설명

② 병자호란 당시 김상용은 왕족을 수행하여 강화도로 피난하였으나, 청나라 군이 강화를 함락시키자 성의 남문루에 있던 화약에 불을 지르고 순절하였다.

오답분석

① **충주**: 임진왜란 당시 탄금대 전투가 일어난 곳은 충주이다.

③ **진도**: 삼별초가 몽골에 대항하기 위해 용장성을 쌓은 곳은 진도이다. 몽골과의 강화와 고려 정부의 개경 환도에 반대한 삼별초는 진도에 용장성을 쌓고 주변 섬을 장악하여 고려 정부와 몽골에 대항하였다.

④ **전주**: 동학 농민군이 청·일 양군의 군사 주둔을 막기 위해 폐정 개혁을 조건으로 정부와 화약을 체결한 곳은 전주이다.

---

16 고대 | 신문왕 재위 시기의 사실 　　　　난이도 중 ●●○

자료분석

역적의 우두머리 흠돌 → 김흠돌의 난 → 신문왕

정답설명

② 신문왕 때 전국을 9주로 나누고 수도가 경주로 치우친 것을 보완하기 위해 5소경을 설치하여 9주 5소경의 지방 제도를 완비하였다.

오답분석

① 흥덕왕: 장보고의 건의에 따라 청해진이 설치된 것은 흥덕왕 때이다.

③ 진흥왕: 화랑도를 국가적인 조직으로 개편한 것은 진흥왕 때이다. 진흥왕 때는 씨족 사회의 청소년 교육 집단이었던 화랑도를 국가적인 조직으로 개편하여 인재를 양성하였다.

④ 진흥왕: 국가의 재정을 관리하는 품주를 설치한 것은 진흥왕 때이다.

---

17 조선 후기 | 대동법　　난이도 중 ●●○

자료분석

현물 + 방납 모리배들 → (가) 대동법

정답설명

② 재정 감소분을 결작, 어염세, 선무군관포 등으로 보충한 것은 균역법이다. 균역법이 실시되자 정부는 재정 감소분을 보충하기 위해 지주들에게 1결당 미곡 2두의 결작을 징수하고, 선무군관포(지방의 토호나 일부 부유한 평민에게 선무군관이라는 명예직을 수여하고 군포 1필 징수)를 신설하였다.

오답분석

① 광해군 때 처음 실시된 대동법은 양반들의 반대로 인해 숙종 때 전국적으로 확대 실시될 때까지 100여 년이 소요되었다.

③ 대동법 하에서는 공납을 주로 쌀로 납부하였으며, 쌀 대신 삼베나 무명, 동전 등으로 납부할 수 있었다.

④ 대동법 운영 과정에서 상납미가 증가하고 유치미가 감소하여 지방의 재정이 악화되었다.

---

18 일제 강점기 | 정인보　　난이도 중 ●●○

자료분석

'얼'을 통해 큰 중추가 또렷이 모습을 드러내게 됨 → 「5천 년간 조선의 얼」 → 정인보

정답설명

③ 정인보는 광개토 대왕릉비에 대한 새로운 해석 방법을 제시하는 등 민족 정신의 고취를 위한 역사 연구를 전개하였다.

오답분석

① 문일평: 「대미 관계 50년사」를 저술하여 국제 관계에서 실리적인 감각이 필요함을 주장한 인물은 문일평이다.

② 신채호: 「을지문덕전」, 「이순신전」 등 우리나라 영웅들의 전기를 저술하여 민족의 자긍심을 높이고자 한 인물은 신채호이다.

④ 백남운: 「조선 민족의 진로」에서 연합성 신민주주의를 제창한 인물은 백남운이다. 백남운은 양심적인 지주, 자본가들과 함께 새 나라를 건설해야 한다는 연합성 신민주주의를 주장하였다.

---

19 근대 | 위정척사파　　난이도 하 ●○○

자료분석

대개 서양의 학문은 천리를 어지럽히고 + 서양의 물건은 태반이 음탕하고 → 위정척사파

정답설명

③ 일본의 메이지유신을 개혁의 모델로 본받고자 한 세력은 급진 개화파이다.

오답분석

① 1860년대에 이항로, 기정진 등의 위정척사파는 흥선 대원군의 통상 수교 거부 정책을 지지하였다.

② 1890~1900년대에 유인석, 이소응, 최익현 등의 위정척사파는 항일 의병 운동의 의병장으로 활약하며 일본의 침략에 적극적으로 저항하였다.

④ 1880년대에 정부의 개화 정책 추진과 「조선책략」의 유포에 반발하며, 이만손, 홍재학 등의 위정척사파는 집단 상소 운동을 전개하였다.

---

20 조선 전기 | 조선 시대의 과거 제도　　난이도 중 ●●○

정답설명

② 옳은 것을 모두 고르면 ㉠, ㉣이다.

㉠ 조선 시대의 무과는 문과와 마찬가지로 초시 - 복시 - 전시의 3단계 절차에 걸쳐서 치러졌다.

㉣ 조선 시대의 문과는 예조에서 주관하였고, 정기 시험인 식년시는 3년마다 실시되는 것이 원칙이었다. 한편, 식년시 외에도 증광시나 알성시 등의 부정기 시험도 있었다.

오답분석

㉡ 조선 시대의 잡과는 3년마다(식년시), 혹은 나라에 경사가 있을 때(증광시) 시행되었다.

㉢ 소과의 2차 시험인 복시에서는 각 도의 인구 비율에 상관 없이 성적순으로 합격자를 선발하였다.

이것도 알면 합격!

조선 시대의 문과

소과 (생원시·진사시)	• 생원시: 4서 5경에 대한 시험(경학) • 진사시: 시·부·책 등 문예에 대한 시험 • 초시와 복시의 2단계로 진행 • 합격자들은 백패를 받았으며 하급 관리로 진출하거나 성균관 입학 및 대과 응시 자격 취득
대과 (문과)	• 초시 - 복시 - 전시의 3단계로 진행 • 초시에서는 인구 비례에 따라 240명 선발하고, 이후 복시를 통해 33명을 선발한 뒤 왕이 주관하는 전시에서 순위 결정 • 합격자는 홍패를 받았으며 장원(1등)은 종6품직에 제수

정답

p.74

01	③ 선사 시대	11	② 시대 통합
02	③ 고대	12	① 일제 강점기
03	② 시대 통합	13	④ 현대
04	④ 근대	14	④ 조선 후기
05	① 고려 시대	15	④ 시대 통합
06	④ 조선 후기	16	③ 고려 시대
07	② 일제 강점기	17	④ 일제 강점기
08	④ 조선 전기	18	③ 고대
09	② 조선 전기	19	② 고려 시대
10	③ 근대	20	② 현대

취약시대 분석표

영역	세부 유형	문항 수
전근대	선사 시대	/1
	고대	/2
	고려 시대	/3
	조선 전기	/2
	조선 후기	/2
근현대	근대	/2
	일제 강점기	/3
	현대	/2
통합	시대 통합	/3
총계		/20

* 취약시대 분석표를 이용해 1개라도 틀린 문제가 있는 시대는 그 시대의 문제만 골라 해설을 다시 한번 꼼꼼히 학습하세요

---

01 선사 시대 | 초기 고구려
난이도 하 ●○○

자료분석

10월 + 동맹 → 고구려

정답설명

③ 고구려에서는 왕 아래의 상가, 고추가 등의 대가들이 각자 사자, 조의, 선인 등의 관리를 거느렸다.

오답분석

① 동예: 씨족 사회의 전통으로 같은 씨족끼리 혼인하지 않는 족외혼을 엄격하게 지킨 나라는 동예이다.
② 부여: 왕 아래의 족장 세력인 대가(大加)들이 별도의 행정 구획인 사출도를 다스린 나라는 부여이다.
④ 동예: 바닥이 철(凸)자형, 여(呂)자형인 가옥에서 생활한 나라는 동예이다.

---

02 고대 | 무령왕 재위 시기의 사실
난이도 중 ●●○

자료분석

양 고조가 책봉함 + 영동대장군 → 무령왕

정답설명

③ 무령왕 때 지방에 22담로를 두고 왕족을 파견함으로써 지방에 대한 통제를 강화하였다.

오답분석

① 성왕: 수도를 사비(지금의 부여)로 옮기고 국호를 남부여로 고친 것은 성왕 때이다.
② 개로왕: 중국 북위에 고구려를 공격해 줄 것을 요청하는 사신을 보낸 것은 개로왕 때이다.
④ 침류왕: 동진에서 온 인도 승려인 마라난타를 통해 불교를 수용하여 공인한 것은 침류왕 때이다.

---

03 시대 통합 | 의주 지역의 역사
난이도 상 ●●●

자료분석

압록강 동쪽 + 보주(保州) → 의주

정답설명

② 의주는 강동 6주 중 하나인 흥화진이 있던 지역이다. 강동 6주는 거란의 1차 침입 때 서희의 외교 담판으로 획득한 지역으로 압록강 동쪽 연안에 설치되었다.

오답분석

① 강화도: 정묘호란 때 인조가 피난한 곳은 강화도이다.
③ 익산: 고구려 멸망 이후 보덕국이 세워진 곳은 익산이다. 고구려 멸망 이후 신라의 문무왕은 고구려 유민들을 옛 백제 땅 금마저(익산)에 보덕국을 세우고, 안승을 보덕국왕으로 봉하였다.
④ 충주: 방호별감인 김윤후가 몽골군에게 항쟁한 곳은 충주이다. 충주산성 방호별감이었던 김윤후는 몽골의 5차 침입 때 민병과 관노, 잡류별초 등을 이끌고 몽골군에게 항쟁하였다.

---

04 근대 | 한·일 의정서
난이도 중 ●●○

자료분석

시정 개선에 관한 충고 + 군사 전략상 필요한 지점을 이용 → 한·일 의정서

정답설명

④ 한·일 의정서는 일본이 러시아와의 전쟁을 원활히 수행하기 위해 대한 제국의 국외 중립 선언을 무시하고 강제로 체결하였다.

오답분석

① 을사늑약: 민영환, 조병세 등이 자결로써 항거한 것은 대한 제국의 외교권을 박탈한 을사늑약이다.

② 한·일 의정서에는 조선 총독부를 설치한다는 조항이 포함되어 있지 않다. 조선 총독부는 일제 식민 통치의 최고 기관으로, 한·일 병합(1910) 이후에 설치되었다.

③ 한·일 신협약: 비밀 각서에서 일본인 차관 임명 등을 규정한 것은 한·일 신협약이다.

05　고려 시대 | **최영**　난이도 중 ●●○

자료분석

우왕과 요동을 공격할 것을 의논 → 최영

정답설명

① 옳은 것을 모두 고르면 ㉠, ㉢이다.

㉠ 최영은 고려 우왕 때 홍산(현재의 부여)에서 왜구를 격퇴하였다(홍산 대첩).

㉢ 최영은 공민왕 때 김용이 일으킨 흥왕사의 변을 진압하였다.

오답분석

㉡ 최무선: 우왕에게 화약·화기 제조 기구인 화통도감의 설치를 건의한 것은 최무선이다.

㉣ 이성계: 압록강의 위화도에서 회군하여 최영을 제거하고 정권을 장악한 인물은 이성계이다.

06　조선 후기 | **순조 재위 시기의 사실**　난이도 중 ●●○

자료분석

가산의 토적이 변란을 일으킴 + 청천강 이북 → 홍경래의 난 → 순조

정답설명

④ 순조 재위 시기에는 신유박해가 일어나자 황사영이 북경에 있는 주교에게 군대를 동원하여 조선에서 신앙과 포교의 자유를 보장받을 수 있도록 요청하는 서신을 보내려 하다가 발각된 황사영 백서 사건이 발생하였다.

오답분석

① 정조: 신해통공을 반포한 것은 정조 때이다. 정조 때 신해통공을 반포하여 육의전을 제외한 시전 상인의 금난전권을 폐지하였다.

② 철종: 삼정이정청을 설치한 것은 철종 때이다. 철종 때 임술 농민 봉기가 일어나자, 삼정의 문란을 바로잡기 위해 삼정이정청을 설치하였다.

③ 광해군: 대동법을 처음으로 실시한 것은 광해군 때이다. 광해군 때 경기도에서 처음으로 대동법을 시험적으로 시행하였고, 이후 숙종 때 평안도·함경도·제주도를 제외한 전국으로 확산되었다.

07　일제 강점기 | **대한 광복회**　난이도 중 ●●○

자료분석

수적(讐敵) 일본을 온전히 구축 + 일심육력(一心戮力)할 것을 맹세 → 대한 광복회

정답설명

② 대한 광복회는 행형부를 조직하여 일본인 고등 관리와 친일파를 처단하고 군자금을 모았다.

오답분석

① 중광단: 3·1 운동 이후 북로 군정서로 개편된 단체는 중광단이다.

③ 독립 의군부: 의병 운동을 계승한 비밀 결사로, 복벽주의를 표방한 단체는 독립 의군부이다.

④ 한국 독립군: 중국 호로군 등과 연합하여 사도하자 전투(1933), 대전자령 전투(1933)에서 일본군을 격파한 단체는 지청천이 지휘한 한국 독립군이다.

08　조선 전기 | **공법**　난이도 중 ●●○

자료분석

수령과 인민들에게 물어봄 + 백성들이 좋지 않다면 행할 수 없음 + 농작물의 잘되고 못된 것을 답사할 때 공정성을 잃은 것이 많음 → ㉠ 공법

정답설명

④ 세종 때 실시된 공법은 조세를 그 해의 풍흉에 따라 20~4두까지 9등급으로 나누어 차등 징수하도록 하였다(연분 9등법).

오답분석

① 영정법: 전세율을 1결당 4두에서 6두로 고정시키도록 법제화한 것은 인조 때 시행한 영정법이다.

② 공전과 사전을 막론하고 수조율을 토지 1결당 최대 생산량의 1/10인 30두로 통일한 것은 공법이 시행되기 이전의 과전법에 해당된다.

③ 토지의 비옥도에 따라 3등급으로 구분하여 각 등급에 맞게 조세를 차등 징수한 것은 고려 시대의 조세 제도이다.

09　조선 전기 | **임진왜란의 전개 과정**　난이도 중 ●●○

자료분석

(가) 한산 앞바다 + 학익진 → 한산도 대첩(1592. 7.)
(나) 권율 + 행주산 → 행주 대첩(1593. 2.)
(다) 노량 + 이순신이 탄환에 맞음 → 노량 해전(1598. 11.)
(라) 부산 + 진(鎭) + 동래부가 함락됨 → 부산진·동래성 함락(1592. 4.)

정답설명

② 순서대로 나열하면 (라) 부산진·동래성 함락(1592. 4.) → (가) 한산도 대첩(1592. 7.) → (나) 행주 대첩(1593. 2.) → (다) 노량 해전(1598. 11.)이 된다.

(라) 부산진·동래성 함락: 1592년 4월, 왜군이 20만 대군을 이끌고 조선을 침략하였다. 부산진에서는 정발, 동래성에서는 송상현이 분전하였으나 참패하였다.

(가) 한산도 대첩: 이순신은 한산도 앞바다에서 학익진 전법을 구사하여 왜의 수군을 격퇴하고 남해의 제해권을 장악하였다(한산도 대첩, 1592. 7.).

(나) 행주 대첩: 행주 산성에서 권율의 지휘하에 합심한 관군과 백성들이 왜군의 대규모 공격을 격퇴하여 왜군의 북상을 저지하였다(행주 대첩, 1593. 2.).

(다) 노량 해전: 도요토미 히데요시가 사망하자 왜군의 철수 작전이 시작되었으며, 이에 이순신이 이끄는 조선 수군은 노량에서 철수하는 왜군을 격멸하였다(노량 해전, 1598. 11.).

10 근대 | 천도교 난이도 중 ●●○

자료분석

제3대 교주가 된 손병희 + 1905년 교명을 개칭 → (가) 천도교

정답설명

③ 천도교는 오세창 등을 중심으로 기관지인 만세보를 발행하여 민중 계몽에 힘썼다.

오답분석

① 불교: 조선 불교 유신론과 관련된 종교는 불교이다. 한용운은 조선 불교 유신론을 발표하여 일본 불교의 침투에 대항하면서 민족 불교의 자주성을 지키고자 하였다.
② 대종교: 북간도에서 무장 독립운동 단체인 중광단을 결성한 종교는 대종교이다.
④ 천주교: 경향신문을 발간하여 애국 계몽 운동을 전개한 종교는 천주교이다.

11 시대 통합 | 우리나라 의서 난이도 중 ●●○

정답설명

② 옳은 것을 모두 고르면 ㉠, ㉢이다.
㉠ 『향약구급방』은 고려 고종 때 편찬된 현존하는 우리나라에서 가장 오래된 의서로, 각종 질병에 대한 처방법과 국산 약재 180여 종을 소개하였다.
㉢ 『동의보감』은 우리의 전통 한의학을 체계적으로 정리한 의서로, 우리나라뿐만 아니라 중국과 일본에서도 간행되어 뛰어난 의학서로 인정받았다.

오답분석

㉡ 정약용이 홍역에 관한 의서를 종합하여 편찬한 의서는 『마과회통』이다. 한편, 『의방유취』는 세종 때 중국과 국내 의서들을 참고하여 동양 의학을 집대성한 의학 백과사전이다.
㉣ 이제마가 사상 의학에 관한 이론과 치료법을 수록한 의서는 『동의수세보원』이다. 한편, 『침구경험방』은 인조 때 허임이 자신의 경험을 중심으로 침구술에 대한 내용을 정리하여 편찬한 의서이다.

12 일제 강점기 | 6·10 만세 운동 난이도 하 ●○○

자료분석

순종 황제의 인산일 + 대한 독립 만세 → 6·10 만세 운동

정답설명

① 6·10 만세 운동은 사회주의 세력과 조선 학생 과학 연구회를 중심으로 한 학생들이 각각 만세 운동을 준비하였다.

오답분석

② 조선 청년 총동맹은 6·10 만세 운동(1926)이 일어나기 이전인 1924년에 서울에서 사회주의 세력을 중심으로 결성된 단체이다.
③, ④ 광주 학생 항일 운동: 광주 지역의 독서회가 중심이 되어 일어났으며, 3·1 운동 이후 최대 규모의 항일 학생 운동은 광주 학생 항일 운동이다.

13 현대 | 인천 상륙 작전과 1·4 후퇴 사이의 사실 난이도 중 ●●○

자료분석

(가) 인천 상륙을 감행 → 인천 상륙 작전(1950. 9.)
(다) 중공군 + 평택 – 삼척선으로 후퇴 → 1·4 후퇴(1951. 1.)

정답설명

④ 중국군의 참전(1950. 10.)으로 국군과 유엔군이 남쪽으로 밀려나 퇴로가 차단되는 위기가 발생하자, (나) 시기인 1950년 12월에 대규모 해상 철수 작전인 흥남 철수가 이루어졌다.

오답분석

① (다) 이후: 한국의 평화적인 통일 방안을 모색하기 위해 제네바 회담이 개최된 것은 1954년으로, (다) 시기 이후의 사실이다.
② (다) 이후: 휴전에 불만을 품은 이승만 정부가 반공 포로를 석방한 것은 1953년 6월로, (다) 시기 이후의 사실이다.
③ (가) 이전: 한국 정부와 미국 정부 간의 경제 및 군사 원조에 관한 협약인 한·미 상호 방위 원조 협정이 체결된 것은 1950년 1월로, (가) 시기 이전의 사실이다.

14 조선 후기 | 조선 후기의 농업 변화 난이도 중 ●●○

자료분석

육의전 이외에 난전이라 잡아오는 자들에게 벌을 베풀지 않음 → 신해통공(1791) → 조선 후기

정답설명

④ 조선 후기에 이앙법을 통해 농업 생산력이 증가하여 일부 농민은 경영형 부농으로 성장한 반면, 대다수의 농민들은 지주들의 토지 확대 등으로 토지를 잃고 소작농이나 임노동자로 전락하는 등 농촌 내 빈부 격차가 심화되었다.

오답분석

① 조선 후기의 밭농사에서는 보리 등을 고랑(이랑과 이랑 사이)에 심는 견종법이 확산되었다.
② 조선 후기에는 쌀의 수요가 늘면서 밭을 논으로 바꾸는 현상이 활발해졌다.
③ 조선 후기에는 광작이 가능해지면서 양반 지주들이 노비나 머슴을 고용하여 직접 농지를 경영하였다.

15 시대 통합 | 이회영 난이도 하 ●○○

자료분석

신민회를 조직 + 경학사를 세움 → 이회영

정답설명

④ 이회영은 이동녕 등의 신민회 인사들과 함께 독립군 양성 기관으로 신흥 강습소를 설립하였다.

오답분석

① 권업회는 연해주 신한촌에서 의병 계열과 계몽 운동 계열의 합작으로 조직된 자치 기관으로 이회영과는 관련이 없다. 한편, 권업회는 의장으로 이상

설, 부의장으로 이종호를 선임하여 독립운동을 전개하였다.

② **서재필**: 독립신문을 창간한 인물은 서재필이다. 서재필은 독립신문을 창간하여 개화의 필요성을 대중에게 전달하고, 외국인에게 국내 사정을 알리고자 하였다

③ **이상설 등**: 을사늑약의 부당함을 알리기 위해 네덜란드에서 열린 만국 평화 회의에 헤이그 특사로 파견된 인물은 이상설, 이준, 이위종이다.

---

16 고려 시대 | 혜심　난이도 중 ●●○

자료분석

수선사 + 유교의 불자 → 혜심

정답설명

③ 혜심은 유·불 일치설을 주장하며 심성의 도야를 강조하여 고려 후기에 성리학이 수용되는 토대를 마련하였다.

오답분석

① **균여**: 북악파를 중심으로 남악파를 통합하여 화엄 교단을 정리한 인물은 균여이다.

② **보우**: 9산 선문의 통합을 주장하였으며, 원으로부터 임제종을 도입하여 전파시킨 인물은 보우이다.

④ **제관**: 광종 때 중국에 건너가 천태학 부흥에 기여하였으며, 『천태사교의』를 저술한 인물은 제관이다.

---

17 일제 강점기 | 민족 말살 통치 시기의 모습　난이도 중 ●●○

자료분석

새로 씨(氏)를 설정하여 신고함 → 창씨개명 → 민족 말살 통치 시기

정답설명

④ 민족 말살 통치 시기인 1938년에 육군 특별 지원병령이 제정되어, 이에 따라 지원병을 모집하였다.

오답분석

① **무단 통치 시기**: 토지 조사령이 공포(1912)된 것은 무단 통치 시기의 모습이다. 일제는 근대적인 토지 제도의 확립을 통한 세원 확보와 토지 약탈을 위해 토지 조사령을 공포하여 토지 조사 사업을 시작하였다.

② **무단 통치 시기**: 서울에서 교사들이 중심이 되어 조선 산직 장려계(1915~1917)를 결성하였던 것은 무단 통치 시기의 모습이다.

③ 동양 척식 주식회사는 대한 제국 시기인 1908년에 설립되었다.

---

18 고대 | 김춘추(무열왕)　난이도 중 ●●○

자료분석

어진 재상이 다른 나라(고구려)에 억류 → (가) 김춘추(무열왕)

정답설명

③ 당과 연합하여 고구려의 평양성을 함락시키고(668), 삼국 통일을 완성한 (676) 인물은 문무왕이다.

오답분석

① 김춘추에게는 '태종'이라는 중국식 묘호를 사용하였다.

② 김춘추는 최초의 진골 출신 왕(태종 무열왕)이었다.

④ 김춘추는 진덕 여왕에게 집사부의 설치를 건의하고 친당 외교를 주도하였다.

---

19 고려 시대 | 거란의 2차 침입　난이도 중 ●●○

자료분석

강조 + 양규 + 흥화진 → 거란의 2차 침입

정답설명

② 거란은 강조의 정변을 구실로 고려에 2차로 침입하였으나, 현종의 입조(고려 왕이 중국 조정에 문안 인사를 가는 것)를 조건으로 강화를 체결하였다.

오답분석

① **거란의 1차 침입**: 서희의 외교 담판으로 거란군이 회군한 것은 거란의 1차 침입 때이다.

③ **몽골의 1차 침입**: 고려 정부가 강화도로 천도하는 계기가 된 사건은 몽골의 1차 침입이다.

③ **거란의 3차 침입 이후**: 고려가 거란과 여진의 침입에 대비해 천리장성(1033~1044)을 축조하기 시작한 것은 거란의 3차 침입 이후의 일이다.

🖊️ 이것도 알면 합격!

거란의 침입

1차 (993)	• 전개: 옛 고구려 땅을 내놓을 것과 송과의 외교 관계 단절 및 거란과의 수교를 요구하며 침입 → 서희의 외교 담판 • 결과: 강동 6주를 획득하여 국경 확장
2차 (1010)	• 전개: 강조의 정변을 구실로 침입 → 양규의 활약(흥화진 전투) • 결과: 거란과의 강화 체결
3차 (1018)	• 전개: 현종의 입조 약속 불이행 → 거란의 침입 → 강감찬의 귀주 대첩(1019) • 결과: 귀주에서 거란군 크게 격파

---

20 현대 | 노무현 정부　난이도 중 ●●○

자료분석

6·15 공동 선언을 고수함 → 10·4 남북 공동 선언 → 노무현 정부

정답설명

② 노무현 정부는 미국과 FTA(자유 무역 협정)을 체결하여 시장 개방을 확대하였다.

오답분석

①, ④ **김대중 정부**: 야당에 의한 평화적 정권 교체가 처음으로 이루어졌으며, 여성부를 신설한 정부는 김대중 정부이다.

③ **전두환 정부**: 남녀 고용 평등법을 제정하여 고용에 있어서 남녀가 평등한 기회를 갖도록 한 것은 전두환 정부이다.

▶ 정답
p.80

01	① 선사 시대	11	③ 근대
02	③ 고대	12	② 근대
03	② 시대 통합	13	② 고대
04	④ 고대	14	④ 조선 후기
05	③ 조선 전기	15	④ 조선 전기
06	④ 고려 시대	16	③ 근대
07	③ 고려 시대	17	② 일제 강점기
08	② 조선 후기	18	② 근대
09	④ 고려 시대	19	③ 현대
10	③ 고대	20	② 현대

▶ 취약시대 분석표

영역	세부 유형	문항 수
전근대	선사 시대	/1
	고대	/4
	고려 시대	/3
	조선 전기	/2
	조선 후기	/2
근현대	근대	/4
	일제 강점기	/1
	현대	/2
통합	시대 통합	/1
총계		/20

* 취약시대 분석표를 이용해 1개라도 틀린 문제가 있는 시대는 그 시대의 문제만 골라 해설을 다시 한번 꼼꼼히 학습하세요

01　선사 시대 | 고조선의 사회 모습　난이도 하 ●○○

자료분석

조선상 + 니계상 → 고조선의 관직명 → 고조선

정답설명

① 옳은 것을 모두 고르면 ㉠, ㉡이다.

㉠ 고조선의 8조법에는 '남의 물건을 도둑질한 자는 노비가 되거나 50만 전을 내야한다.'라는 조항이 있어 당시 고조선에서 재산의 사유화가 이루어졌음을 알 수 있다.

㉡ 『한서』「지리지」에는 '고조선의 여자는 모두 정조를 지키고, 신용이 있어 음란하고 편벽된 짓을 하지 않았다.'는 내용이 있어 당시 고조선이 가부장적 사회였음을 알 수 있다.

오답분석

㉢ 고조선 사회는 청동기 문화를 기반으로 성립된 계급 사회로, 군장을 비롯한 지배층이 피지배층을 다스리는 사회였다.

㉣ 고조선의 8조법에는 죄를 지은 사람을 죽이거나 노비로 삼는다는 조항이 있으나 그 가족까지 처벌한다는 내용은 나와 있지 않다. 죄를 지은 사람의 가족까지 처벌하였던 나라는 부여와 고구려이다.

02　고대 | 백제의 문화재　난이도 중 ●●○

자료분석

사씨, 연씨, 협씨, 해씨, 진씨, 국씨, 목씨, 백씨 → 백제

정답설명

③ 백제의 문화재로 바르게 묶인 것은 칠지도와 창왕명 석조 사리감이다. 칠지도는 백제 근초고왕 때 왜왕에게 하사한 것으로 추정되는 유물이며, 창왕명 석조 사리감은 백제 창왕(위덕왕) 때 제작된 것으로 부여 능산리 절터의 중앙부에 자리한 목탑 아래에서 출토되었다.

오답분석

① 사택지적비는 백제의 문화재가 맞지만, 임신서기석은 신라의 문화재이다.

② **통일 신라**: 백률사 석당(이차돈 순교비)과 상원사 동종은 모두 통일 신라의 문화재이다.

④ 천마도는 신라 천마총에서 출토된 말다래에 그려진 그림이며, 금동 연가 7년명 여래 입상은 고구려의 불상이다.

03　시대 통합 | 『조선왕조실록』　난이도 하 ●○○

정답설명

② 옳은 것을 모두 고르면 ㉠, ㉢이다.

㉠ 『조선왕조실록』은 사회적·문화적 가치를 인정받아 1997년에 『훈민정음(해례본)』과 함께 유네스코 세계 기록유산으로 등재되었다.

㉢ 『조선왕조실록』은 사관이 왕의 말과 행동을 모두 기록한 「사초」와 각 관청의 업무 기록인 「등록」 등의 자료를 토대로 편찬되었다.

오답분석

㉡ 『조선왕조실록』은 태조부터 철종까지 25대 왕의 역사를 편년체로 서술하였다. 한편 『고종실록』과 『순종실록』은 일제 강점기에 이왕직의 주관 아래 편찬되어 왜곡된 내용이 많아 실록에 포함시키지 않는다.

㉣ 『조선왕조실록』은 기록의 공정을 위해 국왕을 비롯하여 신하들도 자유롭게 열람하지 못하였다.

04　고대 | 동성왕 재위 시기의 사실　난이도 중 ●●○

자료분석

소지 마립간 + 사신을 보내 혼인을 청함 → 결혼 동맹 체결 → 동성왕

정답설명

④ 동성왕 재위 시기에 탐라국(제주도)이 공물을 바치지 않자 탐라국을 복속하

였고, 중국의 남제와도 수교하였다.

오답분석

① **무왕**: 익산에 미륵사를 창건한 것은 무왕 재위 시기의 사실이다.

② **근초고왕**: 동진과 국교를 맺고 요서 지방에 진출한 것은 백제 근초고왕 재위 시기의 사실이다. 근초고왕 때 중국의 동진과 국교를 맺고, 중국의 요서와 산동, 일본의 규슈 지역까지 진출하였다.

③ **고이왕**: 목지국을 몰아내어 한강 유역을 완전히 장악하고, 한 군현(낙랑군과 대방군)과 대립한 것은 고이왕 재위 시기의 사실이다.

---

05 조선 전기 | **태종의 업적** 난이도 중 ●●○

자료분석

등문고를 치도록 허락 + 등문고를 고쳐 신문고라 함 → 태종

정답설명

③ 태종은 사섬서를 설치하고 지폐인 저화를 발행하였으나 널리 유통되지는 못하였다.

오답분석

① **세조**: 단종 복위 운동을 계기로 경연과 집현전을 폐지한 왕은 세조이다.

② **세종**: 주자소에서 갑인자와 경자자 등의 금속 활자를 주조한 왕은 세종이다.

④ **영조**: 『수성윤음』을 반포하여 한양 내에 거주하는 백성들을 거주지에 따라 훈련도감, 금위영, 어영청의 군영에 각각 배속하고, 유사시 도성을 수비하도록 하여 수도 방어 체계를 강화한 왕은 영조이다.

---

06 고려 시대 | **고려 시대의 군사 제도** 난이도 중 ●●○

자료분석

벽란정 → (가) 고려

정답설명

④ 고려는 직업군인인 경군(중앙군)에게 군역의 대가로 군인전을 지급하고 그 역을 자손에게 세습시켰다.

오답분석

① **조선**: 일종의 예비군인 잡색군을 편성하여 유사시에 동원한 것은 조선이다.

② 고려의 금오위는 수도의 치안을 담당하였고, 감문위는 궁성 내외의 여러 문을 지켰다. 한편, 고려 시대에 왕의 친위 부대 역할을 한 것은 응양군과 용호군이다.

③ 고려는 북방의 군사 특수 행정 구역으로 양계(북계, 동계)를 설치하고 주진군을 배치하였다. 한편, 주현군은 일반 행정 구역인 5도에 편성된 지방군이다.

---

07 고려 시대 | **최승로** 난이도 중 ●●○

자료분석

5대 조정에서 잘되었거나 잘못된 사적을 기록 → 5조 정적평 → 최승로

정답설명

③ 최승로는 성종에게 시무 28조를 올려 지방관 파견을 통한 호족 세력 견제 및 향리제 정비 등의 정책을 건의하였다.

오답분석

① **김부식**: 묘청의 난을 진압한 인물은 김부식이다.

② **이제현**: 민간 구전, 시화, 인물의 일화 등을 모은 『역옹패설』을 저술한 인물은 이제현이다.

④ 최승로는 시무 28조에서 중국과의 사무역은 엄격하게 제한하고, 사신을 통한 공무역만 허용하자고 주장하였다.

---

08 조선 후기 | **송시열** 난이도 상 ●●●

자료분석

시세를 헤아리지 않고 경솔히 오랑캐와 관계를 끊으면 패배함 + 원한을 축적 → 기축봉사 → 송시열의 북벌론

정답설명

② 송시열은 노론의 영수로 대의명분을 중시하여 명에 대한 의리를 지키고 병자호란의 치욕을 씻기 위해 북벌을 주장하였다.

오답분석

① **박세당**: 농가에서 필요한 상식들을 정리한 『색경』을 편찬한 인물은 박세당이다.

③ **윤휴**: 유교 경전에 대해 독자적인 해석을 시도하여 서인(노론)에 의해 사문난적으로 몰린 인물은 윤휴이다.

④ 호락 논쟁은 18세기 중엽 노론 내부에서 일어난 논쟁으로 송시열 사후의 사실이다. 한편, 호락 논쟁에서 인간과 사물의 본성이 다르다는 인물성이론을 주장한 것은 한원진 등의 호론이다.

---

09 고려 시대 | **고려 시대의 사실** 난이도 중 ●●○

자료분석

역분전 지급(태조, 940) → (가) → 시정 전시과 시행(경종, 976) → (나) → 개정 전시과 시행(목종, 998) → (다) → 경정 전시과 시행(문종, 1076) → (라) → 녹과전 지급(원종, 1271)

정답설명

④ (라) 시기인 1234년에 최우의 소장본을 바탕으로 강화도에서 『상정고금예문』이 금속 활자로 인쇄되었다.

오답분석

① **(나) 시기**: 2성 6부제의 중앙 관제를 마련한 왕은 성종(981~997)으로, (나) 시기의 사실이다.

② **(라) 시기**: 이자겸의 난(1126)을 진압한 후 인종이 실추된 왕권을 회복하고 민생을 안정시키기 위해 15개조 유신령을 발표한 것(1127)은 (라) 시기의 사실이다.

③ **(라) 시기**: 전주에서 죽동 등의 주현군 일부와 관노들이 합세하여 난(전주 관노의 난, 1182)을 일으킨 것은 (라) 시기의 사실이다.

10 고대 | 진성 여왕 재위 시기의 사실
난이도 중 ●●○

자료분석
적고적 + 민가를 약탈함 → 적고적의 난 → 진성 여왕

정답설명
③ 진성 여왕 재위 시기에 강압적인 조세 징수 등으로 농민의 불만이 심화되면서 원종과 애노가 사벌주(상주)에서 반란을 일으켰다.

오답분석
① 진흥왕: 황룡사를 창건한 것은 진흥왕 때이다. 진흥왕은 월성의 동쪽에 궁궐을 짓다가, 그곳에서 황룡이 나타났다는 말을 듣고 궁궐 대신 황룡사를 창건하였다.
② 진덕 여왕: '태화'라는 독자적인 연호를 사용한 것은 진덕 여왕 때이다.
④ 진흥왕: 신라로 귀화한 고구려 출신의 승려 혜량을 승통으로 삼은 것은 진흥왕 때이다.

11 근대 | 최익현
난이도 중 ●●○

자료분석
비록 왜인이라고 하나 실은 양적 → 왜양일체론 → 최익현

정답설명
③ 최익현은 흥선 대원군의 서원 철폐 등의 정책에 반대하며 고종의 친정을 주장하는 상소를 올렸다.

오답분석
① 장지연: 을사늑약의 체결 경위와 부당함을 알리는 내용의 '시일야방성대곡'을 황성신문에 발표한 인물은 장지연이다.
② 박규수: 평양 군민과 함께 제너럴셔먼호를 불태운 인물은 박규수이다. 미국 상선 제너럴셔먼호가 평양에 들어와 통상을 요구하였으며, 조선이 이를 거부하자 평양 주민을 약탈하고 조선인 관리를 살해하였다. 이에 평안도 관찰사 박규수는 평양 주민들과 함께 제너럴셔먼호를 공격하여 불태웠다.
④ 박은식: 일제의 조선 침략 과정을 폭로한 『한국통사』를 저술한 인물은 박은식이다.

12 근대 | 의병 운동의 전개
난이도 중 ●●○

정답설명
② 순서대로 나열하면 ㉠ 최익현·임병찬의 활약(을사의병, 1905) → ㉣ 13도 창의군 결성(정미의병, 1907) → ㉡ 허위가 이끄는 선봉대의 서울 진격(정미의병, 1908) → ㉢ 일제의 남한 대토벌 작전(1909)이다.
㉠ 최익현·임병찬의 활약: 을사의병(1905) 때 최익현, 임병찬 등의 유생들이 태인, 순창, 곡성 등에서 활약하였다.
㉣ 13도 창의군 결성: 정미의병 때 전국의 의병 부대들이 양주에 집결하여 이인영을 총대장, 허위를 군사장으로 하는 13도 창의군을 결성(1907)하였다.
㉡ 허위가 이끄는 선봉대의 서울 진격: 1908년 허위가 이끄는 300여 명의 선봉대가 동대문 밖 근처까지 진격하였으나, 일본군에 밀려 후퇴하였다.
㉢ 일제의 남한 대토벌 작전: 정미의병 이후 일본은 호남 지역 의병들에 대한 남한 대토벌 작전을 전개(1909)하였다.

13 고대 | 금관가야
난이도 중 ●●○

자료분석
12대 할아버지 수로 + 9대 자손인 구해(구형왕) → 금관가야

정답설명
② 금관가야는 낙동강 하류의 김해를 중심으로 성장하였으며, 풍부한 철의 생산과 해상 교통을 바탕으로 낙랑과 왜를 연결하는 중계 무역을 전개하는 등 해상 무역이 발달하였다.

오답분석
① 대가야: 가야금을 가지고 신라로 간 우륵은 대가야 출신이다. 대가야가 망할 즈음인 신라 진흥왕 때 우륵이 가야금을 가지고 신라에 투항하였다.
③ 백제: 재상을 뽑을 때 정사암에 모여 후보 이름을 써서 넣은 상자를 봉해두었던 나라는 백제이다.
④ 대가야: 전성기 때 소백산맥을 너머 남원 등의 호남 동부 지역까지 세력을 확장한 나라는 대가야이다.

14 조선 후기 | 병자호란
난이도 중 ●●○

자료분석
임금이 남한산성에 피신함 → 병자호란

정답설명
④ 병자호란의 결과 인조는 청 황제에게 항복하였고, 소현 세자, 봉림 대군과 주전론을 주장한 삼학사가 청에 인질로 잡혀갔다.

오답분석
① 정묘호란: 후금이 정묘호란을 일으키자, 조선은 후금과 형제 관계를 맺는다는 내용의 정묘약조를 체결하고 화의하였다.
② 임진왜란: 곽재우, 김천일 등이 의병으로 참여한 사건은 임진왜란이다.
③ 조·명 연합군이 후금의 군대에게 패배한 사르후 전투는 병자호란이 일어나기 이전인 광해군 때의 사실이다.

15 조선 전기 | 중종 재위 시기의 사실
난이도 중 ●●○

자료분석
조광조 등을 죽이고자 함 + 주초위왕 → 기묘사화 → 중종

정답설명
④ 중종 때 대마도주와 임신약조를 체결하여 3포 중 제포만 개항하고, 세견선 25척, 세사미두 100석으로 무역 규모를 제한하였다.

오답분석
① 태종: 경복궁의 이궁(왕궁 밖에서 머물던 별궁)으로 창덕궁을 건립한 것은 태종 때이다.
② 세종: 북방의 여진족을 몰아내고 압록강과 두만강 지역에 4군 6진을 설치한 것은 세종 때이다.
③ 성종: 삼국 시대부터 조선 초까지 우리나라의 시와 산문 중 뛰어난 작품을 선별하여 『동문선』을 편찬한 것은 성종 때이다.

16 근대 | 열강의 경제 침탈 난이도 중 ●●○

자료분석

> (가) 조공을 받고 책봉을 함 → 청나라
> (나) 도성으로 들어가 사람이 없는 것처럼 행동 → 일본
> (다) 대양의 저편에 있음 + 별로 깊은 관계도 없음 → 미국
> (라) 만여 리에 달하는 거칠고 추운 땅에 위치함 → 러시아

정답설명

③ 이권 침탈 과정에서 두만강·압록강·울릉도의 삼림 채벌권을 획득한 국가는 러시아이다.

오답분석

① 청나라는 조·청 상민 수륙 무역 장정을 체결하여 내지 통상권을 획득함에 따라 서울까지 상권을 확대하였다.

② 일본은 직산 광산 채굴권과 경부선 부설권을 획득하였다.

④ 러시아는 경원·종성 광산 채굴권을 획득하였다.

이것도 알면 합격!

열강의 이권 침탈

러시아	• 원산 저탄소 설치권, 경원·종성 광산 채굴권 • 두만강·압록강·울릉도 삼림 채벌권
일본	• 경인선(미국으로부터 인수)·경의선·경부선·경원선 부설권 • 직산 광산 채굴권
미국	• 경인선 부설권(일본에 양도), 운산 광산 채굴권 • 서울 시내 전기, 전차 부설권
프랑스	• 경의선 부설권(자금 부족으로 부설권 포기) • 창성 광산 채굴권
영국	은산 광산 채굴권
독일	당현 광산 채굴권

17 일제 강점기 | 동아일보 폐간 이후의 사실 난이도 중 ●●○

자료분석

> 총독부의 신문 통제 방침 + 동아일보사 해산 → 동아일보 폐간(1940. 8.)

정답설명

② 동아일보가 폐간된 이후인 1943년에 일제는 전쟁 물자를 마련하기 위한 목적으로 조선 식량 관리령을 제정·공포하여 식량을 공출하였다.

오답분석

모두 동아일보 폐간 이전의 사실이다.

① 일제는 1938년에 전쟁 수행에 필요한 인적, 물적 자원을 원활하게 확보하기 위하여 국가 총동원법을 제정하였다.

③ 일제는 1936년에 조선 사상범 보호 관찰령을 제정하여 독립운동가에 대한 감시를 강화하였다.

④ 일제는 1938년에 제3차 조선 교육령을 발표하여 조선어 과목을 수의(선택) 과목으로 전환하였다.

18 근대 | 홍범 14조 난이도 중 ●●○

자료분석

> 14개 조목을 조종의 신령 앞에서 서고함 → 홍범 14조

정답설명

② 홍범 14조의 제10조에는 지방 제도를 개정하여 지방 관리의 직권을 제한한다는 내용이 포함되어 있다.

오답분석

①, ③ **폐정 개혁안 12개조**: 토지는 균등히 나누어 경작하게 한다는 내용과 7종 천인의 대우를 개선하고 백정이 쓰는 평량갓은 없앨 것을 주장한 것은 동학 농민군이 제시한 폐정 개혁안 12개조의 내용이다.

④ **헌의 6조**: 외국과의 이권에 관한 조약은 각 대신과 중추원 의장이 합동 날인하여 시행한다는 것은 관민 공동회에서 결의한 헌의 6조의 내용이다.

19 현대 | 4·19 혁명 난이도 하 ●○○

자료분석

> 재집권을 위한 독단적인 개헌 + 부정 선거 → 4·19 혁명

정답설명

③ 4·19 혁명은 이승만 대통령이 하야하고, 허정을 수반으로 한 과도 정부가 출범하는 계기가 되었다.

오답분석

① **5·18 민주화 운동**: 계엄령 해제와 신군부의 퇴진을 요구한 운동은 5·18 민주화 운동이다.

② **6월 민주 항쟁**: 박종철 고문 치사 사건이 도화선이 된 운동은 6월 민주 항쟁이다.

④ **6월 민주 항쟁**: 당시 여당인 민주 정의당의 대표이자 대통령 후보인 노태우의 6·29 민주화 선언을 이끌어낸 운동은 6월 민주 항쟁이다.

20 현대 | 전 조선 제정당 사회단체 대표자 연석회의 난이도 중 ●●○

자료분석

> 남북 정당 사회 단체 + 남조선 단독 선거의 결과를 인정하지 않음 → 전 조선 제정당 사회단체 대표자 연석회의(남북 협상)

정답설명

② 전 조선 제정당 사회단체 대표자 연석회의(남북 협상)에는 김구, 김규식, 김일성, 김두봉 등이 참여하였다.

오답분석

① 전 조선 제정당 사회단체 대표자 연석회의는 미 군정의 지원을 받지 않았다.

③, ④ **좌·우 합작 위원회**: 좌·우 정치 세력의 합작을 위한 7원칙을 발표하고, 미·소 공동 위원회의 속개를 요청하는 성명을 발표한 것은 좌·우 합작 위원회이다.

❯ 정답   p.86

01	④ 선사 시대	11	② 조선 전기
02	② 고대	12	④ 근대
03	③ 일제 강점기	13	① 근대
04	① 시대 통합	14	③ 조선 후기
05	① 고대	15	② 고려 시대
06	④ 현대	16	④ 고대
07	③ 고려 시대	17	④ 일제 강점기
08	① 조선 전기	18	③ 근대
09	④ 고대	19	④ 고려 시대
10	② 조선 전기	20	① 현대

❯ 취약시대 분석표

영역	세부 유형	문항 수
전근대	선사 시대	/1
	고대	/4
	고려 시대	/3
	조선 전기	/3
	조선 후기	/1
근현대	근대	/3
	일제 강점기	/2
	현대	/2
통합	시대 통합	/1
총계		/20

* 취약시대 분석표를 이용해 1개라도 틀린 문제가 있는 시대는 그 시대의 문제만 골라 해설을 다시 한번 꼼꼼히 학습하세요

---

01   선사 시대 | 부여   난이도 중 ●●○

자료분석

오곡이 익지 않을 때, 그때마다 왕에게 허물을 돌림 → 부여

정답설명

④ 질병으로 사람이 죽으면 그 사람이 살던 집을 폐기한 나라는 동예이다.

오답분석

① 부여는 연맹 왕국 단계에서 고구려 문자왕 때 고구려에 복속되어 멸망하였다.

② 부여는 만주 지린 시 일대를 중심으로 한 쑹화 강 유역의 평야 지대에서 성장하였다.

③ 부여는 왕 아래에 가축의 이름을 딴 마가, 우가, 저가, 구가 등의 가(加)들이 있었으며, 가(加)들은 사출도라는 별도의 행정 구획을 통치하였다.

---

02   고대 | 관구검의 침입과 고국원왕 전사 사이의 사실   난이도 중 ●●○

자료분석

(가) 관구검의 침입 + 왕이 달아남 → 동천왕(246)
(나) 평양성을 공격 + 왕이 화살에 맞아 죽음 → 고국원왕의 전사(371)

정답설명

② (가)와 (나) 사이 시기인 313년에 고구려 미천왕이 낙랑군을 축출하여 영토를 확장하였다.

오답분석

① (나) 이후: 고구려가 북쪽의 숙신(여진족)과 비려(거란족)를 정복한 것은 광개토 대왕 때로, (나) 이후의 사실이다.

③ (나) 이후: 고구려가 흥안령 일대의 초원 지대를 장악한 것은 장수왕 때로, (나) 이후의 사실이다.

④ (가) 이전: 고구려가 요동 지역으로 진출을 도모하고, 동옥저를 복속하여 영토를 확장한 것은 태조왕 때로, (가) 이전의 사실이다.

---

03   일제 강점기 | 의열단   난이도 중 ●●○

자료분석

강도 일본을 쫓아냄 + 오직 혁명으로써 함 → 조선 혁명 선언 → 의열단

정답설명

③ 의열단의 단원인 김상옥은 1923년 종로 경찰서에 폭탄을 투척하였다.

오답분석

① 조선 의용대: 중국 관내에서 결성된 최초의 한인 무장 부대는 조선 의용대(1938)이다.

② 3부: 민정 조직과 군정 조직을 갖추고 있던 단체는 참의부, 정의부, 신민부의 3부이다. 3부는 3권 분립에 입각한 한인 자치 기구이다.

④ 한인 애국단: 침체된 대한민국 임시 정부에 활기를 불어넣고자 김구에 의해 결성된 단체는 한인 애국단(1931)이다.

---

04   시대 통합 | 조선 시대의 법전   난이도 중 ●●○

정답설명

① 육전 상정소는 세조 때 『경국대전』의 편찬을 위해 설치된 관청이다. 한편, 『경제육전』은 태조 때 조준의 주도로 편찬된 조선 최초의 공식 법전이다.

오답분석

② 『육전조례』는 6조 각 관아의 사무 처리에 필요한 행정 법규와 사례를 편집한 행정 법전으로, 고종 때 흥선 대원군에 의해 편찬되었다.

③ 『경국대전』은 「이전」, 「호전」, 「예전」, 「병전」, 「형전」, 「공전」의 6전으로 구성되었다.

④ 정조 때 편찬된 『대전통편』은 『경국대전』과 『속대전』 및 그 후에 제정된 법령을 통합하여 편찬한 법전이다.

05 고대 | 삼국 시대의 문화 난이도 하 ●○○

정답설명

① 호우명 그릇이 출토된 호우총은 돌무지 덧널 무덤으로 축조되었다. 돌무지 무덤은 돌을 쌓아 올린 고구려 초기의 고분 양식으로, 대표적으로 장군총이 있다.

오답분석

② 고구려 고분 벽화에는 철을 제련하고 수레바퀴 등을 제작하는 인물의 모습이 그려져 있는데, 이를 통해 고구려 제철 기술의 수준을 짐작할 수 있다.

③ 사택지적 비문은 백제의 귀족인 사택지적이 불당을 세운 내역이 4·6 변려체와 구양순체로 기록되어 있어 당시 백제의 뛰어난 한문학 수준을 알 수 있다.

④ 부여 능산리에서 발견된 금동 대향로는 신선들이 산다는 이상 세계의 모습을 정교하게 표현하였으며, 이를 통해 백제의 뛰어난 금속 세공 기술을 알 수 있다.

06 현대 | 노태우 정부 시기의 사실 난이도 중 ●●○

자료분석

남과 북 + 핵무기 사용을 아니 함 → 한반도 비핵화 공동 선언 → 노태우 정부

정답설명

④ 노태우 정부 때는 북방 정책을 추진하여 소련(1990), 중국(1992)과의 국교를 수립하였다.

오답분석

① 전두환 정부: 당시 시행되고 있던 대통령 간선제를 유지한다는 내용의 4·13 호헌 조치를 발표한 것은 전두환 정부 때이다.

② 박정희 정부: 한·일 기본 조약을 체결하여 일본과의 국교를 정상화한 것은 박정희 정부 때이다.

③ 김영삼 정부: 지방 자치 단체장 선거를 실시하여 지방 자치제를 전면적으로 시행한 것은 김영삼 정부 때이다.

07 고려 시대 | 개경 환도와 관제 격하 사이의 사실 난이도 중 ●●○

자료분석

(가) 옛 수도로 다시 천도 → 개경 환도(1270)
(나) 관제를 고침 + 첨의부 → 충렬왕 때의 관제 격하(1275)

정답설명

③ (가)와 (나) 사이 시기인 1273년에 삼별초가 여·몽 연합군에 진압되었다.

오답분석

① (가) 이전: 화주에 쌍성총관부가 설치된 것은 개경 환도 이전인 1258년의 일이다.

② (나) 이후: 군사 조직으로 만호부가 설치된 것은 관제 격하 이후인 1281년의 일이다.

④ (나) 이후: 서적원을 설치하여 인쇄를 담당하게 한 것은 관제 격하 이후인 1392년으로 공양왕 때의 일이다.

08 조선 전기 | 세종 재위 기간의 사실 난이도 중 ●●○

자료분석

정음 28자를 처음으로 만듦 → 훈민정음 창제 → 세종

정답설명

① 고조선에서 고려 말까지의 전쟁사를 정리한 『동국병감』이 편찬된 것은 조선 문종 때의 사실이다.

오답분석

② 세종 때는 의정부가 6조로부터 국정에 관한 여러 업무를 받아 논의한 후, 국왕에게 보고하는 의정부 서사제를 실시하였다.

③ 세종 때는 쓰시마 도주와 계해약조를 맺어 연간 50척의 세견선을 파견할 수 있게 하였다.

④ 세종 때는 사형수에 대한 삼심제를 시행하여 사형수가 억울하게 죽는 일이 없도록 하였다.

09 고대 | 자장 난이도 중 ●●○

자료분석

여자가 왕 + 황룡사의 호법룡 + 9층 탑을 절 안에 세움 → (가) 자장

정답설명

④ 자장은 선덕 여왕 때 대국통에 임명되어 승정 기구를 정비하고, 출가자의 규범과 계율을 주관하였다.

오답분석

① 원광: 화랑이 지켜야 할 행동 규범인 세속 5계(사군이충, 사친이효, 교우이신, 임전무퇴, 살생유택)를 지은 인물은 원광이다.

② 의상: 문무왕이 전쟁이 끝난 지 얼마 지나지 않았음에도 도성 정비를 위해 공사를 일으키려 하자 백성들을 위해 이를 만류한 인물은 의상이다.

③ 혜초: 인도와 중앙아시아를 순례하고 기행문인 『왕오천축국전』을 저술한 인물은 혜초이다.

10 조선 전기 | 권근 난이도 상 ●●●

자료분석

표문 + 응제시를 지어 바침 → (가) 권근

정답설명

② 권근은 성리학을 처음 배우는 이들에게 성리학의 기본적인 지식을 쉽게 알리기 위하여 그림을 넣어 설명한 『입학도설』을 저술하였다. 한편, 권근의 손자인 권람은 권근이 지은 응제시에 주석을 붙여 정리한 『응제시주』를 편찬하였다.

오답분석

①, ④ 정도전: 조선 건국의 정당성을 밝힌 역사서인 『고려국사』를 편찬하였으며, 『경제문감』을 저술하여 재상 중심의 정치를 주장한 인물은 정도전이다.

③ 박세무: 오륜의 중요성과 우리나라의 역사를 담은 아동 교육서인 『동몽선습』을 편찬한 인물은 박세무이다.

11 조선 전기 | 조선의 지방 제도 난이도 중 ●●○

정답설명

② 옳은 것을 모두 고르면 ㉠, ㉣이다.

㉠ 조선 시대에는 전국을 8도로 나누고, 관찰사를 파견하였다. 8도에 파견된 관찰사는 도의 행정을 총괄하며 관할 지역의 수령을 지휘·감독하였다.

㉣ 조선 시대에는 각 군현 밑에 면, 리, 통을 두고 다섯 집을 1통으로 편제하여 다스리는 오가작통제를 실시하였다.

오답분석

㉡ 조선 시대에는 각 군현이 아닌 한양에 경재소를 설치하여 현직 중앙 관료로 하여금 자기 출신 지역의 유향소를 통제하도록 하였다.

㉢ 전국적으로 수령이 파견되지 않은 속현이 더 많았던 것은 고려 시대이다. 조선 시대에는 모든 군현에 지방관이 파견되면서 속현이 폐지되었다.

이것도 알면 합격!

조선 시대의 촌락 통제

면리제	자연촌 단위였던 몇 개의 리(里)를 면으로 묶어 통제
오가작통제	촌락 주민에 대한 지배를 원활히 하고자 이웃하는 다섯 가구를 하나의 통으로 묶고, 여기에 통주(통수)를 두어 통주가 통을 관장하도록 한 제도

12 근대 | 일본의 조선 침략과 국권 침탈 과정 난이도 중 ●●○

자료분석

(가) 한국 황제 폐하는 통치권을 일본 황제 폐하에게 양여 → 한·일 병합 조약(1910. 8.)

(나) 러시아 + 일본이 한국에서 이익을 갖는 것을 인정 → 포츠머스 조약(1905. 9.)

(다) 일본 + 미국의 필리핀 지배를 확인 → 가쓰라·태프트 밀약(1905. 7.)

(라) 한국 + 일본의 중개를 거치지 않고 국제적 성질을 가진 조약·약속을 하지 않음 → 을사늑약(1905. 11.)

정답설명

④ 순서대로 나열하면 (다) 가쓰라·태프트 밀약(1905. 7.) → (나) 포츠머스 조약(1905. 9.) → (라) 을사늑약(1905. 11.) → (가) 한·일 병합 조약(1910. 8.)이다.

(다) 가쓰라·태프트 밀약: 미국과 일본은 필리핀, 대한 제국에 대한 상대국의 지배권을 인정하는 가쓰라·태프트 밀약을 체결하였다(1905. 7.).

(나) 포츠머스 조약: 러·일 전쟁에서 승리한 일본은 러시아와 포츠머스 조약을 체결하여 대한 제국에 대한 지도·보호 및 감독의 권리를 인정받았다(1905. 9.).

(라) 을사늑약: 대한 제국에 대한 보호 권리를 국제적으로 인정받은 일본은 을사늑약을 강제로 체결하여 대한 제국의 외교권을 박탈하고 통감부를 설치하였다(1905. 11.).

(가) 한·일 병합 조약: 일본은 한·일 병합 조약을 체결하여 대한 제국의 국권을 강탈하였다(1910. 8.).

이것도 알면 합격!

일본의 대한 제국 지배에 대한 열강의 묵인

제1차 영·일 동맹 (1902. 1.)	• 일본은 청에 대한 영국의 이권 인정 • 영국은 대한 제국에 대한 일본의 이권 인정
가쓰라·태프트 밀약 (1905. 7.)	• 일본은 필리핀에 대한 미국의 지배권 인정 • 미국은 대한 제국에 대한 일본의 지배권 인정
제2차 영·일 동맹 (1905. 8.)	• 영국은 대한 제국에 대한 일본의 지배권을 인정 • 일본은 인도에 대한 영국의 지배권 인정
포츠머스 조약 (1905. 9.)	러시아는 대한 제국에 대한 일본의 지배권 인정

13 근대 | 광무개혁 난이도 중 ●●○

자료분석

본 교정소에서 국제를 잘 상의함 → 대한국 국제 → 대한 제국(광무개혁)

정답설명

① 우체사를 설치하여 우편 사무를 재개한 것은 을미개혁 때이다. 을미개혁 때 우체사를 설치하여 갑신정변으로 인해 중단되었던 우편 사무를 재개하였다.

오답분석

② 대한 제국 정부는 교육 진흥과 국가 발전을 위해 상공 학교, 광무 학교 등의 실업 학교를 설립하였다.

③ 대한 제국 정부는 궁내부에 서북 철도국을 설치(1900)해 서울과 신의주 사이에 경의선 철도 부설 사업을 추진하였다.

④ 대한 제국 정부는 궁내부 산하에 여권 발급 업무를 관장하고 여행 목적을 심사하는 수민원을 설치하였다.

14 조선 후기 | 천주교 난이도 중 ●●○

자료분석

남종삼 + 프랑스와 조약을 맺을 계책 → 병인박해 → 천주교

정답설명

③ 안정복은 『천학문답』을 저술하여 천주교를 비판하였다.

오답분석

① 예언 사상: 말세의 도래와 왕조의 교체를 예언한 것은 조선 후기에 유행한 예언 사상이다.

②, ④ 동학: 모든 사람이 평등하다는 인내천 사상을 강조한 것은 동학이다. 한편, 동학은 최제우가 경상도 경주에서 창시하여 충청, 전라 일대로 교세를 확장하였다.

15 고려 시대 | 최우 난이도 중 ●●○

자료분석

치안 유지를 위해 야별초라는 이름으로 만듦 → (가) 최우

정답설명

② 최우는 자신의 사저에 관리들의 인사를 담당하는 기관인 정방을 설치하여 인사권을 장악하였다.

① 『직지심체요절』은 우왕 때 흥덕사에서 간행된 금속 활자본으로, 최우와는 관련이 없다.

③ **최충헌**: 국정 총괄 기구인 교정도감을 설치한 인물은 최충헌이다. 최충헌은 교정도감의 장관인 교정별감의 자리에 올라 권력을 장악하였다.

④ **이자겸**: 스스로 국공에 올라 자신의 생일을 인수절이라 칭한 인물은 이자겸이다.

---

16   고대 | 통일 신라의 경제   난이도 중 ●●○

자료분석

중국의 동쪽 + 울산항 → 통일 신라

정답설명

④ 통일 신라는 어아주, 조하주 등 고급 비단을 생산하여 당나라에 보냈고, 당으로부터는 금띠와 비단 두루마기 등을 답례품으로 받기도 하였다.

오답분석

① **고려**: 대도시에 다점과 주점 등 관영 상점을 둔 나라는 고려이다.

② **조선**: 각 포구를 중심으로 객주와 여각이 발달한 나라는 조선이다. 조선 후기에는 상품의 유통이 활발해져서 각 포구를 중심으로 물품의 중개와 매매를 하는 객주와 여각이 발달하였다.

③ **조선**: 류큐(오키나와) 및 시암(태국), 자와(인도네시아) 등 동남아시아에서 물소뿔과 침향 등을 들여온 나라는 조선이다.

---

17   일제 강점기 | 문화 통치 시기의 정책   난이도 중 ●●○

자료분석

일본인과 조선인 사이의 차별 대우를 철폐 + 사이토 총독 → 문화 통치 시기

정답설명

④ 일제는 문화 통치 시기인 1920년대에 친일파를 양성하기 위해 도 평의회와 부·면 협의회를 설립하여 일정 금액 이상을 세금으로 내는 조선인을 대상으로 의원 선거를 하는 등의 정책을 실시하였다.

오답분석

① **민족 말살 통치 시기**: 국민학교령을 공포하여 소학교의 명칭을 '황국 신민의 학교'라는 뜻의 국민학교로 변경한 것은 1941년으로, 민족 말살 통치 시기의 사실이다.

② **무단 통치 시기**: 헌병 경찰이 일반 경찰 사무까지 담당하는 헌병 경찰 제도를 실시한 것은 1910년대로, 무단 통치 시기의 사실이다. 한편, 문화 통치 시기에는 보통 경찰제로 개편하였다.

③ **민족 말살 통치 시기**: 조선 사상범 예방 구금령을 제정하여 독립운동가를 탄압한 것은 1941년으로, 민족 말살 통치 시기의 사실이다.

---

18   근대 | 흥선 대원군의 개혁 정책   난이도 중 ●●○

자료분석

태산을 깎아 내려 평지를 만듦 + 남대문을 3층으로 높임 → (가) 흥선 대원군

정답설명

③ 흥선 대원군은 왕권 강화를 위해 세도 정치 시기 국정 전반을 담당하던 비변사를 혁파하고, 의정부와 삼군부의 기능을 부활시켰다.

오답분석

① 흥선 대원군은 명나라 황제인 신종과 의종을 제사 지내는 만동묘와 폐단이 큰 서원을 철폐하였다.

② 흥선 대원군은 왕실의 위엄을 회복하기 위하여 임진왜란 때 소실된 경복궁을 중건하였다.

④ 흥선 대원군은 고리대로 변질된 환곡제를 개혁하여 향촌민이 자치적으로 운영하는 사창제를 실시하였다.

---

19   고려 시대 | 태조 왕건   난이도 중 ●●○

자료분석

궁예의 명에 따라 나주를 정복 + 장화 왕후 → 태조 왕건

정답설명

④ 태조 왕건은 임금에 대한 관리들의 도리와 예의를 강조하기 위해 『정계』, 『계백료서』 등을 지어 관리가 지켜야 할 규범을 제시하였다.

오답분석

① **성종**: 지방의 중소 호족들을 호장과 부호장으로 편입하는 향리 제도를 마련한 왕은 고려 성종이다.

② **광종**: 빈민을 구제하고 질병을 치료하는 기구인 제위보를 설치한 왕은 고려 광종이다.

③ **성종**: 중앙의 문·무 관리에게 문산계를 처음으로 지급한 왕은 고려 성종이다.

---

20   현대 | 박정희 정부 시기의 사실   난이도 중 ●●○

자료분석

(가) 6·3 항쟁(1964. 6.) ~ 유신 헌법 공포(1972. 10.)
(나) 유신 헌법 공포(1972. 10.) ~ 3·1 민주 구국 선언(1976. 3.)
(다) 3·1 민주 구국 선언(1976. 3.) ~ 12·12 사태(1979. 12.)

정답설명

① (가) 시기인 1968년에 미국의 정보함 푸에블로호가 북한에 납치되는 사건이 발생하였다.

오답분석

② (가) 시기: 김신조를 비롯한 북한 무장 간첩이 청와대를 기습하기 위해 서울에 침투한 1·21 청와대 습격 사건이 일어난 것은 1968년으로, (가) 시기의 사실이다.

③ (다) 시기: YH 무역 사건을 계기로 김영삼 신민당 총재가 의원직에서 제명된 것은 1979년 10월로, (다) 시기의 사실이다.

④ (나) 시기: 유신 반대 운동을 벌이던 김대중이 일본 도쿄에서 중앙정보부에 의해 납치된 것은 1973년으로, (나) 시기의 사실이다.

❯ 정답

p.92

01	③ 고대	11	② 조선 후기
02	③ 고려 시대	12	② 일제 강점기
03	① 일제 강점기	13	③ 고대
04	③ 조선 전기	14	② 시대 통합
05	③ 현대	15	④ 근대
06	④ 선사 시대	16	① 일제 강점기
07	③ 조선 전기	17	② 현대
08	② 고려 시대	18	④ 고려 시대
09	④ 근대	19	④ 조선 후기
10	④ 고대	20	② 현대

❯ 취약시대 분석표

영역	세부 유형	문항 수
전근대	선사 시대	/1
	고대	/3
	고려 시대	/3
	조선 전기	/2
	조선 후기	/2
근현대	근대	/2
	일제 강점기	/3
	현대	/3
통합	시대 통합	/1
총계		20

* 취약시대 분석표를 이용해 1개라도 틀린 문제가 있는 시대는 그 시대의 문제만 골라 해설을 다시 한번 꼼꼼히 학습하세요

---

01 고대 | 진흥왕 난이도 중 ●●○

자료분석

대가야가 모반 + 이사부로 하여금 토벌케 함 → 진흥왕

정답설명

③ 진흥왕은 개국(551), 대창(568), 홍제(572)라는 독자적인 연호를 사용하였다.

오답분석

① 내물 마립간: 김씨에 의한 독자적인 왕위 계승 체제를 확립한 왕은 내물 마립간이다.
② 경덕왕: 당나라 황제 대종(代宗)에게 만불산이라는 불교 공예품을 헌상한 왕은 경덕왕이다.
④ 진평왕: 관리 선발 등의 인사 업무를 담당하는 위화부를 설치하여 관제를 정비한 왕은 진평왕이다.

---

02 고려 시대 | 광종의 업적 난이도 중 ●●○

자료분석

노비를 심사하여 그 시비를 분간케 함 → 노비안검법 → (가) 광종

정답설명

③ 옳은 것을 모두 고르면 ㉠, ㉢, ㉣이다.
㉠ 광종은 승려를 대상으로 한 과거 제도인 승과 제도를 실시하였고, 승과 합격자에게 승계를 주어 승려의 지위를 보장하였다.
㉢ 광종은 백관의 공복을 관등에 따라 자·단·비·녹색으로 제정하여 관리들의 위계 질서를 확립하였다.
㉣ 광종은 광덕, 준풍 등의 독자적인 연호를 사용하였으며, 대외적으로는 왕을 칭하고 대내적으로는 황제를 칭하는 외왕내제 체제를 구축하였다.

오답분석

㉡ 태조: 기인 제도를 마련하여 호족을 견제하였던 왕은 태조 왕건이다.

---

03 일제 강점기 | 박은식 난이도 중 ●●○

자료분석

유교계에 3대 문제 + 구신(求新) → 「유교구신론」 → 박은식

정답설명

① 박은식은 『한국통사』에서 나라는 형(형체)이고 역사는 신(정신)이며, 나라의 형체는 사라졌지만 그 정신은 사라지지 않음을 주장하였다.

오답분석

② 최남선 등: 조선사 편수회에 들어가 『조선사』 편찬에 참여한 인물은 최남선, 이병도 등이다. 조선사 편수회는 한국사를 왜곡하기 위해 총독부 산하 기관으로 설립되었으며, 식민 사관을 토대로 『조선사』를 편찬하였다.
③ 주시경: 국어 문법서인 『국어 문법』과 『말의 소리』를 저술한 인물은 주시경이다.
④ 신채호: 대한매일신보에 「독사신론」을 연재하여 역사학의 방향을 제시한 인물은 신채호이다.

🖋 **이것도 알면 합격!**

박은식

특징	• "나라는 형체이고 역사는 정신이다." • 민족 정신으로 '혼' 강조
대표 저서	• 『한국통사』: 근대 이후의 일본의 침략 과정을 저술 • 『한국독립운동지혈사』: 민족의 독립운동 정리

---

04 조선 전기 | 조선 전기의 과학 기술 난이도 하 ●○○

정답설명

③ 조선 전기 세종 때 해와 달 그리고 별을 관측하기 위해 간의대라는 천문대를 축조하고, 천문 관측 기기인 간의를 설치하였다.

오답분석

① 우리나라에서 처음 축척을 사용하여 제작된 지도는 정상기가 제작한 동국 지도로, 조선 후기 영조 때 제작되었다.

② 계절의 변화와 1년의 길이를 측정하기 위해 설치된 천문 관측 기구는 조선 세종 때 제작된 규표이다. 한편, 세조 때 제작된 규형은 인지의와 함께 토지 측량과 지도 제작에 사용되었다.

④ 소리의 높낮이와 장단을 표현할 수 있는 새로운 악보인 「정간보」가 창안된 것은 세종 때이다.

---

05 현대 | 농지 개혁법   난이도 중 ●●○

자료분석

농지는 적당한 보상으로 정부가 매수 → 농지 개혁법

정답설명

③ 중앙 토지 행정처는 미 군정 시기에 일제의 귀속 재산 관리를 위해 설치된 신한 공사가 개편된 기구로, 농지 개혁법과 관련이 없다.

오답분석

① 농지 개혁법의 시행으로 농민 중심의 토지 제도가 확립되어 자작농이 증가 하였으며, 지주제가 점차 소멸하였다.

② 농지 개혁법은 제헌 헌법 제86조에 의거하여 특별법의 형태로 제정되었다.

④ 농지 개혁은 농경지를 대상으로 하였기 때문에 산림과 임야 등은 대상에서 제외되었다.

---

06 선사 시대 | 옥저   난이도 중 ●●○

자료분석

여자를 장성하도록 길러 아내로 삼음 → 민며느리제 → 옥저

정답설명

④ 옥저에는 사람이 죽으면 가매장 하였다가 뼈만 추려 목곽에 안치하는 가족 공동묘제가 있었다.

오답분석

① **부여**: 12월에 영고라는 제천 행사를 거행한 나라는 부여이다.

② **삼한**: 별읍마다 소도라고 불리는 신성 구역이 존재한 나라는 삼한이다.

③ **변한**: 철이 많이 생산되어 낙랑이나 왜로 수출한 나라는 삼한 중 변한이다.

---

07 조선 전기 | 선조 재위 시기의 사실   난이도 중 ●●○

자료분석

이이가 「성학집요」를 올림 → 선조

정답설명

③ 선조 재위 시기에 발생한 임진왜란 이후 수령권이 강화됨에 따라 유향소의 지위가 격하되면서 경재소가 폐지되었다(1603).

오답분석

① **명종**: 직전법을 폐지한 것은 명종 때이다. 관리들의 농장 확대가 심화되자 명종 때 직전법을 폐지하고 관리들에게 녹봉만 지급하였다.

② **숙종**: 국왕의 호위와 수도인 한양을 방어하기 위한 군사 조직인 금위영을 신 설한 것은 숙종 때이다. 한편, 선조 재위 시기에는 유성룡의 건의에 따라 포 수(조총)·살수(창·검)·사수(활)의 삼수병으로 구성된 훈련도감을 신설하였다.

④ **중종**: 왜인들이 사량진에 침입하여 난을 일으킨 것(사량진 왜변)은 중종 때 이다. 중종 때 조선 정부가 임신약조를 통해 왜인들의 무역 규모를 제한하 자, 이에 반발한 왜인들이 사량진에서 난을 일으켰다.

---

08 고려 시대 | 별무반   난이도 중 ●●○

자료분석

윤관 + 적은 기병인데 우리는 보병 → 별무반

정답설명

② 별무반은 고려 예종 때 윤관의 지휘하에 여진족을 물리치고 동북 지역에 9 성을 쌓았다.

오답분석

① 몽골의 2차 침입 때 용인 처인성에서 살리타의 군대를 물리친 것은 김윤후 로, 별무반과는 관련이 없다.

③ **삼별초**: 좌·우별초에 몽골에 포로로 잡혀갔다가 탈출한 병사들로 조직된 신의군을 합쳐 구성한 군대는 삼별초이다.

④ **삼별초**: 일본과의 외교 접촉을 시도하기도 한 것은 삼별초이다. 삼별초는 몽 골에 대항하기 위하여 일본에 외교 문서를 보내 연합을 제의하는 외교 접촉 을 시도하였다.

---

09 근대 | 강화도 조약(조·일 수호 조규)   난이도 중 ●●○

자료분석

신헌 + 운요호 사건을 계기로 시작 → 강화도 조약(조·일 수호 조규)

정답설명

④ 강화도 조약의 제9관에는 양국 관리가 양국 인민의 무역 활동에 일체 간섭 하지 않는다고 규정되어 있다.

오답분석

① 강화도 조약에 영사 재판권(치외 법권)에 대한 규정은 있으나, 최혜국 대우 에 대한 규정은 없다. 조선은 조·미 수호 통상 조약에서 최혜국 대우를 처 음으로 규정하였고, 일본과는 조·일 통상 장정 개정(1883)을 통해 최혜국 대 우를 규정하였다.

② **조·미 수호 통상 조약, 조·일 통상 장정 개정**: 수출입 상품에 대해 관세를 부과한 조약으로는 조·미 수호 통상 조약(1882)과 조·일 통상 장정 개정 (1883)이 있다.

③ 강화도 조약에 인천과 부산에 일본 공관을 둔다는 조항은 없다. 강화도 조 약의 제4·5관에는 부산에 있는 공관(왜관을 지칭함)의 업무를 세견선과 관 련된 업무에서 무역 사무 중심으로 개편한다는 내용과, 이후 두 개의 항구 를 더 개항한다는 내용만 포함되어 있다.

10 고대 | 발해 무왕과 선왕 대의 사실 　　난이도 중 ●●○

자료분석

㉠ 흑수를 치게 함 → 발해 무왕
㉡ 건흥 + 해동성국 → 발해 선왕

정답설명

④ 발해 선왕 때 활발한 대외 정책으로 영토를 확장하고, 5경 15부 62주의 지방 행정 체제를 완비하였다.

오답분석

① 문왕: 불교의 이상 군주인 전륜성왕을 자처한 것은 발해 문왕 때이다.
② 대인선(제15대 왕): 거란 야율아보기의 침입을 받은 것은 발해의 마지막 왕인 대인선 때이다. 결국 발해는 거란의 공격으로 멸망하였다(926).
③ 무왕: 돌궐·일본과 친교를 강화하여 당·신라에 맞선 왕은 발해 무왕 때이다.

11 조선 후기 | 박지원 　　난이도 중 ●●○

자료분석

사의 학문은 농공상의 이치를 포함 → 『과농소초』 → 박지원

정답설명

② 박지원은 청에 다녀온 후 『열하일기』를 저술하여 청의 문물을 소개하고, 수레와 선박의 이용 및 화폐 유통의 필요성 등을 주장하였다.

오답분석

① 김석문: 우리나라에서 처음으로 지구가 자전한다는 지전설을 주장한 인물은 김석문이다.
③ 이익: 영업전 이외의 토지 매매만을 허용하는 한전론을 주장한 인물은 중농학파 실학자인 이익이다. 박지원은 토지 소유의 상한선을 설정하여 그 이상의 토지 소유를 금지하자는 한전론을 주장하였다.
④ 정약용: 『기예론』을 저술하여 과학과 기술의 발달을 강조한 인물은 중농학파 실학자인 정약용이다.

12 일제 강점기 | 근우회 　　난이도 중 ●●○

자료분석

조선 자매들아 단결하자 → 근우회

정답설명

② 옳은 것을 모두 고르면 ㉠, ㉣이다.
㉠ 근우회는 기관지로 『근우』를 발간하여 여성 계몽 운동을 전개하였다.
㉣ 근우회는 신간회의 자매 단체로, 신간회와 연계하여 활동하였다.

오답분석

㉡ 찬양회: 여성 교육을 위해 서울에 순성 여학교를 설립한 여성 단체는 찬양회이다.
㉢ 조선 여성 동우회: 최초의 사회주의 여성 단체는 서울에서 조직된 조선 여성 동우회이다.

13 고대 | 대가야 　　난이도 중 ●●○

자료분석

법흥왕 + 이찬 비조부의 누이를 보냄 → (가) 대가야

정답설명

③ 대가야는 관산성 전투(554)에서 백제군과 연합하여 신라에 대항하였으나 신라군에 대패하였다.

오답분석

① 금관가야: 시조가 아유타국의 공주와 혼인하였다고 전해지는 것은 금관가야이다. 금관가야의 시조인 김수로(수로왕)는 인도의 아유타국에서 온 공주 허황옥과 혼인하였다고 전해진다.
② 금관가야: 김해의 대성동 고분을 대표적 문화 유산으로 남긴 국가는 금관가야이다. 대가야는 고령의 지산동 고분을 대표적인 문화유산으로 남겼다.
④ 금관가야: 광개토 대왕이 왜군을 격퇴하는 과정에서 크게 쇠퇴한 국가는 금관가야이다. 광개토 대왕의 공격으로 금관가야를 중심으로 한 전기 가야 연맹이 해체되었으며, 이후 5세기 후반에 대가야를 중심으로 한 후기 가야 연맹이 형성되었다.

14 시대 통합 | 유네스코 세계 문화유산 　　난이도 중 ●●○

정답설명

② 유네스코 세계 문화유산으로 바르게 묶인 것은 종묘(1995), 조선 왕릉(2009), 고령 지산동 고분군(2023)이다. 고령 지산동 고분군은 2023년에 김해 대성동 고분군, 함안 말이산 고분군 등과 함께 '가야 고분군'으로 유네스코 세계 문화유산으로 등재되었다.

오답분석

① 고창·화순·강화의 고인돌(2000)과 영주 부석사(2018)는 유네스코 세계 문화유산이 맞지만, 성균관은 아니다.
③ 안동 하회 마을(2010)과 보은 법주사(2018)는 유네스코 세계 문화 유산이 맞지만, 북한산성은 아니다.
④ 제주 화산섬과 용암 동굴(2007), 경주 불국사(1995)는 유네스코 세계 문화유산이 맞지만, 흥인지문은 아니다.

15 근대 | 독립 협회 　　난이도 중 ●●○

자료분석

백정 박성춘 + 대한의 가장 천한 사람 + 관과 민이 합심한 연후에야 가능 → 백정 박성춘의 관민 공동회 연설문 → (가) 독립 협회

정답설명

④ 독립 협회는 러시아의 재정 고문과 군사 교관 철수를 요구하는 등 이권 수호 운동을 전개하였다.

오답분석

① 혜상공국의 폐지를 주장한 것은 갑신정변 때 급진 개화파로, 14개조 혁신 정강 중 제9조에 포함된 내용이다.
② 신민회: 대성 학교(평양)와 오산 학교(정주)를 설립하여 민족 교육을 실시한 단체는 신민회이다.

③ 청에 끌려간 흥선 대원군의 송환을 요구한 것은 갑신정변 때 급진 개화파로, 14개조 혁신 정강 중 제1조에 포함된 내용이다.

🚩 **이것도 알면 합격!**

독립 협회의 활동

자주 국권 운동	• 만민 공동회 개최: 우리나라 최초의 근대적 민중 집회, 러시아의 침략 정책을 규탄 • 이권 수호 운동: 러시아의 절영도 조차 요구 저지, 한러은행 폐쇄, 러시아 재정 고문과 군사 교련단 철수 등 요구
자유 민권 운동	• 국민 기본권 운동: 신체의 자유, 재산권, 언론·출판·집회·결사의 자유 보장 • 국민 참정권 운동: 민의를 국정에 반영
자강 개혁 운동 (의회 설립 운동)	• 국민 참정 운동과 국정 개혁 운동을 전개 • 진보적 내각을 수립, 관민 공동회에서 헌의 6조를 결의, 이후 정부는 의회식 중추원 관제 반포

---

16 일제 강점기 | **김원봉** 난이도 하 ●○○

자료분석

급진적인 독립운동을 표방한 결사를 조직 + 의열단 → (가) 김원봉

정답설명

④ 김원봉이 이끄는 조선 의용대 일부는 충칭으로 이동하여 한국광복군에 합류하였다(1942).

오답분석

① 이상설: 연해주에서 설립된 대한 광복군 정부의 정통령을 역임한 인물은 이상설이다.

② 신규식 등: 상하이에서 임시 정부 수립의 필요성을 제기하면서 대동 단결 선언문을 발표한 인물은 신규식과 박은식 등 14명의 지식인이다.

③ 김두봉: (화북)조선 청년 연합회와 조선 의용대 화북 지대가 결합되어 형성된 화북 조선 독립 동맹의 주석으로 취임한 인물은 김두봉이다.

---

17 현대 | **제8차 개헌안** 난이도 중 ●●○

자료분석

대통령은 대통령 선거인단에서 무기명 투표로 선거 → 제8차 개헌안

정답설명

② 제8차 개헌안에서는 대통령의 임기를 7년으로 하였으며, 중임을 제한하였다.

오답분석

① 제9차 개헌: 6월 민주 항쟁의 결실로 이루어진 것은 제9차 개헌(1987)이다.

③ 제7차 개헌(유신 헌법): 통일 주체 국민회의 설치를 명시한 것은 제7차 개헌(유신 헌법)이다.

④ 5·18 민주화 운동(1980. 5.)은 제8차 개헌 이전의 사실이다. 5·18 민주화 운동이 진압된 후 제11대 대통령 선거에서 전두환이 당선(1980. 8.)되었으며, 이후 대통령 간선제와 7년 단임제를 골자로 한 제8차 개헌이 이루어졌다(1980. 10.).

---

18 고려 시대 | **고려 말 외적의 침입과 토벌** 난이도 중 ●●○

정답설명

④ 순서대로 나열하면 ⓒ 홍건적의 1차 침입(1359, 공민왕) → ⓛ 황산 대첩(1380, 우왕) → ⓔ 관음포 대첩(1383, 우왕) → ⊙ 박위의 쓰시마 섬 정벌(1389, 창왕)이다.

ⓒ 홍건적의 1차 침입: 공민왕 때 모거경이 이끄는 홍건적의 침입을 받아 서경이 함락되었으나, 이승경·이방실 등이 이들을 격퇴하였다(1359).

ⓛ 황산 대첩: 우왕 때 이성계 등이 황산(남원시 운봉)에서 아지발도를 중심으로 한 왜구를 물리쳤다(1380).

ⓔ 관음포 대첩: 우왕 때 정지가 관음포 앞바다에서 왜구를 물리쳤다(1383).

⊙ 박위의 쓰시마 섬 정벌: 창왕 때 박위가 전함 100여 척을 이끌고 왜구의 소굴인 쓰시마 섬(대마도)을 정벌하였다(1389).

---

19 조선 후기 | **숙종 대의 사실** 난이도 중 ●●○

자료분석

강감찬 사당 건립 + 단종으로 추존 + 폐사군 복설 → 숙종

정답설명

④ 숙종 때 창덕궁 후원에 대보단을 설치하였다. 대보단은 임진왜란 때 원군을 보낸 명나라 신종의 은혜를 기리기 위해 설치한 사당이다.

오답분석

① 정조: 젊고 유능한 문신들을 재교육하는 초계문신제를 시행하여 인재를 양성한 것은 정조 대의 사실이다.

② 효종: 청의 요청으로 나선 정벌에 조총병을 파병한 것은 효종 대의 사실이다.

③ 인조: 수도 외곽의 방어를 위하여 총융청을 설치한 것은 인조 대의 사실이다. 한편, 숙종 대에는 도성을 수비하기 위해 금위영을 설치하였다.

---

20 현대 | **얄타 회담과 카이로 회담** 난이도 중 ●●○

자료분석

(가) 신탁 통치 + 조선은 불과 20~30년 → 얄타 회담(1945)
(나) 적절한 절차를 거쳐 조선을 자유 독립 국가로 할 결의를 가짐 → 카이로 회담(1943)

정답설명

② 얄타 회담에서 소련의 대일전 참전이 결정되면서 소련이 일제의 식민지인 한반도에 영향력을 미칠 수 있게 되었고, 이로 인해 광복 이후 미국과 소련 양군이 한반도의 남과 북에 각각 진주하게 되었다.

오답분석

① 카이로 회담: 제2차 세계 대전 중 최초로 한국의 독립을 국제적으로 보장한 것은 카이로 회담이다.

③ 임시 정부가 건국 강령을 발표한 것은 카이로 회담(1943)이 열리기 이전인 1941년의 일이다.

④ 얄타 회담: 당사국으로 미국(루스벨트), 영국(처칠), 소련(스탈린)의 정상이 참여한 회담은 얄타 회담이다. 카이로 회담의 당사국은 미국(루스벨트), 영국(처칠), 중국(장제스)이었다.

정답

p.98

01	② 조선 후기	11	③ 조선 전기
02	③ 고려 시대	12	① 조선 후기
03	② 시대 통합	13	③ 고려 시대
04	④ 고대	14	③ 고대
05	③ 조선 전기	15	④ 현대
06	② 조선 후기	16	④ 일제 강점기
07	② 현대	17	① 고대
08	③ 근대	18	④ 고려 시대
09	④ 일제 강점기	19	④ 일제 강점기
10	① 근대	20	③ 현대

취약시대 분석표

영역	세부 유형	문항 수
전근대	선사 시대	/0
	고대	/3
	고려 시대	/3
	조선 전기	/2
	조선 후기	/3
근현대	근대	/2
	일제 강점기	/3
	현대	/3
통합	시대 통합	/1
총계		/20

* 취약시대 분석표를 이용해 1개라도 틀린 문제가 있는 시대는 그 시대의 문제만 골라 해설을 다시 한번 꼼꼼히 학습하세요

---

01 조선 후기 | 홍경래의 난
난이도 중 ●●○

자료분석
정주성을 차지함 + 청천강 이북의 여러 고을이 적의 소굴이 됨 → 홍경래의 난

정답설명
② 노비 문서의 소각과 탐관오리의 엄징을 요구한 것은 동학 농민 운동 당시 동학 농민군이 주장한 폐정 개혁안의 내용이다.

오답분석
① 홍경래의 난에 가담한 상인들은 봉기 준비 단계에서 금광 경영이나 인삼 무역 등으로 봉기의 자금을 마련하였다.
③ 홍경래의 난에는 몰락 양반과 영세 농민, 중소 상인, 광산 노동자 등이 참여하였다.
④ 홍경래의 난은 세도 정치의 폐해와 평안도 지역에 대한 부당한 차별 대우에 반발하여 일어났다.

02 고려 시대 | 최충헌
난이도 중 ●●○

자료분석
적신 이의민을 토벌함 → (가) 최충헌

정답설명
③ 최충헌은 이의민을 제거한 뒤 무신 정권 초기의 혼란을 극복하고 국가 기반을 확립할 목적으로 명종에게 봉사 10조라는 사회 개혁안을 올렸다.

오답분석
① 최우: 야간의 치안 유지를 위해 야별초를 설치한 인물은 최우이다.
② 최우: 글씨를 잘 써서 서예가 김생, 탄연, 유신과 함께 신품사현으로 불린 인물은 최우이다.
④ 이자겸: 아들을 출가시켜 현화사의 불교 세력과 연계한 인물은 이자겸이다.

현화사는 귀족과 강력한 유대 관계를 맺고 있던 사찰로, 이자겸의 아들인 승려 의장은 현화사의 주지였다.

03 시대 통합 | 공주 지역의 역사
난이도 중 ●●○

자료분석
(김)헌창이 반란을 일으킴 → (가) 공주

정답설명
② 인조반정에 공을 세운 이괄이 논공행상에 불만을 품고 난을 일으키자, 인조는 한양을 떠나 공주로 피난하였다.

오답분석
① 전주: 후백제의 도읍이었던 지역은 전주(완산주)이다. 견훤은 전라도 지방의 군사력과 호족 세력을 기반으로 세력을 키운 뒤 완산주(전주)를 도읍으로 삼아 후백제를 세우고 왕위에 올랐다.
③ 부산: 6·25 전쟁 중 대한민국의 임시 수도였던 지역은 부산이다. 6·25 전쟁 발발 이후 3일 만에 서울이 함락되자 정부는 부산을 임시 수도로 정하였다.
④ 개성: 정몽주가 이방원 세력에 의해 암살된 곳은 개성(개경)이다. 정몽주는 정도전과 조준 등의 이성계 일파가 새 왕조를 개창하려는 음모를 알아내고 그들을 숙청하려 하였다. 그러나 이를 눈치 챈 이방원이 정몽주를 개성 선죽교에서 암살하였다.

04 고대 | 삼국의 정치 제도
난이도 중 ●●○

정답설명
④ 옳은 것을 모두 고르면 ⓒ, ⓔ이다.
ⓒ 백제는 고이왕 때부터 6좌평제(내신·내두·내법·위사·조정·병관좌평)와 16관등제를 운영하였다.
ⓔ 고구려와 백제의 수도는 5부, 신라는 6부로 구성되어 있었다. 이는 모두 부

족적 성격의 집단이 왕권이 강화됨에 따라 중앙 정부에 예속되어 행정적 성격으로 변화된 것이다.

오답분석
㉠ 고구려가 대성(大城)에 파견한 것은 욕살이고, 그 다음 규모의 성에 파견한 것은 처려근지(또는 도사)이다.
㉢ 솔계 관등과 덕계 관등으로 나누는 것은 백제이다.

🔖 **이것도 알면 합격!**

삼국의 통치 구조

구분	고구려	백제	신라
중앙 행정	5부	5부	6부
지방 행정	5부(욕살) → 성(처려근지, 도사)	5방(방령) → 군(군장)	5주(군주) → 군(당주)
수상	대대로(대막리지)	상좌평(내신좌평)	상대등

---

05 조선 전기 | **과전법** 　　난이도 중 ●●○

자료분석
경기는 사방의 근본 + 과전을 설치 → 과전법

정답설명
③ 과전법 체제 하에서는 죽은 관리의 가족들이 생계를 유지할 수 있도록 수신전과 휼양전을 지급하였다.

오답분석
① 과전법에서는 토지의 소유권이 아닌 조세를 수취할 수 있는 권리인 수조권을 지급하였다.
② 전시과: 관리를 18등급으로 나누어 전지와 시지를 지급한 것은 고려 시대의 전시과이다.
④ 과전법 체제 하에서 국가 또는 왕실에 특별한 공훈이 있는 사람에게 수여한 토지인 공신전은 세습이 가능하였다.

---

06 조선 후기 | **기사환국** 　　난이도 중 ●●○

자료분석
후궁(희빈 장씨)에 왕자의 경사가 있음 + 위호(작위 및 명호)가 너무 이름 → 송시열의 원자(왕과 왕비 사이의 맏아들을 지칭) 정호 반대 상소 → 기사환국(1689)

정답설명
② 송시열의 원자 정호 반대를 계기로 기사환국이 일어나 송시열 등의 서인 세력이 몰락하고 남인이 권력을 장악하였으며, 서인 계열인 인현 왕후가 폐위되었다.

오답분석
① 효종의 왕위 계승 정통성 문제와 관련하여 두 차례에 걸친 예송 논쟁이 전개된 것은 현종 대로 기사환국 이전의 사실이다.
③ 북인이 서인과 남인을 배척한 채 정권을 독점한 것은 광해군 대로, 기사환국 이전의 사실이다.

④ 양재역에 외척인 윤원형과 문정 왕후를 비판하는 익명의 벽서가 붙은 사건은 양재역 벽서 사건(1547, 명종)으로, 기사환국 이전의 사실이다.

---

07 현대 | **국민 교육 헌장 반포 시기** 　　난이도 중 ●●○

자료분석
나아갈 바를 밝혀 교육의 지표로 삼음 + 국민 정신을 드높임 → 국민 교육 헌장(1968)
(가) 4·19 혁명(1960) ~ 한·일 국교 정상화(1965)
(나) 한·일 국교 정상화(1965) ~ 7·4 남북 공동 성명 발표(1972)
(다) 7·4 남북 공동 성명 발표(1972) ~ 10·26 사태(1979)
(라) 10·26 사태(1979) ~ 6월 민주 항쟁(1987)

정답설명
② 국민 교육 헌장은 (나) 시기인 1968년에 반포되었다. 국민 교육 헌장은 우리 교육이 지향해야 할 이념과 목표를 제시한 것으로, 민족 주체성 확립, 새로운 민족 문화 창조, 민주주의 발전 등의 내용을 담고 있다.

---

08 근대 | **신민회** 　　난이도 중 ●●○

자료분석
신(新) 정신 + 신(新) 단체 + 신국(新國) → 신민회

정답설명
③ 을사 5적을 암살하기 위해 조직된 암살단은 나철, 오기호 등이 조직한 5적 암살단으로, 신민회와는 관련이 없다.

오답분석
① 신민회는 국권 피탈 이후 남만주 삼원보에 독립운동 기지를 건설하였고, 독립군 간부를 양성하기 위한 신흥 강습소를 설립하였다.
② 신민회는 평양 등에 태극 서관을 설립하여 출판물을 간행하였다.
④ 신민회는 민족 산업을 육성하기 위해 평양에 자기 회사를 설립하였다.

---

09 일제 강점기 | **산미 증식 계획** 　　난이도 중 ●●○

자료분석
조선쌀의 수이출이 증가 + 만주산 잡곡의 수입만이 증가 → 산미 증식 계획

정답설명
④ 산미 증식 계획이 시행된 결과 쌀 생산량은 다소 증가하였으나, 생산량 증가분보다 더 많은 쌀이 일본으로 수출되었다.

오답분석
① 산미 증식 계획이 추진되면서 농업 구조가 벼농사 중심의 단작형 구조가 심화되었고, 다양한 상품 작물의 재배가 축소되어 만성적인 농촌 공황이 초래되었다.
② 산미 증식 계획을 시행하는 과정에서 지주들이 증산에 필요한 수리 조합비, 토지 개량비 등을 농민에게 전가하였다. 이에 따라 농민의 생활이 악화

되면서 많은 수의 자작농들이 소작농으로 바뀌었다.

③ 산미 증식 계획이 시행되는 과정에서 과도한 증산 비용 부담으로 몰락한 것은 조선인 소작 농민과 중소 지주들이다. 조선인 대지주들은 오히려 산미 증식 계획을 이용하여 토지 소유를 확대하였으며, 쌀 수출을 통해 큰 이익을 얻었다.

『고금석림』을 편찬하였다.

④ 조선 후기에 이종휘는 『동사』에서 단군 – 부여 – 고구려의 흐름에 중점을 두어 만주에 세워졌던 나라들이 우리의 영토였음을 강조하였다. 또한 이종휘는 『동사』에서 고구려의 전통을 강조하였고, 고대사의 연구 범위를 만주까지 확대하였다.

---

10 근대 | 공주 우금치 전투 당시의 사실 난이도 상 ●●●

자료분석

농민군 + 우금치 → 공주 우금치 전투(1894. 11.)

정답설명

① 백동화는 화폐 주조 기관인 전환국에서 1892년부터 1904년까지 주조되었던 화폐로 공주 우금치 전투가 전개되던 시기에 볼 수 있는 모습이다.

오답분석

② 독립신문은 공주 우금치 전투가 발생한 이후인 1896년부터 발행되었다.

③ 원산 학사는 공주 우금치 전투가 발생하기 이전인 1883년에 설립되었다.

④ 서울에서 인천까지 운행한 경인선은 공주 우금치 전투가 발생한 이후인 1899년에 개통되었다.

---

11 조선 전기 | 승정원 난이도 중 ●●○

자료분석

은대 학사라고 불림 → (가) 승정원

정답설명

③ 승정원은 국왕의 비서 기구로 왕명의 출납을 담당하였으며, 정원, 후원, 은대, 대언사 등으로 불리기도 하였다.

오답분석

① 예문관은 임금의 교지 작성을 담당한 관청으로, 일부 소속 관원은 『실록』의 기본 자료인 『사초』를 작성하는 사관을 겸임하였다.

② 승문원은 주로 외교 문서의 작성과 외교 문서에 쓰이는 이문(吏文)의 교육을 담당하였으며, 괴원이라고도 불렸다.

④ 교서관은 궁중의 서적을 간행하고, 제사 때 사용하는 향과 축문 등을 관장하였으며, 운각이라고도 불렸다.

---

12 조선 후기 | 조선 후기의 국학 연구 난이도 중 ●●○

정답설명

① 『언문지』를 저술하여 우리말의 음운 체계를 연구한 인물은 유희이다. 신경준은 영조 때 훈민정음의 음운을 연구하여 정리한 『훈민정음운해』를 저술하였다.

오답분석

② 조선 후기에 이중환은 각 지방의 자연 환경, 인물, 풍속, 특색 등을 세밀하게 서술한 인문 지리지인 『택리지』를 저술하였다.

③ 조선 후기에 이의봉은 우리나라와 청·일본 등 여러 언어의 어휘를 정리한

---

13 고려 시대 | 우왕 대의 사실 난이도 중 ●●○

자료분석

왜선이 진포에 침입 + 최무선이 화포를 발사해 배들을 태워버림 → 진포 대첩 → 우왕

정답설명

③ 우왕 때 최영이 홍산 전투에서 외적을 물리쳤다. 우왕 때 왜구가 부여에 침입하여 공주까지 함락시키자 최영이 출정하여 홍산(현재의 부여 일대)에서 이들을 섬멸하였다.

오답분석

① 충선왕: 원의 수시력을 채택하여 수시력의 이론과 계산법을 사용하도록 한 것은 충선왕 때이다.

② 공민왕: 기철 등의 부원 세력이 제거된 것은 공민왕 때이다. 공민왕은 기철 등의 부원 세력을 제거하여 반원 자주 정책을 추진하였다.

④ 공민왕: 성균관을 순수 유학 교육 기관으로 개편한 것은 공민왕 때이다.

---

14 고대 | 발해사의 전개 난이도 중 ●●○

정답설명

③ 순서대로 나열하면 ㉢ 장문휴의 산둥(산동) 반도 공격(무왕) → ㉣ 발해 국왕 책봉(문왕) → ㉠ 상경 용천부로 천도(성왕) → ㉡ 말갈족 복속 및 랴오둥(요동) 지역 진출(선왕)이 된다.

㉢ 장문휴의 산둥(산동) 반도 공격: 발해 무왕 때 장문휴로 하여금 당나라 산둥 반도의 등주성을 공격(732)하게 하였다.

㉣ 발해 국왕 책봉: 발해 문왕 때 당나라에 의해 처음으로 발해 국왕으로 책봉되었다.

㉠ 상경 용천부로 천도: 발해 성왕 때 수도를 동경 용원부에서 상경 용천부로 옮겼다.

㉡ 말갈족 복속 및 랴오둥(요동) 지역 진출: 발해 선왕 때 흑수부를 제외한 대부분의 말갈족을 복속시키고 랴오둥(요동) 지역으로 진출하였다.

---

15 현대 | 여운형 난이도 중 ●●○

자료분석

엔도 정무총감을 만남 + 다섯 가지 요구 사항을 제출함 → 여운형

정답설명

④ 여운형은 광복 이후 안재홍 등과 함께 조선 건국 준비 위원회를 조직하고 위원장으로 활동하였다.

오답분석

① **김구**: 1949년 자택인 경교장에서 육군 소위 안두희에게 암살당한 인물은 김구이다.

② **이승만**: 조선 인민 공화국의 주석으로 추대되었으나 거절한 인물은 이승만이다. 조선 건국 준비 위원회는 조선 인민 공화국의 주석으로 이승만을, 부주석으로 여운형을 추대하였으나 이승만은 주석 취임을 거절하였다.

③ **김규식**: 남북 분단을 막기 위해 김구와 함께 평양에서 열린 남북 지도자 회의에 참석한 인물은 김규식이다.

---

16 일제 강점기 | 『어린이』 창간 이후의 문화 동향 난이도 상 ●●●

자료분석

어린이의 나라 → (가) 『어린이』(1923)

정답설명

④ 잡지 『어린이』가 창간(1923)된 이후인 1926년에 나운규가 민족의 비애를 담은 영화 '아리랑'을 발표하였다.

오답분석

① 최남선 등이 조선 광문회를 조직한 것은 잡지 『어린이』가 창간되기 이전인 1910년의 사실이다.

② 매일신문에 이광수의 소설 『무정』이 연재된 것은 잡지 『어린이』가 창간되기 이전인 1917년의 사실이다.

③ 이인직의 『혈의 누』(1906), 안국선의 『금수회의록』(1908) 등의 신소설이 출간된 것은 잡지 『어린이』가 창간되기 이전의 사실이다.

---

17 고대 | 고대 문화의 일본 전파 난이도 중 ●●●

정답설명

① 옳은 것을 모두 고르면 ㉠, ㉡이다.

㉠ 백제의 5경 박사인 고안무는 무령왕 때 일본으로 건너가 유학을 전해주었다.

㉡ 고구려의 승려 혜관은 영류왕 때 일본으로 건너가 일본 삼론종의 시조가 되었다.

오답분석

㉢ 일본에 『천자문』과 『논어』를 전달한 인물은 왕인이다. 노리사치계는 백제 성왕 때 일본에 불경과 불상을 전달하였다.

㉣ 일본 쇼토쿠 태자의 스승이 되어 일본에 불교를 전한 혜자는 고구려의 승려이다.

---

18 고려 시대 | 고려의 불교 문화재 난이도 하 ●○○

정답설명

④ 우리나라에 현존하는 최고(最古)의 목조 건축물은 예산 수덕사 대웅전이 아닌 안동 봉정사 극락전이다. 안동 봉정사 극락전에서 공민왕 때 중수하였다는 상량문이 발견되어 우리나라에 현존하는 최고(最古)의 목조 건물임이 확인되었다.

오답분석

① 경천사지 10층 석탑은 전체가 대리석으로 제작되었으며, 원의 석탑을 본떠 만들어졌다.

② 영주 부석사 무량수전은 고려 시대 주심포 양식의 목조 건축물이다.

③ 평창 월정사 8각 9층 석탑은 송의 영향을 받아 건립된 다각 다층탑이다.

---

19 일제 강점기 | 홍범도와 김좌진 난이도 중 ●●●

자료분석

(가) 산포대를 조직 + 대한 독립군의 총사령관이 됨 → 홍범도
(나) 북로 군정서군의 총사령관이 됨 → 김좌진

정답설명

④ 김좌진은 북로 군정서군을 이끌고 홍범도의 대한 독립군 등과 함께 1920년에 청산리 전투에서 일본군을 크게 물리쳤다.

오답분석

① **이범석**: 한국광복군의 참모장을 역임한 인물은 이범석이다. 대한민국 임시 정부는 한국광복군을 창설하여 총사령관에 지청천, 참모장에 이범석을 임명하였다.

② **이동녕**: 대한민국 임시 의정원의 초대 의장으로 선출된 인물은 이동녕이다.

③ **안창호**: 샌프란시스코에서 흥사단을 조직한 인물은 안창호이다.

---

20 현대 | 제헌 국회의 활동 난이도 중 ●●○

자료분석

기미 삼일 운동으로 대한민국을 건립 + 단기 4281년 7월 12일 헌법을 제정함 → 제헌 국회

정답설명

③ 치안과 행정을 담당하는 치안대를 설치한 것은 제헌 국회가 성립되기 이전에 활동하였던 조선 건국 준비 위원회이다.

오답분석

① 5·10 총선거를 통해 선출된 제헌 국회의원의 임기는 2년이었다.

② 제헌 국회에서는 귀속 재산 처리법을 제정(1949. 12.)하였고, 이 법에 근거하여 일본인 소유의 공장과 주택 등이 민간인에게 불하되었다.

④ 제헌 국회에서 제1대 대통령으로 이승만을, 부통령으로 이시영을 선출하면서, 대한민국 정부가 수립되었다(1948. 8.).

▶ 정답
p.104

01	④ 고려 시대	11	④ 시대 통합
02	④ 선사 시대	12	② 고려 시대
03	① 고려 시대	13	④ 시대 통합
04	④ 근대	14	④ 고대
05	③ 현대	15	② 근대
06	③ 고려 시대	16	④ 조선 전기
07	① 근대	17	② 일제 강점기
08	② 고대	18	② 조선 전기
09	② 일제 강점기	19	④ 일제 강점기
10	④ 조선 후기	20	③ 현대

▶ 취약시대 분석표

영역	세부 유형	문항 수
전근대	선사 시대	/1
	고대	/2
	고려 시대	/4
	조선 전기	/2
	조선 후기	/1
근현대	근대	/3
	일제 강점기	/3
	현대	/2
통합	시대 통합	/2
총계		/20

* 취약시대 분석표를 이용해 1개라도 틀린 문제가 있는 시대는 그 시대의 문제만 골라 해설을 다시 한번 꼼꼼히 학습하세요

---

01 고려 시대 | 강화 천도 시기의 사실 난이도 중 ●●○

자료분석

(가) 최우가 왕에게 강화도로 행차할 것을 청함 → 강화 천도(1232)
(나) 왕이 옛 수도로 돌아옴 → 개경 환도(1270)

정답설명

④ (가)와 (나) 사이 시기인 1236년에 고려 정부는 부처의 힘으로 몽골의 침입을 극복하고자 강화도에 대장도감을 설치하여 대장경을 조판하기 시작하였다.

오답분석

① (가) 이전: 고려가 강동성에서 거란족을 몰아 낸 것은 1219년으로, (가) 시기 이전의 사실이다. 당시 몽골에 쫓겨 온 거란이 고려를 침입하자, 고려는 몽골 등과 연합하여 강동성에서 거란을 몰아냈다.
② (나) 이후: 고려가 몽골과 연합하여 일본 원정에 참여한 것은 충렬왕 때인 1274년과 1281년으로, (나) 시기 이후의 사실이다.
③ (가) 이전: 귀주에서 박서가 몽골군에 항전한 것은 1231년으로, (가) 시기 이전의 사실이다.

---

02 선사 시대 | 부여와 고구려 난이도 중 ●●○

자료분석

(가) 국토의 면적은 사방 2천리 + 토질은 오곡이 자라기에 적당함 → 부여
(나) 좌식자 + 하호들이 양식을 운반하여 공급함 → 고구려

정답설명

④ 고구려에서는 매년 10월에 동맹이라는 제천 행사를 치렀는데, 이때 왕과 신하들은 국동대혈에 함께 모여 제사를 지냈다.

오답분석

① 고구려: 일종의 데릴사위제인 서옥제의 혼인 풍습이 있었던 나라는 고구려이다.

② 부여: 왕이 죽으면 시신에 옥갑을 입혀 장례를 치렀던 나라는 부여이다.
③ 고구려: 집집마다 부경이라는 작은 창고가 있어, 여기에 약탈해온 식량을 저장한 나라는 고구려이다.

---

03 고려 시대 | 고려의 지방 행정 조직 난이도 중 ●●○

정답설명

① 고려 시대 5도에 파견된 안찰사는 상설 행정 기관 없이 도내의 지방을 순회하며, 수령을 감찰하였다.

오답분석

② 고려 시대에는 국경 지대에 북계와 동계의 양계를 설치하여 병마사를 파견하였고, 국방상 요충지에는 진을 설치하여 진장을 파견하였다.
③ 고려 시대에 3경은 처음에는 개경(개성), 서경(평양), 동경(경주)을 가리켰으나 이후 문종 때 동경 대신 남경(한양)이 3경에 포함되었다.
④ 고려의 특수 행정 구역인 향·부곡·소는 주현에 파견된 지방관의 통제를 간접적으로 받았으나 실제적인 행정 사무는 향리가 담당하였다.

---

04 근대 | 황국 중앙 총상회 난이도 중 ●●○

자료분석

외국인의 상업 행위를 허락하지 않음 → (가) 황국 중앙 총상회

정답설명

④ 황국 중앙 총상회는 대한 제국 시기인 1898년에 서울의 시전 상인들이 외국 상인들의 국내 진출을 저지하고 국내 상인들의 권익을 보호하고자 설립한 단체로, 상권 수호 운동을 전개하였다.

오답분석

① 황국 협회는 보부상 중심의 단체로, 독립 협회와 만민 공동회의 활동을 방해할 목적으로 정부가 조직하였다(1898).

② 농광 회사는 일본의 황무지 개간권 요구에 대응하여 우리 손으로 직접 황무지를 개간하기 위해 설립된 특허 회사이다(1904).

③ 대동 상회는 평안도 상인의 자본으로 인천에 설립된 우리나라 최초의 근대적 회사로, 대동 상회사 또는 평양 상회라고도 불렸다(1883).

05 현대 | 6월 민주 항쟁 · 난이도 중 ●●○

자료분석

연세대생 이한열 군이 최루탄 파편에 맞아 중상을 입음 → 이한열 최루탄 피격 사건 → 6월 민주 항쟁

정답설명

③ 6월 민주 항쟁 당시 시민과 학생들은 호헌 철폐, 독재 타도, 민주 헌법 쟁취 등을 구호로 시위를 전개하였다.

오답분석

① 6·3 항쟁: 한·일 회담에 반대하며 굴욕 외교 반대 범국민 투쟁 위원회를 결성한 것은 6·3 항쟁이다.

② 개헌 논의를 금지하는 긴급 조치 선포에 항의한 것은 유신 헌법(1972~1980) 시행 시기로, 6월 민주 항쟁과는 관련이 없다.

④ 4·19 혁명: 마산 앞바다에서 김주열 군의 시신이 발견되면서 시위가 확산된 것은 4·19 혁명이다.

06 고려 시대 | 고려 시대의 조운 제도 · 난이도 중 ●●○

정답설명

③ 옳은 것을 모두 고르면 ⓒ, ⓔ이다.

ⓒ 고려 시대의 국경 지역인 북계와 동계, 즉 양계에서는 거둔 조세를 중앙으로 운반하지 않고 현지에서 국방비 등의 경비로 사용하였다.

ⓔ 고려 시대에는 지방에서 징수한 조세를 연해나 하천 포구에 위치한 창고인 조창까지 옮긴 다음 다시 개경의 경창으로 운반하였다.

오답분석

ⓐ 주교사 소속의 배를 조운에 이용한 것은 조선 후기이다. 조선 후기에는 배다리 건설을 위해 설치된 관청인 주교사 소속의 배를 이용하여 조세를 운반하기도 하였다.

ⓑ 고려 시대에 개경에 있는 경창 중 관리들의 녹봉을 지급하였던 것은 광흥창(좌창)이다. 한편, 풍저창(우창)의 곡식은 주로 왕실의 미곡과 국가 재정으로 사용되었다.

07 근대 | 안중근 · 난이도 중 ●●○

자료분석

단지 통감을 죽인 자객으로 대우하지 않을 줄로 확신 + 의병으로서 함 → 안중근

정답설명

① 안중근은 이토 히로부미를 처단한 직후 체포되었고, 뤼순 감옥에서 동양 평화 실현을 위한 『동양평화론』을 저술하였다.

오답분석

② 이상설: 북간도 용정에 민족 교육 기관인 서전서숙을 설립한 인물은 이상설이다.

③ 이재명: 서울 명동 성당 앞에서 친일 매국노 이완용을 칼로 찔러 중상을 입힌 인물은 이재명이다.

④ 백정기 등: 중국 상해 육삼정에서 일본 공사 아리요시의 암살을 시도한 인물은 남화 한인 청년 연맹 소속의 백정기, 이강훈, 원심창 등이다.

08 고대 | 원효 · 난이도 중 ●●○

자료분석

합하면 이문(二門) 일심(一心)의 법이 그 요체가 됨 + 일심과 하나가 되어 혼융 → 일심 사상 → 원효

정답설명

② 원효는 『화엄경』의 내용을 쉽게 이해할 수 있도록 무애가를 지어 백성들을 교화하는 등 불교의 대중화에 노력하였다.

오답분석

① 충담사: 백성을 편안히 다스릴 노래를 지어달라는 경덕왕의 요청에 따라 '안민가'를 지은 인물은 충담사이다.

③ 강수: 「청방인문표」 등의 외교 문서를 작성한 인물은 강수이다. 「청방인문표」는 당나라가 억류하고 있던 무열왕의 아들인 김인문을 보내줄 것을 청하는 글이다.

④ 진표: 김제 금산사를 중심으로 미륵 신앙을 전파한 승려는 진표이다.

09 일제 강점기 | 상하이 지역의 민족 운동 · 난이도 중 ●●○

자료분석

서구 열강의 조계 지역이 많아 외교 활동에 유리 + 대한민국 임시 정부 수립 → 상하이

정답설명

② 상하이에서 신규식과 박은식 등의 주도로 동제사가 조직되었다. 동제사는 박달 학원 설립 등 청년 교육에 주력하였다.

오답분석

① 연해주: 이상설, 이범윤 등이 성명회를 조직한 지역은 연해주이다.

③ 멕시코: 독립군 양성 기관인 숭무 학교가 설립된 지역은 멕시코이다.

④ 연해주: 한인 동포들의 독립 투쟁 의지를 고취시키기 위해 해조신문, 대동공보 등의 신문이 발행된 지역은 연해주이다.

10 조선 후기 | 광해군 재위 시기의 사실 · 난이도 중 ●●○

자료분석

허준 → 『동의보감』 완성 → 광해군

정답설명

④ 광해군 재위 시기에 명이 후금과의 전쟁을 위해서 조선에 병력 지원을 요청하자 강홍립을 도원수로 삼아 지원 병력을 파견하였다.

오답분석

① 효종: 국가의 재정 수입을 늘리고 중국과의 무역을 활성화하기 위해 민간의 광산 개발 참여를 허용하는 설점수세제를 처음 실시한 것은 효종 때의 사실이다.

② 숙종: 백두산 정계비를 세워 서쪽으로 압록강, 동쪽으로 토문강을 경계로 청과 국경을 확정한 것은 숙종 때의 사실이다.

③ 선조: 임진왜란 때 잡혀간 포로 송환 교섭을 위해 사신으로 사명 대사를 일본에 파견한 것은 선조 때의 사실이다.

11 시대 통합 | 우리나라의 과학 기술 　　난이도 중 ●●○

정답설명

④ 시기순으로 나열하면 ⓒ 누각전 설치(통일 신라 성덕왕, 718) → ⓔ 계미자 주조(조선 전기 태종, 1403) → ⊙ 앙부일구·자격루 제작(조선 전기 세종, 1434) → ⓛ 거중기 제작(조선 후기 정조, 1792)이 된다.

ⓒ 누각전 설치: 통일 신라 성덕왕 때인 718년에 누각(물시계)을 관장하는 관서로 누각전이 설치되었고, 누각박사 등을 두어 관측을 맡아보게 하였다.

ⓔ 계미자 주조: 조선 태종 때인 1403년에 활자의 주조를 담당하던 관청인 주자소에서 조선 최초의 금속 활자 인쇄본인 계미자가 주조되었다.

⊙ 앙부일구·자격루 제작: 조선 전기 세종 때인 1434년에는 장영실 등이 해시계인 앙부일구와 물시계인 자격루를 제작하였다.

ⓛ 거중기 제작: 조선 후기 정조 때인 1792년에 정약용은 서양 선교사인 요하네스 테렌츠가 펴낸 『기기도설』을 참고하여 거중기를 제작하였다. 거중기는 수원 화성을 건설할 때 사용되어 건축 기간을 단축시키는 데 공헌하였다.

12 고려 시대 | 『삼국유사』와 『삼국사기』 　　난이도 중 ●●○

자료분석

(가) 괴력난신에 대해 말하지 않음 → 『삼국유사』
(나) 『고기(古記)』는 문자가 거칠고 잘못되거나 사적이 빠져 없어진 것이 많음 + 후대에 모범이 될 역사서 → 『삼국사기』

정답설명

② 『삼국유사』는 불교를 중심으로 고대 설화와 전래 기록을 수록한 역사서로, 「왕력」, 「기이」, 「흥법」, 「탑상」, 「의해」 등으로 구성되어 있다.

오답분석

① 『삼국사기』: 현존하는 우리나라의 가장 오래된 역사서는 『삼국사기』이다. 『삼국사기』는 고려 인종 때인 1145년에 김부식 등이 왕명을 받아 저술한 역사서로, 유교적 사관에 기초하여 기전체로 서술되었다.

③ 『동명왕편』: 고구려 계승 의식을 반영하였으며 고구려의 전통을 노래한 역사서는 이규보의 『동명왕편』이다.

④ 『삼국사기』에는 단군의 건국 이야기가 수록되어 있지 않다. 한편, 단군의 건국 이야기가 수록된 역사서로는 일연의 『삼국유사』, 이승휴의 『제왕운기』 등이 있다.

13 시대 통합 | 유네스코 세계 기록유산 　　난이도 중 ●●○

정답설명

④ 유네스코 세계 기록유산에 등재된 것은 ⓛ, ⓔ이다.

ⓛ 한국의 유교 책판은 2015년에 유네스코 세계 기록유산에 등재되었다. 유교 책판은 조선 시대에 718종의 유교 서책을 간행하기 위해 제작되었다.

ⓔ 4·19 혁명 기록물은 3·15 부정 선거로 인하여 학생과 시민들이 전개한 민주화 운동인 4·19 혁명의 관련 기록물로, 2023년에 유네스코 세계 기록유산으로 등재되었다.

오답분석

⊙ 『목민심서』는 정약용이 지방 행정 개혁 및 수령이 지켜야 할 지침에 대해 정리한 것으로, 유네스코 세계 기록유산에 등재되지 않았다.

ⓒ 『비변사등록』은 조선 후기에 최고 국정 기관이었던 비변사의 활동을 기록한 것으로, 유네스코 세계 기록유산에 등재되지 않았다.

14 고대 | 법흥왕 　　난이도 하 ●○○

자료분석

이차돈 + 불법을 위하여 형벌을 당함 → 이차돈의 순교 → 법흥왕

정답설명

④ 법흥왕은 군사권 장악을 위해 병부를 설치하였으며, 처음으로 화백 회의의 주관자이자 귀족들의 대표인 상대등을 두어 통치 질서를 확립하였다.

오답분석

① 선덕 여왕: '인평'이라는 연호를 사용한 왕은 선덕 여왕이다. 한편 법흥왕은 '건원'이라는 신라 최초의 독자적인 연호를 사용하였다.

② 진흥왕: 거칠부에게 역사서인 『국사』를 편찬하도록 한 왕은 진흥왕이다.

③ 진덕 여왕: 중국식 의관을 착용하고 아홀(관료가 왕을 알현할 때 손에 쥐던 의례용 장신구)을 갖게 한 것은 진덕 여왕이다.

15 근대 | 근대의 역사적 사실 　　난이도 중 ●●○

자료분석

(가) 교육 입국 조서(1895. 2.) ~ 대한국 국제(1899. 8.)
(나) 대한국 국제(1899. 8.) ~ 고종의 국외 중립 선언(1904. 1.)

정답설명

② (가) 시기인 을미개혁(음 1895. 8.~양 1896. 2.) 때 건양이라는 연호가 제정되고, 단발령이 시행되었다.

오답분석

① (가) 이전: 공·사 노비법이 혁파된 것은 제1차 갑오개혁 때인 1894년으로, (가) 시기 이전의 사실이다.

③ (가) 시기: 고종이 러시아 공사관에서 경운궁으로 환궁한 것은 1897년으로, (가) 시기의 사실이다.

④ (나) 이후: 일본이 미국과 가쓰라·태프트 밀약을 체결하여 한국에 대한 지배권을 인정받고, 미국의 필리핀 지배권을 인정해준 것은 1905년으로 (나) 시기 이후의 사실이다.

16　조선 전기 | 서원　난이도 중 ●●○

자료분석

주세붕이 처음 세움 → ㉠ 서원

정답설명

④ 서원은 국왕으로부터 편액과 함께 서적, 토지와 노비 등을 지급받고 면세의 특권이 주어졌다.

오답분석

① **국자감**: 유학부와 기술학부로 구성된 것은 고려의 교육 기관인 국자감이다.

② **성균관·향교**: 공자의 위패를 모시는 대성전이 있었던 교육 기관은 성균관·향교이다.

③ **향교**: 군현의 인구 비례로 정원을 배정한 교육 기관은 향교이다.

17　일제 강점기 | 일제의 시기별 식민지 경제 정책　난이도 중 ●●○

정답설명

② 일제가 조선 광업령을 제정하여 한국인의 광산 개발을 통제한 것은 1915년이다. 이외에도 일제는 1910년대에 어업령(1911), 삼림령(1911) 등을 제정하여 각종 자원을 독점하기 시작하였다.

오답분석

① 일제는 1914년에 지세령을 공포하여 토지 소유권을 기준으로 지세를 부과하였다.

③ 일제는 1932년에 소작 조정령을 제정하고, 소작인에게 조정 신청권을 부여하여 이를 통해 소작농들의 불만을 어느 정도 무마하고자 하였다.

④ 일제는 1941년에 국민 근로 보국령을 공포하여 도로, 철도, 비행장 등을 건설하는 데 조선인들을 강제로 동원하였다.

18　조선 전기 | 3포 개항과 임신약조 사이의 사실　난이도 중 ●●○

자료분석

(가) 내이포(제포), 부산포, 염포에서 무역을 허가 → 3포 개항(1426, 세종)
(나) 임신에 약조를 추가 → 임신약조(1512, 중종)

정답설명

② (가)와 (나) 사이 시기인 1510년에 중종 때 일어난 3포 왜란을 계기로 일본과의 무역이 단절되었다.

오답분석

① **(가) 이전**: 이종무가 쓰시마 섬을 정벌한 것은 세종 때인 1419년으로, (가) 시기 이전의 사실이다.

③ **(나) 이후**: 정미약조가 체결되어 일본인에 대한 통제가 강화된 것은 명종 때인 1547년으로, (나) 시기 이후의 사실이다.

④ **(나) 이후**: 기유약조를 체결하여 세견선 20척, 세사미두 100석으로 무역 규모를 제한한 것은 광해군 때인 1609년으로, (나) 시기 이후의 사실이다.

19　일제 강점기 | 제2차 조선 교육령 시행 시기의 사실　난이도 중 ●●○

자료분석

보통 학교의 수업 연한은 6년으로 함 → 제2차 조선 교육령(1922~1938)

정답설명

④ 제2차 조선교육령이 시행된 시기인 1929년부터 1934년까지 조선일보의 주도로 문자 보급 운동이 전개되었다.

오답분석

① 사립 학교의 설립과 운영을 통제하는 사립 학교령이 공포된 것은 1908년으로, 제2차 조선 교육령 시행 이전의 사실이다.

② 조선어 학회 사건은 제3차 조선 교육령(1938~1943) 시행 시기인 1942년에 발생하였다. 조선어 학회 사건은 당시 국어(일본어) 상용 정책을 시행하던 일제가 조선어 학회를 독립운동 단체로 간주하여 회원들을 체포·투옥한 사건이다.

③ 애국 계몽 운동의 일환으로 서북 학회, 기호 흥학회 등의 학회가 설립된 것은 1908년으로, 제2차 조선 교육령 시행 이전의 사실이다.

20　현대 | 신탁 통치 반대 국민 총동원 위원회　난이도 상 ●●●

자료분석

신탁 통치제 + 내정 간섭에 대한 배격 + 독립 국가로 승인해 달라는 요구 → 신탁 통치 반대 국민 총동원 위원회

정답설명

③ 이승만이 광복 후 미국에서 귀국하여 조직한 단체는 독립 촉성 중앙 협의회이다.

오답분석

① 신탁 통치 반대 국민 총동원 위원회는 임시 정부의 핵심 인사들이 조직한 단체로, 이들은 미 군정에 대한민국 임시 정부를 한반도의 정부로 승인할 것을 요구하였다.

② 신탁 통치 반대 국민 총동원 위원회는 반탁 운동의 일환으로 전국 총파업을 모의하였으나, 미 군정에 의해 저지되었다.

④ 신탁 통치 반대 국민 총동원 위원회는 이승만의 독립 촉성 중앙 협의회와 통합되어 대한 독립 촉성 국민회로 재편되었고, 총재에는 이승만, 부총재에는 김구가 추대되었다.

이것도 알면 합격!

신탁 통치 반대 국민 총동원 위원회

설립	1945년 12월에 김구를 비롯한 대한민국 임시 정부 진영에 의해 설립
목적	모스크바 3국 외상 회의에서 언급된 신탁 통치에 반대하기 위해 결성
활동	• 연합국에 신탁 통치 반대 결의문 발송 • 12개 항의 반탁 국민 동원 실행 방법 결의 • 독립 촉성 중앙 협의회와 통합하여 대한 독립 촉성 국민회로 재편

MEMO

MEMO

해커스공무원 gosi.Hackers.com

공무원 학원 · 공무원 인강 · 공무원 한국사 무료 특강 ·
시대별 막판 암기 점검 · 해커스 회독증강 콘텐츠 ·
합격예측 온라인 모의고사 · 모바일 자동 채점 및 성적 분석 서비스